KB120898

디지털 생태계의 거대한 지각변동

소셜 오가니즘

디지털 생태계의 거대한 지각변동

소셜 오가니즘

올리버 러켓 · 마이클 J. 케이시 지음
한정훈 옮김

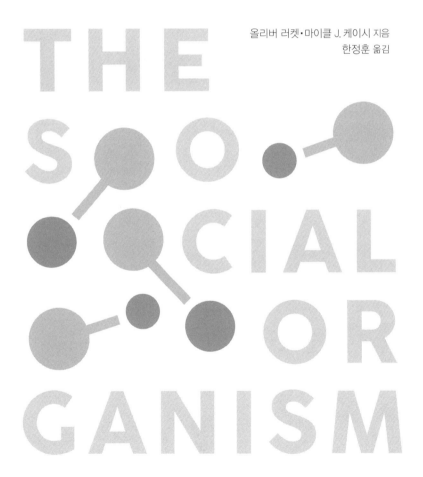

책세상

이 우주에는 당신이 분명히 개선할 수 있는
단 하나의 모퉁이가 있다.
그건 바로 당신 자신이다.

올더스 헉슬리

일러두기

· 인명, 지명 등 외국어 표기는 국립국어원의 외래어표기법을 따랐다.
· 각주 중 원저자 주는 •로, 옮긴이 주는 *로 표기했다.
· 본문 중 옮긴이가 간략히 설명을 덧붙인 것은 작은 괄호 안에 넣었다.
· 단행본과 신문, 잡지는《 》, 노래나 방송, 드라마, 연주곡, 인형극, 영화 등은〈 〉로 표기했다.
· 원서에서 이탤릭체로 쓴 부분은 고딕체로 표기했다.

머리말 ────

증오를 제거하다

2015년 6월 17일, 스물한 살의 백인 노동자 딜란 루프가 글록 권총
을 소지한 채 노스캐롤라이나주 찰스턴에 있는 역사적인 흑인 교회
의 성서 연구회에 난입해 9명을 살해했다. 미국인의 삶에서 이런 유
혈 사태는 일상화되었고, 그에 따른 습관처럼 대중의 눈앞에 살인마
의 소름 끼치는 사진이 공개되어 소셜미디어를 통해 신속하게 전파
되었다. 딜란 루프의 셀피selfie(셀프 카메라) 사진 중 일부는 남부연합
깃발confederate flag(남북전쟁 당시 노예제도를 찬성한 남부연합이 사용한
깃발) 옆에 당당히 서 있는 모습이었다. 미시시피 델타에서 자란 나는
이 이미지가 너무나 혐오스러웠다. 2014년에 도대체 왜 이런 짓이 용
납된단 말인가? 사회정의를 위해 수백 년 동안 투쟁했는데도 그 깃발
이 남부의 문화적 상징으로 계속 존재한다는 건 인종주의, 남북전쟁,
인권유린, 폭력에 대한 제재가 미미함을 의미한다. 인종 전쟁에 불을

지피려 했다고 설명한 살인자의 무차별 총기 난사 사건은 그 깃발이 현대 미국에서 존재해서는 안 되는 이유를 뼈저리게 상기시켜주었다.

그런데 놀라운 일이 일어났다. 분노한 사람들이 명확하고 간결한 표현을 발견한 것이다. 트위터, 인스타그램, 페이스북에서 널리 공유되는 해시태그가 붙은 세 단어 #TakeItDown(깃발을 내려라)이었다. 며칠 후 월마트, 아마존, 시어스Sears, 이베이는 남부연합 관련 물품의 판매를 중단하겠다고 발표했다. 앨라배마와 사우스캐롤라이나 주지사는 주 의회 의사당에 남부연합 깃발을 계양하지 말라고 지시했다. 버지니아와 노스캐롤라이나 주지사는 남부연합 상징물이 포함된 차량 번호판 발행을 중지시켰다. 케이블방송국 TV 랜드는 1980년대 시트콤 드라마 〈해저드 마을의 듀크 가족The Dukes of Hazzard〉의 방영을 중단했다. 드라마 주인공의 분신 같은 자동차 '리 장군 General Lee'이 지붕에 남부연합 깃발이 새겨진 1969년식 닷지 차저 스포츠카였기 때문이다.

갑자기 왜 시대정신이 바뀐 걸까? 수십 년 동안 나는 미시시피주 변호사이자 정치가였던 아버지 빌 러켓Bill Luckett이 자신의 친구이자 사업 파트너인 영화배우 모건 프리먼과 함께 공개적으로 남부연합 깃발과 싸우는 것을 지켜보았다. 아버지는 대부분의 주민이 흑인인 미시시피주 클라크스데일의 시장이 된 후에야 우리 지역의 도시 주택에서 그 깃발을 제거할 수 있었다. 나머지 주와 옛 남부 주의 많은 사람이 완강히 저항했다. 하지만 이제 남북전쟁이 벌어진 뒤 150년 만에 남부연합 깃발은 모든 곳에서 거의 하룻밤 사이에 사라졌다.

무엇이 이렇게 180도 다른 반응을 일으켰을까? 왜 우리는 갑자기 그 깃발을 혐오의 상징과 동일시하면서 지지하지 않은 것일까? 그 이유는 '소셜미디어' 때문이다. 세상에 등장한 지 10년이 조금 지난 현재, 이 역동적이고 새로운 대중적 의사소통 미디어는 21세기 사회에 엄청난 영향을 끼친다. 소셜미디어는 우리가 정보를 공유하고 사용하는 방법뿐 아니라 지역사회와 사업을 조직하고, 정치적 결정을 내리고, 유대감을 쌓고, 서로의 관계를 유지하는 방법을 영원히 바꿔 놓았다. 또한 그것은 아이디어를 생성하고 반복하고 재인식하는 방식과 문화를 형성하는 방식을 지시하는 진화 알고리즘을 가속화했다. 소셜미디어가 인간성이 의미하는 본질을 완전히 재형성하고 있는 것이다.

찰스턴 학살 이후 소셜미디어의 발전은 그것이 만들어낸 새로운 소통 구조 안에서 이러한 진화 과정이 어떻게 진행되는지 그 단상을 제공한다. #TakeItDown은 흑인 시민에 대한 경찰의 야만적 행위와 뒤이은 길거리 시위로 일어난 운동의 해시태그인 #BlackLivesMatter의 변형으로 탄생했다. 찰스턴 총기 난사 사건으로 촉발된 분노 속에서 #BlackLivesMatter 활동가 브리 뉴섬Bree Newsome이 사우스 캐롤라이나 주립대의 깃대를 타고 올라가 남부연합 깃발을 끌어내렸을 때, 그녀의 행동을 촬영한 많은 스마트폰 동영상 중 하나를 공유한 트윗이 곧이어 #JeSuisBree(내가 브리다)라는 새로운 해시태그를 전파시켰다. 이 해시태그는 몇 달 전 파리에서 이슬람 극단주의자들에게 《샤를리 에브도》 신문사의 기자 12명이 살해된 후 많은 사람이 동참한 연대 선언문 #JeSuisCharlie(내가 샤를리다)의 변형이었다. #JeSuisCharlie는 2015년 11월 13일 파리에서 벌어진 잔인한 테러 행위에 뒤이어 등장한 #JeSuisParis(내가 파리다)로 변형된 밈 Meme(우리 사회의 DNA를 구성하는 문화 형성 정보의 혈관)이기도 했다.

다른 밈의 진화적 발전도 이어졌다. 브리 뉴섬이 소셜미디어의 영웅이 되었을 때, 그녀는 원더우먼의 모습으로 예술 작품에 묘사되었다. 며칠 후 대법원이 동성애자의 결혼을 금지하는 법률을 폐기(이 자체가 소셜미디어가 주도한 법적 행동주의에 대한 응답이었다)했을 때 예술가들은 널리 알려진 두 가지 상징을 하나의 주목할 만한 아이디어로 묶어낼 기회를 맞이했다. 그들은 풍자만화를 통해 남부연합 깃발이 내려가고 동성애자의 권리를 상징하는 무지개 깃발이 게양되는 장면을 묘사했으며, 수정된 〈해저드 마을의 듀크 가족〉 포스터를 통해 리 장군이 무지개가 그려진 스포츠카 지붕을 자랑하는 모습을 보여주었다.

이것이 소셜미디어 시대에 아이디어가 확산되고 가치 체계가 발전하는 방식이다. 아이디어는 해시태그, 사진, 만화, 동영상의 공유를 통해 변형되고, 의사소통의 통로를 여는 감성적 방아쇠를 당긴다. 정보의 덩어리처럼 보이는 이런 변형은 거대한 힘을 축적할 수 있다. 이들이 서로 결합해서 감정을 불러일으키며 기쁨, 슬픔, 분노를 유발해 사람들을 행동하도록 이끌어낸다. 이 새로운 정보 아키텍처Information architecture(IA)에서 가장 강력하고 감성적인 아이디어는 며칠 또는 몇 주 만에 여론을 변화시켜 과거 수십 년 동안 지속되어온 사고방식과 가치 체계를 급격하게 바꿀 수 있다. 좋든 나쁘든 소셜미디어는 사회의 단단한 벽을 허물면서 우리 문화를 역동적이고 예측할 수 없게 만들며, 훨씬 더 빠른 진화로 몰아간다.

소셜미디어에서 형성되는 사람들의 의견은 강력하고 광범위하고 다양하다. 이러한 네트워크는 많은 사람들에게 해방의 도구가 된다. 트위터의 공동 창업자 비즈 스톤은 회고록에서[1] '아랍의 봄Arab Spring'(2010년 12월 이래 중동과 북아프리카 일대에서 일어난 반정부 시위운동) 조직에 대한 소셜미디어의 유용성에 관해 이런 소회를 밝혔다.

"우리는 세상을 변화시키지는 않았지만 훨씬 더 중요한 일을 했으며, 이를 통해 강한 영감을 주는 교훈을 얻었습니다. 그 교훈은 바로 우리가 뜻있는 사람들에게 가능성을 제시해줄 때 위대한 일이 이루어진다는 것입니다."

이런 환희의 시기에는 트위터에 대한 긍정적인 견해가 널리 퍼졌다. 그러나 내가 이 글을 쓰는 지금 이 순간에도 소셜미디어가 악성 댓글과 시간 낭비인 유명 인물의 가십거리, ISIS(극단주의 무장세력 이슬람 국가)와 다른 증오 선동가들을 위한 도구가 된다는 부정적인 뉴스 기사가 넘쳐난다. 이러한 긍정과 부정의 관점 중 어느 것이 당신의 견해와 일치하는지 상관없이 소셜미디어가 사회에 미친 중대한 영향을 부정할 수는 없다. 이 파도처럼 밀려오는 유동적이고 새로운 커뮤니케이션 아키텍처는 정책, 조직, 혁신을 창조하고 형성하는 방식에 대한 디지털 경제의 핵심 메커니즘이 된다.

하지만 소셜미디어가 보편화되는 것에 비해 대부분의 사람들은 소셜미디어의 작동 방식에 대한 개념이 거의 없다. 그 개념은 완전히 혼란스러워 보인다. 우리는 소셜미디어의 형식, 기능, 가능성을 쉽게 이해하지 못한다. 어떤 재기 발랄한 페이스북 포스트가 순식간에 수백만 조회 수를 이끌어낼 때, 비슷하게 재미있어 보이는 또 다른 포스트는 왜 인기를 얻지 못하고 사라질까? 어떤 정치적 논쟁은 하룻밤 사이에 엄청난 파장을 불러일으키고는 왜 며칠 만에 갑자기 사람들의 관심에서 멀어질까? 소셜미디어는 예기치 않은 밀물과 썰물을 만들어내고 갑작스러운 폭풍우가 몰아치는 거대한 바다처럼 느껴진다. 이제 우리가 이 거대하고 복잡한 플랫폼이 실제로 어떻게 작용하는지 이해해야 할 때가 되었다. 그것이 이 책을 쓰는 목표다.

유명 인사와 영향력 있는 사람들뿐만 아니라 마케팅 관리자, 정치인, 비즈니스 리더, 작가, 스포츠맨, 고등학생 등 거의 모든 사람이 '디지털 자아'를 갖는다. 그것이 우리를 이 독특한 인간 네트워크의 핵심 요소로 만든다. 우리는 그 요소를 이해함으로써 우리가 소셜미디어로부터 원하는 것을 파악해야 한다. 소셜미디어를 민주적인 광장으로 만드는 방법뿐 아니라 더 나은 세상을 만드는 건설적인 의사소통 방법, 끊임없는 정보의 물결 속에서 평화롭게 살아가는 방법을 배우려면 무엇이 이 시스템을 작동하게 만드는지 이해해야 한다.

우리가 하는 일, 사랑하는 사람, 구매하는 것에 대한 스스로의 선택은 이러한 P2Ppeer-to-peer(일대일) 시스템을 통해 이루어진다. 기존의 비즈니스맨뿐만 아니라 일반인들도 끊임없이 자신을 '판매'하는 새로운 시대의 새로운 경제 상황(예를 들면 이른바 공유 경제)에서, 이 새로운 의사소통 구조에 적응하지 못하면 도태될 것이다. 회사 차원에서도 마케팅 관리자가 근본적으로 다른 새로운 시스템의 사회적 역동성을 인식하지 못한 채 구시대적 시스템과 컨설턴트에 계속 의존하고, 오래된 미디어 전술을 새로운 소셜미디어 전략인 것처럼 재사용하면 비용만 낭비한다. 이러한 자칭 소셜미디어 '전문가'들은 유행어로 가득 찬, 말도 안 되는 설명을 덧붙이면서 강력하고 신뢰할 수 있는 브랜드를 타당성과 수익을 끊임없이 감소시키는 미래라고 비난한다. 최종적으로 새로운 차원의 커뮤니케이션 모델을 공동으로 활용하는 방법을 모색할 수 없다면 사회 전체가 어려움을 겪을 것이다. 우리는 가장 시끄럽고 가장 배타적인 선동가(한마디로 말하면 도널드 트럼프)에게 사회 전체를 맡길 수 없다. 우리는 아이디어를 확산하기 위한 이 거대하고 강력한 새로운 시스템이 모든 사람을 위한 도구이며 이전의 시스템과는 분명히 다르다는 점을 인정하는 것부터 시작해야 한다. 일단 우리가 그런 개념을 확립하면 실제로 소셜미디어가 어떻게 작동하는지를 자세히 파악할 수 있다. 그래야만 소셜미디어를 새로운 정책 아이디어를 제안하고, 토론하고, 전달하는 건설적이고 민주적인 광장으로 바꾸는 전략을 설계할 수 있다.

우리에게는 소셜미디어를 관통하는 이론적인 안내자가 절실히 필요하다. 그런 이론을 생각해내는 것이 우리의 과제다. 결국 우리는 글로벌 사회만큼이나 복잡한 현상을 작동시키는 것에 대해 고민하는 셈이다. 나는 스스로의 인생 여정을 돌아보면서 한 가지 이론을 생각해냈다고 믿는다. 나는 이 책을 쓰기 위해 공동 저자인 마이클

케이시와 의기투합했다.

나의 영웅이자 멘토인 노먼 리어Norman Lear는 훌륭한 TV 프로듀서이자 사회 활동가였다. 그는 항상 삶의 우연한 발견을 따르라고 말했다. 그 말은 삶의 모든 굴곡과 경험에 감사하면서 교훈을 배워야 한다는 의미였다. 또한 그는 두 사람 또는 두 장소 간의 가장 빠른 경로는 직선 경로라고 말했다. 그 메시지를 마음에 새긴 나는 현장과 현장을 네트워킹하고 거기서 연결하고 제공하는 기회에 참여할 자신감이 생겼다. 이처럼 내 경력은 미생물학 연구, 시스템 공학, 미술 수집, 인재 관리, 음악과 영화 제작의 혼합으로 형성되었고, 최근에는 세계 최대 미디어 회사 월트 디즈니의 혁신과 소셜미디어 출판의 개척으로 이어졌다. 《LA 타임스》는 내가 "초월 예술을 마스터했다"고 표현했다.[2] 기자의 의도와 상관없이 나는 그 말이 세상이 어떻게 진화하는지, 모든 사물이 어떻게 상호 연결되는지에 대한 나의 진정한 호기심을 언급하는 거라고 생각하고 싶다. 나는 인간적인 의사소통 방식과 상호 연결에서 일어나는 광대한 사회적·경제적 네트워크, 작은 세포의 핵에 대해 알고 싶었다. 그런 복합적인 관심사를 추구하면서, 나의 '모든 것에 대한 이론theory of everything'을 다소 우연히 발견했다. 이 이론은 우주의 무한히 다양한 구성 요소가 어떻게 결합해 혼돈에서 질서와 의미를 형성하는지에 대한 설명이며, 우리가 삶이라고 부르는 놀라운 경험을 정의하는 것이다.

나의 이론은 생물학, 기술, 문화가 어떻게 '진화'하는지를 보여주는 존재의 시각화를 제시한다. 그 진화 과정은 이제 수렴점convergence point에 도달했다. 사람들이 예술, 언어, 아이디어를 공유하고 유기적 연결을 촉진하는 기술 플랫폼인 소셜미디어가 그 명백한 증거다. 생물학적 관점에서 우리는 소셜미디어 시스템의 구조와 내부 작용이 자연 세계의 법칙과 생물학적·생태학적 뿌리에 의해 정의된다는 것을 인식할 수 있다. 더 간단하게 말하면, 소셜미디어는 진화의 모든 단계에서 살아 있는 생물처럼 움직인다.

당신은 소셜미디어가, 더 정확하게는 디지털 시대의 인간 사회가 어떻게 움직이는지 알고 싶은가? 그렇다면 생명의 본질을 다시 검토해야 한다. 그 본질을 발견하는 데는 사막 속의 직관력이 필요했다.

차 례

사막에서의 깨달음

생명체의 일곱 가지 규칙과 소셜미디어

2013년 3월, 나는 남자 친구 스콧과 함께 로스앤젤레스의 집을 떠나 조슈아트리국립공원으로 여행했다. 우리가 '콜론 캠프Colon Camp'라는 애칭으로 부르는 신비로운 휴양 온천 위케어WeCare에서 1년간 쌓인 디지털 피로를 풀고 금식을 하기 위해서였다. 예전과 마찬가지로 우리에게는 휴식이 너무나 필요했다. 남성 잡지《디테일즈Details》는 당시 나를 포함한 몇몇 기업가에게[1] '디지털 혁신가Digital Maverick'라는 과분한 명칭을 부여하면서 '소셜미디어의 미래'를 시각적 이미지로 표현해달라고 요청했다. 나는 그 잡지에 상상력을 자극하는 이미지를 제공하고 싶었다. 휴양지에서 나는 우리의 눈앞에서 펼쳐지는 거대하고 변화무쌍한 기술의 파도를 적절하게 포착할 수 있는 그래픽 이미지를 쉽게 떠올리지 못해서 초조했다. 소셜미디어의 유사성은 무엇일까? 소셜미디어 사용자들의 상호 연관성을 어떻게 시각화할 수 있을까?

나는 언제나 구조의 예술을 가슴 깊이 사랑하는 시각적인 사람이었다. 그러나 매일 아침 휴양지의 사막을 산책하면서 20년 전 퀘스트 커뮤니케이션즈Quest Communications에서 처음으로 디지털 세계의 일을 시작한 이래 초안을 작성한 모든 흐름도를 생각했지만, 여전히 막막한 상황이었다. 최초의 IP 전화 시스템의 겹쳐진 나무처럼 그려진 다이어그램은 서로 연결되어 있는 인간의 뉘앙스를 포착하지 못했으며 공유, 트윗, 리트윗의 복잡성을 설명하지도 못했다.

내 마음은 고등학교 때 일했던 혈액학 실험실의 광경을 떠올리면서 과거로 돌아갔다. 그때 나는 미생물학에 푹 빠져 있었고, 혈액 응

고 과정에서 '절개에서 접합으로' 진행되는 계단식 대사 작용의 다
채로운 이미지를 암기했다. 진화된 혈소판 인자, 모양이 변하는 핵
이 없는 거핵구megakaryocyte, 신비로운 거미줄 모양의 피브린 접합
제가 내 상상력을 사로잡았다. 열여섯 살이었던 나는 디즈니 애프콧
Epcot(실험적 미래 공동체) 센터의 국제과학공학박람회에서 '인간 혈소
판의 주요 피브리노겐 수용체인 글리코 프로테인 IIb-IIIA의 특성 규
명'에 대한 연구로 세계 2위를 차지했다. 그래, 그 괴짜 꼬마가 바로
나였다.

　고등학교 때부터 나는 생물학적 현상에 대한 지식을 넓혀나갔다.
하버드대학교의 인간 생리학, 해양생물학, 분자생물학 여름 학기
과정에 등록한 후, 마음을 편안하게 하고 천방지축으로 행동하는
'성인 ADHD'(성인 주의력 결핍 과잉행동장애)를 완화시키는 데 도움이
되는 마리화나에 빠져들기도 했다. 풍부한 문화유산과 문학 프로그
램으로 유명한 밴더빌트대학교에서는 생물학 연구에서 벗어나 또
다른 우회로를 택했다. 프랑스 르네상스 문학을 전공한 나는 가톨
릭교회가 정보를 구축하고 그 장악력을 잃어버리는 과정과 구텐베
르크 인쇄기와 유치원 도입이 문맹을 탈피한 중산층을 만들어내는
과정, 이 모든 일이 내가 태어난 20세기 대중매체의 개념으로 이어
지는 과정에 매료되었다. 토킹 헤즈Talking Heads의 음악과 닐 포
스트먼Neil Postman, 시어도어 로작Theodore Roszak, 제임스 트
위첼James Twitchell의 체제 전복적인 아이디어와 1960년대 버클
리 반문화 운동*에서 영감을 얻으며 새로운 유형의 기업 통제에 대

한 경멸감을 가졌다.

사막을 바라보면서 나는 내 과거와 현재 삶의 단절이 눈앞에 펼쳐진 풍경만큼이나 넓다는 걸 느꼈다. 당시 나는 자기 세계에 틀어박힌 미시시피 출신의 자연을 사랑하는 괴짜에서 할리우드에서 가장 다채로운 캐릭터를 가진 두 명과 공동으로 설립한 화려한 미디어 회사의 사장으로 변모한 상태였다. 그 회사는 수백 명의 유명 인사와 수백만 명의 상호 연결된 사람들의 마음을 연결해주는 서비스를 제공했다. 그런데 갑자기 며칠을 굶은 듯 정신이 멍한 상태에서 너무나 믿기 힘든 통찰력의 불꽃이 번쩍이며 과거와 현재의 연결고리가 내 머릿속에 떠올랐다. 생물학 실험실에서 배웠던 지식과 의사소통의 역사에 대한 연구가 갑자기 뒤섞이면서, 현미경으로 바라보던 페트리접시 안에 들어 있던 미시 세계의 다채로운 세포와 바이러스의 이미지가 선명하게 떠오르기 시작한 것이다. 바로 그거였다! 소셜미디어는 생명체를 모방했다. 우리의 의사소통 네트워크는 살아 숨 쉬는 생명체로 진화했고, 당시 나는 그 분야에서 경력을 쌓아가고 있었다. 그것이 살아 있는 생명체라면 삶의 규칙이 적용되어야 한다고 나는 생각했다. '실험실의 쥐'에서 '디지털 망아지'로 변신한 나는 이 동일한 생명체 내에서 분화된 수십억 개의 세포 중 하나일 뿐이었다. 이제 우리 모두가 그 생명체의 세포였고, 시간을 초월해 언제 어디서나

---

* 당시에는 베트남전쟁 등의 영향으로 학생들의 정치 참여와 발언이 금지되었다. 1964년에 시작된 학생 운동인 자유발언운동으로, 이후 미국 전역으로 번져나간 반전운동의 시초가 되었다.

상호 연결되는 인터넷 네트워크는 이 새로운 생명체의 기반이었다.*

그것은 단식으로 영양분이 부족한 상태에서 멍한 머릿속에 떠오른 비현실적인 환원주의적 비유일 뿐이었을까? 계속되는 몇 주 동안, 나는 소셜미디어와 생물학을 비교하면서 모든 종류의 시나리오를 검토해보았다. 내가 할리우드의 유능한 아티스트인 아리 에마뉴엘Ari Emanuel과 냅스터Napster의 설립자인 숀 파커Sean Parker와 함께 3년 전에 설립한 회사 디오디언스theAudience에서 진행한 작업에 적용했을 때, 그 비유는 더욱 적합해 보였다. 디오디언스에서 우리의 출판 시스템은 한 달에 10억 명이 넘는 고객에게 도달하는 영향력 있는 사람들의 네트워크를 통한 유기적인 연결고리 때문에 예술가, 브랜드, 이벤트와 팬 모두가 번성하는 생태계를 활용했다. 우리가 추진하던 콘텐츠는 그런 패턴을 찾아 네트워크를 구성하는 인간의 '세포'에 달라붙도록 특별히 고안한 것이었고, 그 네트워크는 생물학적 바이러스가 생물학적 인간 세포의 내부 메커니즘을 이용해서 자동 복제 과정을 통해 퍼져나가는 것과 비슷한 방식으로 스스로를 복

---

* 나는 소셜미디어에 대한 최고의 비유가 단일 생명체일지, 더 넓은 생태계 내의 상호 연결된 생명체의 집단일지, 또는 어떤 종류의 초월적 생명체일지를 놓고 고민했다. 우리는 일관성을 위해 그것을 단일한 '사회 유기체social organism'라고 부르기로 했다. 그러나 고민했던 모든 아이디어가 그 용어 안에 녹아들어 있다. 이러한 정의가 약간 애매한 것처럼 들린다면, 자연이라는 세계 자체가 항상 우리가 만들어내는 규칙을 따르지는 않는다는 걸 기억할 필요가 있다. 예를 들어 바이러스는 분류하기가 특히 어렵다. 일반적으로 바이러스에는 세포 구조가 없으므로 과학자들은 생명체에 포함시키지 않지만, 바이러스는 숙주를 바꾸고 복제할 수 있는 지령을 받은 자체 유전 정보를 가진다. 생명 자체의 난해함 때문에 생물의 분류가 복잡해지고 어려워진다. 사회 유기체도 마찬가지다.

제하는 시스템이었다. 우리가 콘텐츠와 아이디어를 바이러스처럼 퍼트리는 공식을 발견한 것이 다시 한번 자랑스럽게 느껴졌다.

이 비유를 더 구체화하면서 나는 전 세계의 소셜미디어 사용자를 손에 쥔 감정 공유기(스마트폰)를 통해 시간과 공간을 초월한 연결고리로 이어진 15억 개의 자율 유기체로 생각하기 시작했다. 함께 유연하게 상호작용하는 우리 모두는 이 모든 부분의 총합이었고, 단일한 사회 유기체였다. 그것은 스스로에게 끊임없이 영양분을 공급하고 성장하고 진화하는 생명체였다. 밈이라는 정보 패킷*을 공유(예를 들면 페이스북에서 동영상 공유)하고 복제하는 과정에서 사회 유기체의 세포인 우리는 살아 있는 것들 사이의 유전정보 전달과 같은 진화 과정을 촉진했다.

얼마 후 나는 이 새로운 렌즈를 통해 전체 소셜미디어 환경을 바라보았다. #BlackLivesMatter와 #TakeItDown 해시태그를 비롯한 가장 효과적인 소셜미디어 커뮤니케이션은 진화하는 우리의 문화적 DNA 단위를 구성하는 변형적 밈이었다. (밈과 유전자 사이의 이 연결은[2] 1976년 '밈meme'이라는 단어를 처음 세상에 소개한 리처드 도킨스Richard Dawkins의 생각에서 비롯된 것이다.)

몇 년 동안 생물학적 단어인 '고 바이럴go viral'(바이러스처럼 퍼지

---

* 데이터 전송에서 사용되는 데이터의 묶음. 패킷 전송은 두 지점 사이에 데이터를 연속으로 전송하지 않고, 전송할 데이터를 적당한 크기로 나누어 패킷의 형태로 구성해서 다음 패킷들을 하나씩 보내는 방법을 쓴다. 각각의 패킷은 일정한 크기의 데이터와 데이터 수신처, 주소 또는 제어부호 따위의 제어정보까지 담고 있다. 한 패킷은 1024비트의 데이터를 담을 수 있다.

다)이 온라인 콘텐츠가 널리 공유되거나 유행하는 현상을 나타냈다. 나는 사회 유기체의 개념에서 이러한 평행 개념의 새로운 차원을 발견했다. 생물학적 바이러스는 자신을 세포질로 들어가게 해주는 세포 외막의 수용체에 달라붙는다. 세포 속으로 들어간 바이러스는 정보를 추가해 세포 DNA를 변형시킨다. 이 과정은 유전 돌연변이를 일으키는데, 이는 대부분 우리 몸에서 인식되지 않는 현상이다. 그 결과가 때로는 질병이 될 수도 있지만, 때로는 바이러스성 공격이 새로운 회복력을 이끌어내고 생물학적 진화에 기여할 수도 있다. 마찬가지로 나는 바이러스성 미디어 콘텐츠가 이제 우리의 개인적 친화 수용체affinity receptor라고 부르는 것에 달라붙는다는 것을 깨달았다. 일단 네트워크상의 인간 '세포' 안에 들어오면, 이 매력적인 콘텐츠는 천천히 우리의 생각을 형성하는 밈 코드를 변경하기 시작한다. 콘텐츠의 효과가 흥미롭거나(재미있는 고양이 동영상을 공유하면 웃음과 더 많은 고양이 동영상을 보려는 욕구를 유발한다) 긍정적인 경우가 많지만, 때로는 심각하고 중대한 질병처럼 보일 수도 있고, 심지어는 더 넓은 사회 유기체에 대한 위협(예를 들면 ISIS가 소셜미디어를 이용해 다른 사람들의 폭력적인 행위를 유발하는 것)일 수도 있다.

마치 아메바와 같은 단일 세포 유기체가 인체와 같이 복잡한 다중 세포 유기체로 진화하는 것처럼 소셜미디어는 성장을 거듭하면서 매우 복잡한 유기체로 진화했다. 이처럼 점점 더 커지며 상호작용하는 인간 네트워크의 활동은 대부분 정적인 행동(예를 들어 전자메일을 보내는 것)에서 시작되었고, 나중에는 훨씬 다양한 독자가 읽을 수 있는 블로그 게시물 같은 대화형 작업으로 진화했다. 이제 소셜미디어 활동은 너무나 놀라운 연쇄적인 상호 관계로 발전한다. 이 새롭고 고도로 진화된 사회 유기체에서 하나의 유튜브 동영상은 수백만 번 공유될 수 있으며, 수많은 파생물과 패러디 동영상, 오마주 동영상, 밈, 해시태그, 대화에 영감을 불어넣을 수 있다. 이 모든 것이 집단적으로 원래 작품의 문화적 영향력을 더욱 광범위하게 확장시킨다. 이렇게 자동적으로 분할되는 정보의 흐름은 동시에 넓은 범위의 시청자에게 다가갈 수 있지만, 재귀적으로 행동하는 새로운 아이디어의 자기 조정, 자기 교정적 흐름을 통해 그 기원으로 되돌아가기도 한다. 우리가 이 무수한 작용, 반작용, 상호작용을 우리의 머릿속에 새겨넣는 것은 불가능하다. 그런 작용들은 우리 두뇌가 찾고자 하는 경향이 있는 선형적이고 인과적인 설명을 무시하고, 정보로 우리를 압도한다. 그러나 강력한 컴퓨터가 과학자들에게 인체의 복잡한 기능을 연구할 수 있게 해주는 것과 마찬가지로, 대부분 빅데이터 분석 분야에서 도구가 등장해 사회 유기체의 작용을 조사할 수 있게 해준다.

그런 작업, 특히 소셜미디어의 데이터 분석을 통해 생성된 그래픽 이미지는 조슈아트리국립공원에서 깨달음의 순간에 내가 인식했던 미생물학과의 유사점을 강화하는 데 도움이 되었다. 따라서 생물학적 경로가 어떻게 작동하는지를 살펴보면 이 새로운 유기체 미디어 아키텍처를 어떻게 관리해야 하는지 파악할 수 있다는 사실을 나는 알았다. 이제 내 마음속에는 《디테일즈》에 제출할 그래픽 이미지에 대해 의심할 여지가 없었다.

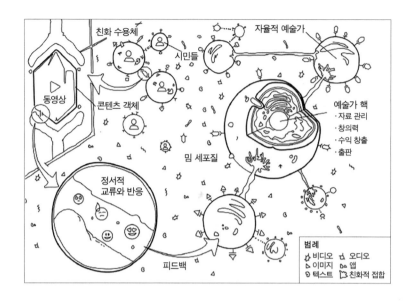

친화 수용체
자율적 예술가
시민들
동영상
콘텐츠 객체
예술가 핵
·자료 관리
·창의력
·수익 창출
·출판
밈 세포질
정서적
교류와 반응
피드백

범례
ꚡ 비디오   ꚛ 오디오
ꚗ 이미지   Ꚙ 앱
Ꚛ 텍스트   ꚙ 친화적 접합

고등학교 시절 생물학을 기억하는가? 내게 그것은 여행이 시작된 곳이었다. 나는 제멋대로인 학생이었지만, 생물학 선생님인 프란체세티Franceschetti 여사는 고맙게도 내게서 어떤 가능성을 보신 듯했다. (최근에 페이스북을 통해 인사를 드리자 그분은 '내가 가르친 학생 중 가장 거칠지만 가장 지적인 아이'였다고 나를 기억했다.) 프란체세티 선생님은 내가 매주 수업의 절반을 테네시대학 부속병원의 혈액학 연구소에서 일하도록 해주셨다. 그건 정말 멋진 경험이었다.

생물학 수업에서 배워야 할 가장 중요한 것은 생명체가 물질세계에서 무생물과 구별되는 명확하고 필수적인 일곱 가지 특징을 가진다는 점이다.

그 특징은 다음과 같다.

1. **세포 구조**: 살아 있는 것들은 세포로 조직되어 있다. 이 세포는 단순한 단세포 아메바일 수도 있고 인체만큼 복잡한 구조일 수도 있다. 인체는 수조 개의 세포가 특수한 역할을 하도록 조직되어 있다.

2. **물질대사**: 살아 있는 생명체는 영양분을 필요로 한다. 물질대사는 화학물질(영양소)과 에너지를 세포질로 전환시키고 분해된 유기물을 부산물로 배출하는 작용이다. 간단히 말하면, 생물은 음식물이 필요하고 몸속의 쓰레기를 제거해야 한다.

3. **성장과 복잡성**: 생명체는 쓰레기 부산물보다 세포질을 더 많이 생성함으로써 시간이 지남에 따라 성장하고 더 복잡해진다.

4. **항상성Homeostasis**: 생명체는 내부 환경을 조절해 균형 잡힌 안정 상태를 유지한다.

5. **자극에 대한 응답**: 생명체는 외부 환경의 변화에 반응하고 자신을 보호하기 위해 자신의 외형이나 행동을 변화시킨다.

6. **번식**: 생명체는 자손을 낳는다.

7. **적응/진화**: 살아 있는 생명체는 환경의 지속적인 변화에 적응한다. 장기간에 걸쳐 생존한 유전자를 자손에게 전달함으로써 진화한다.

2013년 조슈아트리국립공원의 사막을 여행한 후, 나는 이 일곱 가지 특징이 우리 문화와 소셜미디어에서 진행되는 것과 어떤 관련이 있는지를 연구했고, 디즈니부터 디오디언스에 이르기까지 내가 과거에 했던 일에 소급해서 적용했다. 나는 때로는 이른바 OSIopen systems interconnection(개방형 시스템 간 상호접속) 네트워크 계층구조를 올라가는 것처럼 내 경력을 설명한다. 이 계층구조는 광섬유, 주파수에서 시작해 데이터 시스템, 애플리케이션, 소셜 네트워크, 그 네트워크의 최상위에 있는 콘텐츠를 거쳐 궁극적으로는 창조적인 결과물 뒤에 있는 사람들에게까지 도달한다. 그런 환경에서 모든 유형의 마케팅, 바이러스성 감성, 홍보 활동이 성공하고 실패하는 걸 보면서 나는 생명체의 일곱 가지 특징이 소셜미디어에도 분명히 적용될 것이라고 확신했다.

첫 번째 특징 규칙인 세포 구조를 생각해보자. 감정에 좌우되는 수십억 명이 사회 유기체의 세포를 구성한다. 꿀벌 집단, 개미 집단 같은 공동체형 자연 군집과 특히 인체처럼 복잡한 세포 생명체의 조직 구조와 마찬가지로 사회 유기체의 세포는 홀라키holarchy*를 형성한다. 네트워크상의 각 인간 단위human unit는[3] 헝가리 출신의 작가이자 철학자인 아서 쾨슬러Arthur Koestler가 정의한 홀론holon을 구성한다. 홀론은 각 개체가 독립적인 동시에 더 넓은 전체의 일부라는 의미다. 홀론의 활동은 자율적인 동시에 거대한 집단의 활동에 의해 일률적으로 통제되고 그 집단의 규칙을 따른다.

---

* 하위 홀론과 상위 홀론 사이의 일정한 규칙과 규칙에 의한 계층을 홀라키라 일컫는다. 큰 개체 안의 작은 개체들의 공존을 이야기하는 홀라키는 바로 작은 개체들의 공존과 공생이 큰 개체의 균형을 이루어간다는 것을 의미한다.

이 세포 공동체는 텍스트, 이미지, 동영상 등 디지털 방식으로 전달되는 농담, 댓글, 셀프 카메라, 뉴스 기사와 새로운 아이디어를 지속적으로 흡수한다. 따라서 우리는 이러한 시스템에 업로드된 콘텐츠를 영양분nourishment으로 볼 수 있다. 영양분이 공급되면 사회 유기체는 자신의 세포 간 연결과 네트워크 영역에서 더 커지고 복잡해진다. 여기서 우리는 두 번째 규칙과 세 번째 규칙을 만난다. 인간의 정서적 반응에 따른 물질대사를 통해 사회 유기체는 콘텐츠를 흡수하고, 공유하고, 재구성하면서 성장한다. 그 과정에서 사회 유기체는 자신의 쓰레기 부산물(대중에게 사랑받지 못한 모든 콘텐츠, 허공에서 길을 잃은 수십억 개의 트윗, 두 자릿수로 조회 수가 줄어든 유튜브 게시물, 규칙 위반으로 자율적 시스템에 의해 차단된 소셜미디어 사용자)을 배출한다. 특정 콘텐츠나 세포 노드node(데이터 통신망에서, 데이터를 전송하는 통로에 접속되는 하나 이상의 기능 단위)에 어떤 운명이 닥칠지는 사회 유기체가 그것을 건강한 영양분으로 여기는지 여부에 달려 있다. 미디어 업체의 내부와 외부에서 콘텐츠 제작자의 실수와 성공을 관찰한 결과, 나는 어떤 유형의 콘텐츠가 소셜미디어 네트워크에 도움이 되는지(즉 흡수되고 복제되는지)를 알았다. 우리는 앞으로 이 책을 통해 그런 유형을 분석할 것이다.

네 번째 규칙은 항상성(생명체가 내부 환경을 조절해 균형을 유지하는 성질)에 관한 것으로, 우리에게 물질대사 경로의 개념을 알려준다. 생물체에서 항상성은 분자 구성 요소가 세포 내에서 작용과 세포를 가로지르는 작용을 조정하는 화학반응 체인을 의미한다. 세포의 통신

라인인 이 체인이 끊어지면 시스템의 각 부분은 다른 부분이 무엇을 하는지 알 수 없고, 결국 항상성이 깨진다. 예를 들면 더운 날에 생물체의 체온이 너무 빨리 상승하거나 특정 음식물이 섭취될 때 위산이 과도하게 분비되는 식이다. 나뭇가지가 부러졌을 때 무슨 일이 일어나는지 생각해보라. 부러진 가지에 매달린 잎은 광합성을 하는 데 필요한 물과 영양분을 공급받을 수 없기 때문에 시들어 죽는다. 소셜미디어에서도 정서적인 교류를 위한 의사소통 통로가 열려 있어야 한다. 그렇지 않으면 항상성은 깨지고 만다. 항상성이 깨지면 시스템이 무너진다.

현재 온라인 메시지 관리자가 소통의 흐름을 항상 편하게 느끼는 건 아니다. 유명 인사, 최고의 기업과 예술가를 위한 브랜드를 구축하는 업체의 첫 번째 본능은 정보의 흐름을 차단해 정보의 소유적 통제와 '독점'을 유지하는 것이다. 하지만 그것은 잘못된 선택이다. 나는 성공적이고 유익한 콘텐츠가 제대로 소통을 하지 않거나 제이지Jay-Z의 타이달TIDAL(힙합 가수 제이지가 운영하는 음원 스트리밍 서비스 업체) 서비스에만 독점적으로 게시할 때 갑자기 힘을 잃는 것을 여러 번 보았다. 생물학의 규칙이 알려주는 사실은 사람들에게 다가가서 연결되기를 원할 경우 정보와 저작권 관리자(예술가, 언론인, 광고주, 마케팅 관리자, 기업 게시자, 정부 등)는 콘텐츠 접근 방식에서 훨씬 더 자유방임적이어야 한다는 점이다.

다섯 번째 규칙인 외부 자극에 대한 사회 유기체의 반응을 설명하기 위해 찰스턴 학살로 돌아가보자. 많은 사람들, 특히 흑인 미국인들에게 살인과 딜란 루프의 사진은 용납될 수 없었다. 넓은 의미에서 미국의 다인종 사회를 포괄하는 소셜미디어의 전체 커뮤니티는 더 이상 남부연합 깃발 같은 불관용과 분열의 상징을 가만히 지켜볼 수 없었다. 나는 찰스턴 사건을 주기적인 해시태그 '운동'이 일종의 면역계 반응으로 어떻게 작용하는지 보여주는 사례라고 생각한다. 그 운동은 자극성 물질, 즉 인지된 병원체로부터의 공격에 대항해 감정적이고 기능적인 반응을 이끌어내는 항원인 것이다.

여섯 번째 규칙인 번식과 일곱 번째 규칙인 적응/진화에서 우리는 사회 유기체가 우리 문화에 지속적으로 미치는 영향을 목격한다. 밈은 재생산 과정을 통해 다른 밈과 다른 생각을 불러일으킨다. 한편 새로운 밈에 의해 전파된 아이디어는 대부분 반대 의견을 가진 사람들의 반발을 촉발하기 때문에 사회 유기체는 끊임없는 갈등을 겪는다. 그러나 우리 몸이 세균에 노출됨으로써 더 강해지듯이, 사회 유기체가 적응하고 진화하기 위해서는 갈등이 필요하다. 소란스럽고 검열받지 않는 소셜미디어의 개방형 페트리접시가 (최대한 삐걱거리고 놀라게 하면서) 이제는 문화 진화의 주요 원동력이 된다.

진화는 완벽하지 않다. 진화가 항상 '진보'를 가져오는 건 아니다. 최소한 진보주의자가 정의한 대로의 진보는 아닌 것이다. 인간이 전례 없이 광범위한 지리의 격차를 넘나들면서 의사소통을 할 수 있을지라도, 인간의 스펙트럼에 따라 다른 가치가 존재하며, 합의는 종종 찾아보기 힘들 수도 있다. 과거에는 중앙 통제 미디어에 의해 차단되었던 극단적 진보주의자들과 극단적 보수주의자들의 목소리가 이제는 소셜미디어라는 확성기를 가지는 셈이다. 보수든 진보든 메시지와 맥락에 따라 충돌에서 승리할 수 있다. 이 끊임없는 충돌은 생물체 사이의 갈등, 생물체 존재의 특징인 복잡성과 일치한다. 살아 있는 것들의 세포 구조는 성장과 삶을 촉진시키기도 하지만 질병과 죽음의 주체 세력으로 돌변할 수도 있다. 암세포는 사람의 몸 안에서 번창하면서 때로는 면역계를 압도하기도 하지만, 그렇지 않은 경우도 있다. 바이러스는 끊임없이 세포에 달라붙고 자신의 DNA를 유익한 것처럼 속여서 복제될 수 있게 만든다. 그러나 한 가지 좋은 점이 있다. 그건 바로 우리의 면역계가 관여하는 일상적인 바이러스와의 전투가 시간이 지남에 따라 중요한 변화를 일으킨다는 것이다. 바이러스와 질병에 의해 유발된 유전적 돌연변이에서 지속적인 힘이 유도된다. 이러한 변이는 생물 종이 적응하고 진화하는 방법이다. 사회 유기체와 그로부터 나오는 인간 문화도 마찬가지다.

이러한 비유와 생명체의 일곱 가지 규칙을 파악하면서 나는 용기를 내어 사회 유기체라는 개념에 대해 공개적으로 말하기 시작했다. 나는 항상 비즈니스를 토론하는 장에 참여해왔지만, 연예인이나 비즈니스에 관해 얘기하는 데 지쳐 있었다. 그래서 이러한 아이디어를 공론화하기 시작했으며, 매우 긍정적인 반응에 놀랐다. 나는 이러한 전면적인 변화의 광범위한 영향을 많은 사람들에게 전달할 때가 되었음을 깨달았다. 나에게는 어떻게 아이디어가 퍼져나가고 어떻게 네트워크 기술과 전 지구적 연결망이 오래된 권력 구조를 붕괴시킬 수 있는지에 대해 명확히 이해하는 공동 작업자가 필요했다. 그러던 중 리처드 브랜슨Richard Branson의 네커 아일랜드Necker Island 에서 열린 비트코인bitcoin을 주제로 한 기업가 정상 회의에서 마이클 케이시를 우연히 만나는 행운이 찾아왔다. 그는 세계경제와 블록체인Blockchain(비트코인을 만든 혁명적인 P2P 기술)에 관한 책을 썼으며, 아마도 가장 널리 보급된 현대 문화 밈 중 하나인 체 게바라의 상징적인 이미지에 관한 중요한 작업을 수행한 유능하고 진지한 비즈니스 저널리스트였다. 마이클과 나는 건강한 풍자와 유머를 곁들이면서 사회 유기체에 대한 나의 개념을 통해 진정한 교감을 나누었다. 그 카리브의 낙원에서 우리의 파트너십이 형성되었다.

마이클과 나는 이 책에서 급변하는 미디어 환경의 유기적인 본성을 조명하고, 그 안에서 성공할 수 있는 도구를 제공할 것이다. CEO부터 군 지휘관, 유치원 교사까지 모든 사람이 사회 유기체의 기능을 이해해야 한다. 이를 이해하지 못하면 앞으로의 변화에 대응할 수 없다. 우리가 분자, 대사 경로, 효소, 생화학 반응과 유전자의 작용으로부터 이끌어낼 교훈은 정치인, 활동가, 기업, 모든 개인 또는 단체가 자신의 개인적인 디지털 자아나 브랜드를 개발하고자 할 경우 반드시 염두에 두어야 한다. 이 새로운 의사소통 구조를 통한 성공적인 마케팅 전략은 우리에게 그것의 메신저로 기능하는 사람들(즉 자신의 주변에서 네트워크가 유기적으로 형성되는 예술가와 영향력을 미치는 사람들)과 정서적으로 연결하는 방법을 결정할 것을 요구한다. 소셜미디어는 지식을 전달하는 데도 점점 더 중요한 매개체이며, 이는 하향식 교육 시스템은 어린이들에게 새로운 세상에 대해 가르치기에 근본적으로 부적합하다는 것을 알게 될 교육자를 위한 교훈이기도 하다. 또한 소셜미디어의 확산이 20세기 조직 이론의 계층적 명령 구조를 쓸모없게 만든다는 사실은 비즈니스 관리자에게 중요한 시사점이다. 이 책을 통해 내가 추구하는 가장 중요한 목표는 전 세계에서 활동하는 미래의 예술가, 지도자, 커뮤니케이터가 '밈적인 차이점'을 제시하고 소셜미디어 플랫폼에 자신감을 갖도록 하는 것이다. 그럼으로써 그들은 소비자와 지속적으로 직접적인 관계를 유지하고, 우리의 삶을 여전히 너무 많이 통제하는 감시자를 차단할 수 있을 것이다.

이러한 새롭고 생물학적인 의사소통 모델이 우리에게 가져온 이 특별한 진화 단계는 살아 있는 세계의 진화에서 극적인 변화의 사회적 등가물이기 때문에 사고방식의 변화가 필요하다. 이런 변화는 캄브리아기 습지에서 살아 있는 생명체가 처음으로 기어 나왔을 때, 또는 우리의 유인원 조상이 나무에서 처음으로 내려왔을 때 이루어진 변화와 유사하다.

그 변화가 이루어지기 전의 수천 년 동안 정보는 하향식 모델을 통해 전달되었다. 정보를 통제했던 사람들은 교회, 방송, 신문 등 강력하고 중앙 집중화된 조직이었다. 이런 조직들은 인쇄기와 송신탑을 포함한 물리적 장비로 배포되는 메시지를 결정하고 편집하는 계층에 속했다. 이 모델에서 CEO 같은 권위자가 지시한 명령은 자료(신문이나 방송 뉴스 기사) 배포를 위한 사전 계획에 직원 팀과 장비가 따르도록 하는 연쇄적인 지침이 되었다. 이와는 반대로 오늘날의 매스미디어 인프라는 분산되어 있고 예측하기 어려우며 훨씬 더 유기적인 구조로 연결된 묶이지 않은 장치로 정의된다. 이런 정보 분배 네트워크는 하드웨어나 근로자가 상사의 명령에 따르는 구조가 아니라 10억 개가 넘는 자율적인 두뇌로 구성된 구조다. 이 두뇌는 시간과 공간 모두를 초월해 인지적·감성적 경로를 형성하는 개인적인 디지털 접속을 통해 연결된다. 각각의 두뇌는 일종의 생물학적 스위칭 기술로 작용한다. 총체적으로 군중이 어떤 메시지를 듣고 버릴지를 결정하는 것은 CEO 또는 편집장이 아니라 자율적인 개체다.

이러한 뉴런과 시냅스 네트워크 안에서 기억하기 쉽고 인기 있는 해시태그 또는 예리한 이미지에 담긴 아이디어는 먼 거리까지 매우 빠르게 확산될 수 있다. 이를 통해 세련되게 다듬어진 아이디어는 다른 사람들과 정서적으로 공감을 이루면서, 그들로 하여금 점점 더 넓은 영향력의 영역을 가로질러 그 아이디어를 공유하고, 재공유하고, 변경하고, 복제하도록 만든다. 사람들의 머릿속에 단단히 각인된 아이디어는 우리의 사회적 DNA(우리 문화를 진화시키도록 코딩된 구성 요소)가 형성되는 도구적 밈이 된다. 그 밈 중 가장 강력한 것은 실시간으로 펼쳐지는 이벤트로 이어지는 행동을 촉구하고 긴급성을 유발한다. 그러나 그 밈 또한 사회적으로 저장된 우리의 과거 기억인 기존의 아이디어에 기반을 둔다. 우리는 과거의 밈에 따라 만들어진 새로운 밈에 의해 의미의 문화적 틀을 형성하며, 그 틀은 끊임없이 반복되고 개혁되고 사회적 상호작용의 디지털 흔적에 기록된다. 과거의 인간 사회는 이러한 현상을 경험해본 적이 없었다.

마이클과 나는 이 책을 통해 소셜미디어가 인간 커뮤니케이션의 진화에서 가장 발전된 상태임을 논증할 것이며, 다음 두 장에서 우리가 이 결정적인 순간에 어떻게 도달했는지를 도표로 설명할 것이다. 나는 이 책에서 소셜미디어가 완벽하다는 주장을 하지는 않을 것이다. 소셜미디어가 앞으로도 사회에 도움이 되는 방식으로 발전할 거라는 보장은 없다. 네트워크 플랫폼의 새로운 지배자player들은 정보를 통제하고 검열하는 조치를 이미 취하고 있다. 이는 사회 유기체의 발전과 개방적이고 활기찬 사회의 목표에 해로운 움직임이다. 그런 행동을 통해 이 새로운 게이트키퍼gatekeeper(뉴스나 정보의 통제자)들은 그들 자신의 시장에 해를 끼치며, 이는 밀레니얼 세대Millennials(1980년대 초반부터 2000년대 초반까지 출생한 세대)가 페이스북을 버리고 Z세대Generation Z(2000년대 중반 이후 출생한 세대)가 더 많은 자유와 자율성을 부여하는 스냅챗Snapchat과 기타 플랫폼에 이끌린다는 사실에서 분명하게 나타난다. 그런 자율 교정, 항상성 메커니즘은 소셜미디어가 보다 분산된 구조로 이동하는 수단이 될 수 있다. 다른 분권화 기술이 그 과정을 더욱 빠르게 할 수도 있다. 그럼에도 페이스북, 트위터, 구글 같은 회사들은 우리의 삶에 미칠 막대한 영향력을 축적해왔으며, 중국·인도 정부와 함께 세계에서 가장 큰 신원 관리자identity manager가 될 날도 멀지 않을 것이다. 그들이 이러한 권한을 갖기 위해서는 더 자유로운 정보 흐름이 이루어지도록 플랫폼을 개방해야 하며, 인프라와 알고리즘을 투명하게 해야한다. 그런 일이 일어나는지 확인하기 위해 우리는 현재의 상황을 제대로 인식해야 하고, 우리의 발걸음으로 투표해 제도적 틀을 만들어야 한다.

우리 발밑에서 지각변동이 일어나고 있다. 소셜미디어의 미래는 현재 우리의 주요 관심사 중 하나여야 한다. 불과 10년 만에 소셜미디어가 21세기 사회의 중심으로 자리 잡았다. 이 새로운 세상에서는 대인 관계, 마케팅, 기업과 정치 구조까지 모든 것이 바뀐다. 우리는 이 새로운 현실 속에 어떻게 존재하는가? 우리는 기껏해야 뒤처지지 않기 위해 안간힘을 쓰는 정도가 아닐까? 우리는 이 새로운 현상에 사로잡히고 겁에 질려 있다. 우리는 환원주의적 방식으로 그것을 기술하려고 시도하지만, 상투적인 비유로 끝나는 경우가 많다. 소셜미디어를 마케팅 도구로, 밀레니얼 세대들이 서로에게 농담을 던지는 광장으로, 멀리 떨어진 친구나 가족과의 인간적 유대 관계를 유지하는 방법으로, 또는 서로를 비방하는 반쯤 미친 사람들로 가득 찬 거대하고 시끄러운 마을 광장쯤으로 인식하는 것이다. 그러나 그런 인식 중 어느 것도 소셜미디어의 복잡한 전체를 제대로 파악하는 것과는 거리가 멀다. 그래서 우리는 혼란스러워한다.

우리는 소셜미디어에서 자신감 있게 행동해야 하며, 소셜미디어가 앞으로 나아가는 동안 가장자리에 매달려 끌려가지 말아야 한다. 그러나 그렇게 하기 위해서는 먼저 그것을 이해해야 한다. 우리에게는 이러한 미지의 새로운 개념을 깊이 있게 체계화된 연구 분야에 연결시키는 가이드 또는 비교 대상이 필요하다. 생명 그 자체를 연구하는 생물학이 바로 그 가이드다.

1장

생명의 알고리즘

우리는 사회적 존재로서 어떻게
정보를 처리하고 진화하는가

봄이 되면 내가 자란 미시시피 북부와 테네시 동부에서는 연례행사인 목화 축제가 개최된다. 부유층들은 축제의 하이라이트인 사교계 데뷔 파티에 자기 아들딸들을 참가시키려고 분주해진다. 이 파티는 신비로운 이집트 이름을 가진 화려한 퍼레이드 차 대열을 만들고 왕과 여왕을 지명하기도 한다. 나는 언제나 이 행사를 지나간 시대에 대한 간절한 향수라고 여기는데, 그 기원은 흑백 인종이 엄격히 구분되고 목화가 최고의 상품이자 권력이던 시절로 거슬러 올라간다. 그 당시에도 화려하게 꾸민 숙녀들이 고급 정장을 차려입은 남부의 신사들에게 한껏 매력을 과시했다.

하지만 목화 축제의 이면에 존재하는 기존 질서와 특권에 대한 거친 일탈이 언제나 내 시선을 끈다. 그건 바로 파티와 함께 일주일간 펼쳐지는 퍼레이드 행렬의 후미에 달라붙은 끔찍한 목화 바구미(딱정벌레목 바구밋과의 곤충) 떼다. 이들 술에 취해서 아우성치는 남성 패거리는 매년 광란의 녹색 버스를 타고 녹색 의상을 차려입은 채 등장해서 파티를 난장판으로 만든다. 또한 목화 바구미 비밀 기사단은 아이들에게 장난감을 나눠주는 봉사 활동도 한다. 그러나 그들은 그들만 아니었다면 고상한 무도회가 펼쳐질 사교 파티를 엉망진창으로 만들어버리는 것으로 가장 유명하다. 이처럼 별로 비밀스럽지 않은 기사단은 화려한 축제의 공식적인 일원으로는 자격이 없을지 모르지만, 남부 가부장제의 권위에 대한 상징적인 도전과 그들이 저지르는 짓궂은 장난의 전설적인 이야기는 다른 어떤 것보다 돋보이는 목화 축제의 전통이다.

인류학자들은 남미 카니발과 마디 그라스 축제에서 이와 유사한 혼돈 유발적 요소를 오랫동안 주목해왔다. 그것은 공동체가 사순절 기간의 경건함을 유지하기 전에 기존 사회질서를 의례적으로 뒤엎는 이벤트다. 하지만 역동적인 실리콘밸리와 진화 발전하는 소셜 네트워크 속에서 교육받은 벤처 사업가인 내게 목화 바구미는 예기치 않은 변화가 사회에 가져올 지속적인 파열을 상징하는 것처럼 보인다.

'목화 바구미'는 미국 남부 남성들로 이루어진 단체가 가볍게 채택할 만한 명칭이 아니다. 그것은 목화 꼬투리를 먹고사는 딱정벌레의 이름으로, 19세기에 리오그란데강을 건너 멕시코에서 미국으로 이동한 후 목화 농부의 골칫거리가 되었다. 목화 바구미는 미국 남부는 물론 북부의 경제와 인구통계까지 휩쓸어버린 변화에 대해 남북전쟁만큼이나 책임이 있다. 그 벌레가 끼친 피해로, 노예제도를 기반으로 수립되어 미국 전체의 경제를 지배했던 남부의 엄청난 영향력이 약화되었다. 이 작은 딱정벌레는 북부에 반감을 가진 남부인들이 목화 농업 때문에 연방에서 남부의 분리 독립이 불가피하다는 주장을 옹호하기 위해 내세웠던 슬로건 'King Cotton'(목화는 위대하다)을 조롱거리로 만들어버렸다. 내 고향 코호마는 목화의 힘이 절정에 달했을 때는 미국에서 엄청나게 부유한 곳 중 하나였지만 지금은 가장 가난한 지역으로 전락했다. 그 벌레는 노예해방 이후 자신의 땅에 소규모 목화밭을 일구려 했던 흑인 영세농민과 소작민의 삶을 황폐화시키기도 했다. 이로 인해 노동력의 대이동, 즉 다시 빈곤층으로 추락한 흑인들이 뉴욕, 시카고, 볼티모어, 세인트루이스 등 공업화된 북부의 도시로 이주하는 현상이 가속화되었다. 그들은 이주한 낯선 땅에서 흑인 공동체를 형성했으며, 한 세기가 지난 지금 그곳에서는 #BlackLivesMatter 운동(흑인의 생명도 소중함을 역설하는 인권운동) 을 통해 미국 인권운동이 새로운 단계로 진화한다. 이것은 소셜미디어의 강력한 힘을 보여주는 현상으로, 우리는 이 책을 통해 그 위력이 발휘되는 다양한 경우를 살펴볼 것이다.

100년 동안 진행된 농부, 화학자, 곤충학자, 미국 농무부의 박멸 시도를 무력화시킨 목화 바구미의 생존 능력은 끊임없이 진행되는 진화, 돌연변이, 자연선택의 경이로운 사례다. 1920년대에 모든 목화 재배 지역에서 바구미 떼가 들끓자 농부들은 분말 비산칼슘 살충제로 이 벌레를 멸종시키려 했다. 그러나 그 농약은 바구미에게는 극히 일부의 효과만 있었고 오히려 다른 많은 생물에게 훨씬 더 치명적인 것으로 드러났다. 그 후 1950년대 농부들은 곤충 체내의 세포 분자구조를 손상시키는 DDT 등 새로운 합성 살충제를 사용해 이 벌레를 없애려 했다. 살포 초기에는 일부 성공하기도 했지만 불과 몇 년 지나지 않아 곤충학자들은 몇몇 변종 바구미가 이 살충제에 영향을 받지 않는다는 사실을 발견했다. 오래 지나지 않아 전체 바구미가 DDT에 저항력을 갖는다는 사실이 확인되었다. 새로운 살충제가 나오면 얼마 후 목화 바구미가 내성을 취득해 그 약을 무용지물로 만들어버리는 동일한 양상이 20세기 내내 되풀이되었다. 농부들에게 희망을 주는 최신형 살충제는 몬산토Monsanto사(다국적 농업생물공학 기업)가 개발한 유전자 재조합을 이용한 개량형 목화다. 이 목화는 바실러스 튜링겐시스Bacillus thuringiensis(BT)라 불리는 자연 발생적 살충 물질을 분비한다. 하지만 여전히 많은 이들이 BT에 내성을 가진 바구미가 출현하는 것은 시간문제일 뿐이라고 생각한다.

인간의 질병을 물리치기 위해 개발된 약이 효과가 없어질 때 나타나는 현상이 여기에도 동일하게 적용된다. 이 과정은 상식적인 생물학 지식을 가진 사람이라면 누구나 이해할 수 있다. 새로 개발된 살충제는 목표로 하는 해충 집단 내 대부분의 개체에게 치명상을 입히지만, 일부 개체는 돌연변이 유전자에 의해 발현되는 특성을 지닐 것이다. 이 유전자는 운 좋은 소수에게 살충제에 대한 내성을 키워준다. 그놈들은 유전자를 후손에게 물려주어 생존 가능성을 높이고, 얼마 후에는 전체 집단이 내성을 가진 채 다시 번성한다.

미 농무부 곤충학자와 목화 바구미 간의 끝없는 투쟁은 고전적인 '적자생존'의 최신판이다. 이런 여러 사례는 찰스 다윈 진화 이론의 핵심적 가설을 확인시켜준다. (아이러니하게도 텍사스주 학교들이 지적 설계론에 우호적인 교과서와 교과과정을 중시한다는 사실 때문에 텍사스 목화 재배 농부들이 바구미와 벌이는 사활을 건 전쟁은 지지기반이 흔들릴 수도 있다.) 철학자 다니엘 데닛Daniel Dennett이 말한 것처럼, 다윈의 '위험한 아이디어'가 '기본적 알고리즘'을 구성한다.[1] ('알고리즘'이라는 단어를 본 당신의 머리가 지끈거릴 수도 있지만, 이 분야의 논리적 기반으로써 이런 핵심적인 컴퓨터 공학 용어를 활용하는 것은 중요하다.) 다윈은 컴퓨터를 접한 적이 없지만, 이

19세기 생물학자의 이론은 수학이 견인하는 현대의 디지털 세계를 구성하는 일종의 방정식으로 표현될 수 있으며, 독립변수 X와 독립변수 Y의 값이 주어지면 종속변수 Z의 값을 구할 수 있다. 좀 더 정확하게 말하면 그 알고리즘은 다음과 같이 정의된다. '종 전체를 넘나드는 돌연변이가 존재하고(X) 유한한 자원 분배로 경쟁하는 생명체 간의 선택 과정이 필요하다면(y), 그 자원을 획득하는 데 가장 적합한 돌연변이를 가진 개체가 생존할 것이고, 그 형질을 후손에게 물려줄 것이다(z).'

이 방정식은 단순해 보이지만 일상적 관계 속에서 헤아릴 수 없이 복잡한 구조를 만들어내고, 여러 방향으로 끝없이 예측 불가능한 결과를 연속적으로 펼쳐낸다. 카오스 이론에서 사용되는 '나비효과'라는 말을 들어본 적이 있는가? 아마존에 사는 나비의 날갯짓이 일련의 사건으로 이어져 플로리다 해안을 강타하는 허리케인을 발생시킨다는 것으로 예측 불가능성을 비유적으로 표현하는 용어다. 당신은 이런 방식으로 상호 연결된 복잡성의 관점에서 진화를 이해할 필요가 있다. 우리의 두뇌는 복잡성을 회피하고 직선적인 설명을 선호하는 경향이 있다. 하지만 그러면 최종 결과에 영향을 끼치는 수많은 두 번째, 세 번째, 네 번째 효과를 모두 놓친다. 진화(생물학적 개념과 사회적 개념 둘 다로서의 진화)를 완전히 이해하기 위해 우리는 그런 제한적 사고방식을 깨뜨리려고 노력해야 한다.

이 책에서 다른 것을 얻지 못한다 하더라도 인간이 만든 사회 네트워크를 포함한 세계가 엄청나게 복잡한 시스템이라는 개념을 받아들여야 한다. 간단한 알고리즘으로 예기치 않은 결과가 나오는 진화는 그 모든 것의 궁극적인 결과다. 인간 사회는 (이제는 아닐 수도 있지만) 더 단순한 형태의 생명체만큼이나 진화의 역동성에 취약하다.

한 종에서 적응과 변화가 생기면 포식자, 먹이, 경쟁자 등 다른 생물 종의 생존 가능성에 영향을 미치므로 해당 생물을 동일한 적응과 변화의 알고리즘 과정으로 종속시킨다. 그러면 이것은 그 종들과 경쟁하는 다른 종들에게도 영향을 줄 것이다. 면화 재배지가 남부 전역으로 확장됨에 따라 멕시코 본토의 부족한 자원을 놓고 경쟁을 벌이던 목화 바구미가 북쪽으로 이동해갔다. 나중에 새로운 살충제에 저항하기 위해 진화된 바구미 개체군의 흥망성쇠는 또 다른 남쪽 유입종이자 바구미의 천적인 아르헨티나 불개미의 생존 전망을 변경시켰다. 즉 불개미 역시 이에 대응해 돌연변이에 의한 변화를 겪은 것이다. 먹이가 부족해지자 더욱 강해진 유형의 개미가 나타났다. 그들은 단일 여왕개미 군집에서 다중 여왕개미 군집으로 변화해 집단의 생존 능력과 먹이가 부족해진 환경에서 생식능력을 강화시켰다. 어떤 시점에 이르면 이러한 종류의 파격적인 압력은 완전히 새로운 종을 만들어낸다.

궁극적인 목적을 위해 선택되는 이런 과정은 인간 문명의 조직과 문화를 포함한 모든 것에 대한 설명을 제공한다. 무작위로 변하는 분자구조 사이의 수십억, 수백억, 수천억의 감정적으로 유도된 상호작용을 통해 다윈의 잔인한 알고리즘은 현재 상황에 대한 변화를 지속적으로 촉진해 우리가 살아가는 세계의 다양성을 창조한다. 다니엘 데닛이 말했듯이,[2] 그것은 '정신의 도움 없이 혼돈에서 질서를 창조하는 계획'이다.

　미시시피에서 교육을 받고 성장하면서 나는 사람들이 "나는 원숭이에서 진화하지 않았다"라고 선언하는 것을 들었다. 우리가 영장류에서 '진보했다'는 사실을 받아들이는 건 기원에 대한 열등한 개념을 수용하고 성경을 부정하는 것이었다. 그러나 압도적인 증거가 있음에도 진화론이 포괄적으로 받아들여지지 않은 이유 중 하나는 아마도 '진보'라는 용어로 잘못 기술되어 있기 때문일 것이다. 우리는 진화가 조상보다 우월하게 발전하는 걸 의미한다는 단순한 생각으로부터 벗어나야 한다. 그건 다윈의 이론 자체만큼이나 오랫동안 오해를 불러일으킨 생각이다. 우리 시대에서 그런 오해는 1965년 처음 출판되고 다양한 형태로 재현된 인간 진화의 상징인 '진보의 발걸음 March of Progress' 같은 이미지에 의해 주입되었다.
　진화 알고리즘의 결과를 촉발하는 무작위 상호작용은 어떤 특정 방향으로 사물이 변화하도록 미리 예정되어 있지 않다. 스티븐 제이 굴드Stephen Jay Gould가 말했듯이,[3] "생명은 예측 가능한 진보의 사다리가 아니라 방만하게 뻗어나가는 덤불이며, 멸종이라는 죽음의 신이 끊임없이 가지를 쳐내는 것"이다. 우리가 사회 유기체의 진화에 대해 얘기할 때 이 교훈을 명심하자. 소셜미디어는 의심의 여지 없이 우리 세계에 개선점을 가져왔지만 많은 문제점을 만들어내어 표출시키기도 했다. 더욱 중요한 점은 진화에서 비롯된 새로운 종은

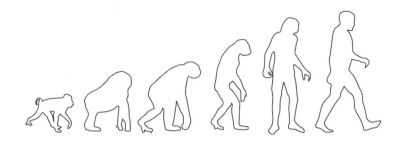

(그것이 생물학적이든 사회적이든) 그 뒤에 어떤 목적도 없이 형태를 취한다는 것이다. 그 형태는 단지 우연히 존재한 것이다. 하지만 우리는 인간이 진화적 힘에 영향을 미칠 수 있다는 사실도 인식해야 한다. 결국 남부에 면화를 도입한 것은 인간이었다. 따라서 우리가 완전히 무력감을 느낄 필요는 없다. 생물학적, 사회적 현상이 어떻게 진화하는지 더 잘 이해하면, 더 나은 세상을 만드는 방식으로 그 현상이 발전하도록 이끌 수 있다. 실질적으로 우리는 어떻게 더 좋은 세상을 만들 수 있을까?

많은 과학자들은 다윈의 강력한 이론을 생물학 밖의 어떤 것에 적용하는 데 오랫동안 불편함을 느껴왔다. 예를 들면 나치즘, 우생학과 그 밖의 백인우월주의 이데올로기 뒤에 있는 '사회적 다윈주의Social Darwinism' 철학에 대한 자연스런 혐오감이 있었다. 일부 강경파 자유주의 경제학자들을 제외한 대부분의 경제학자들은 무자비한 적자생존 논리인 자유방임주의를 중심으로 경제가 설계되어야 한다는 생각을 받아들일 수 없었다. 왜냐하면 그것이 가난한 사람들에게 초래할 고통 때문이었다. (부정확한 비유이긴 하지만, 많은 사람들이 미국의 극심한 소득 불평등을 만들어낸 '다윈주의적' 경제학에 불만을 표출하는 건 지극히 당연하다.) 그러나 진화론의 법칙이 사회정책 결정에서 심각한 결함을 가진 가치 체계라는 사실이 진화론이 사회를 형성하지 않는다는 것을 의미하지는 않는다. 결국 인간관계에도 동일한 변수(희소한 자원을 차지하기 위한 경쟁과 변화)가 존재하는 것이다.

최근 몇 년 동안 인간의 활동이 자연에 끼친 부정적 영향을 인식하고 지구상의 생명의 지속 가능성에 대한 우려가 커지면서, 사회를 위한 보다 자원 효율적인 경제와 조직 모델을 설계하기 위해 자연에서 진화한 시스템으로부터 교훈을 얻으려는 '생체 모방' 같은 새로운 분야가 진화론에 사회과학의 르네상스를 제공한다. 진화론은 컴퓨터 과학과 네트워크 이론에서 특히 중요하지만, 영국 지식인 매트 리들리 Matt Ridley 등에 의한 '문화적 진화' 개념을 받아들일 때도 중요하다. 이러한 아이디어는 이 책의 많은 개념을 구성하는 데 도움이 된다.

MIT 미디어랩에서 일하는 마이클의 동료인 세자르 히달고César Hidalgo는 사회과학의 맥락에서 자연법칙과 진화를 주목할 만한 방식으로 응용한다. 경제가 진화하는 방식에 관한 그의 이론은 정보가 끊임없이 '성장'하면서 자연 상태에서는 엔트로피와 무질서 경향이 있는 우주 내의 물질에 질서와 정돈을 가져온다는 생각에서 비롯된 것이다. 우리 자신을 포함해 모든 것은 정보로 구성되어 있다.* 미래학자 앤드루 헤셀Andrew Hessel이 말했듯이 우리의 유전자 코드는 하드웨어 지침과 우리 몸을 움직이는 소프트웨어를 대표하며, 최종적으로 유전적 기억과 의식으로 추상화된다.

요점은 세상에 있는 모든 것이 정보를 처리하고 생성하는 연산 능력을 가진다는 것이다. 히달고는 나무를 '햇빛으로 가동되는 컴퓨터'라고 표현한다.[4] 즉 나무는 신호 전달 경로로 조직화된 단백질의 도움을 받아 자신의 뿌리를 물을 향해 자라게 하는 방법뿐 아니라 병원체를 찾아내어 그에 대한 면역반응을 일으키는 방법과 잎을 에너지원인 태양으로 향하게 하는 방법을 찾아낸다는 것이다. 그렇게 함으로써 나무 자체가 정보(우리가 '나무'로 분류하는 분자 조직)를 구현하는 것이다. 무생물의 화학반응도 컴퓨터로 생각할 수 있다. 이 반응은 입력 명령을 내리고, 그 과정에서 더 복잡한 분자 화합물을 만든다. 그러나 알려진 우주에서 모든 물질의 가장 심오한 계산 능력을 발전시킨 존재는 인간이다. 인간은 히달고가 '상상력의 결정체'라고 부르는 형태로 정보를 생산한다. 이 결정체는 인류가 엔트로피를 극복한 모든 승리에서 성취한 물질적인 모습(집, 가구, 자동차, 컴퓨터, 엔지니어의 도구와 지금까지 제조된 모든 것)을 취한다. 무엇이 인간을 이렇게 새롭고 창의적인 방식으로 정보를 체계화하도록 이끌어낸 것일까? 멈출 수 없는 진화의 알고리즘이 바로 그것이다.

• 여기서 정보는 메시지 내용과 의사소통 수준의 일상적인 용도보다 더 광범위하게 정의된다. 이렇게 정의된 정보는 물질의 물리적 배열과 사물의 구체화를 정의하는 힘으로 생각할 수 있다. 정보는 우주가 엔트로피를 지향하는 경향을 갖는다는 열역학제이법칙(항상 증가한다는 방향으로 일어난다)의 반대편에 위치한다. 이것은 정보가 존재의 핵심적인 반엔트로피 요소ant-entropic element라는 것을 의미한다. 분자는 확산되고 다양화되고 단절된 상태로 이끌리는 반면, 정보는 정반대로 구조화되고 일관되고 연결되는 관계를 만든다. 열역학적인 힘은 물질을 기체화시키지만, 정보는 물질을 고체화시킨다.

경제로 정의되는 인간 사회에서, 이러한 경향은 높은 수준의 계산 능력을 달성하기 위한 끊임없는 경쟁으로 나타난다. 개인, 회사, 경제는 더욱 복잡한 컴퓨팅와 네트워킹 시스템으로 진화해 정보를 처리하고 보다 가치 있는 제품을 만들어낸다. 네트워크의 노드 수와 복잡성이 커질수록 총 연산 능력 풀total pool of computational power이 커진다. 이는 새로운 현상이 아니다. 당신은 이 아이디어를 인류 최초의 작은 부족과 초기 유목민 공동체로 확장하고 오늘날 세계적으로 통합된 거대한 컴퓨터 연결 네트워크로 확대시킬 수 있다. 더 좁게 보면, 더욱 거대한 정보처리 효율성 향상 요구에 의해 사회 변화가 유도된다는 개념은 분산된 네트워크 구조를 향한 컴퓨팅 시스템의 지속적인 진화를 설명한다. 정보기술의 역사에서 각각의 새로운 단계는 이전 세대보다 더 강력해진 컴퓨팅 성능을 활용한다. 메인프레임 컴퓨터는 네트워크 데스크에 밀려났으며, 다음 국경인 토르Tor, 비트코인bitcoin 등 소유 주체가 없는 오픈소스와 P2P 시스템으로 예상되는 분배되고 분산된 시스템에서 인터넷과 클라우드 컴퓨팅에 압도당할 것이다.

우리는 매스미디어 구조에도 비슷한 생각을 적용할 수 있다. 정보를 공유, 생산, 처리하는 능력 측면에서 우리는 진화론적 알고리즘을 통해 소셜미디어가 대중매체 시스템이 가진 모든 기존의 전파력을 능가하는 순간을 맞이한다. 가장 말초적인 관심을 끄는 현상(코믹한 애완동물 동영상, 댓글 전쟁에서 트롤의 파괴적인 행동, 인터넷을 들썩이게 만든 킴 카다시안의 엉덩이)에 초점을 맞추면 진화론적 진보로서 소셜미디어를 보는 것은 비약처럼 보일 수 있다. 모든 진화가 진보는 아님을 기억하자. 그럼에도 소셜미디어의 유용성에 대한 논란이 소셜미디어의 하이퍼 네트워크 구조가 사회를 위한 강력한 정보처리 시스템을 만든다는 사실을 약화시킬 수는 없다. 아이디어와 행동 촉구는 과거의 중앙 집중식 미디어 모델에서 가능한 것보다 훨씬 효율적으로 적용되며, 소셜미디어의 투명성과 개방성을 통해 우리는 문화에 퍼져 있는 암적인 이데올로기를 바람직한 방식으로 구별해낼 수 있다.

정치적 운동이 얼마나 빨리 조직화되는지 생각해보라. 디오디언스가 2012년 오바마 대통령 재선 캠페인의 후방에서 소셜미디어 전략을 가동할 때 나는 이것을 개인적으로 목격했다. 정체성이 분명히 다른 각각의 커뮤니티에 속해 있는 지지자들(오바마를 위한 애완동물 애호가 모임, 오바마를 위한 참전 용사 모임, 동성애자 커뮤니티의 오바마 후원 조직, 오바마를 지지하는 오마하Omaha와 콜로라도 지역 주민 단체)을 통합시킬 수 있다는 사실을 빠르게 확인한 것이다. 이러한 분산된 접근 방식을 통해 선거운동 팀은 최적의 메시지를 최적의 사람들에게 효율적으로 전달할 수 있었으며, 각각의 커뮤니티는 연결된 노드처럼 행동해 친구들과 온라인으로 소통함으로써 캠페인의 메시지를 증폭시켰다. 최적의 콘텐츠를 만들어서 그 콘텐츠를 가장 중요하게 생각하는 사람들에게 전달함으로써 우리는 선거의 마지막 주에 2억 2000만 명이 넘는 유권자에게 다가갈 수 있었다.

2016년 대통령 선거운동에서 버니 샌더스Bernie Sanders도 비슷한 상황을 경험했다. 처음에는 이와 유사한 계획을 세우지 않은 채 말이다. 2013년, 버몬트에 사는 스물세 살 포도 농부인 에이단 킹 Aidan King은[5] 단지 버니 샌더스 상원의원을 존경한다는 이유로 소셜미디어 플랫폼 레딧Reddit에 '샌더스를 대통령으로Sanders for President'라는 서브레딧subreddit을 개설했다. 16개월 후, 샌더스의 참모진은 에이단 킹의 개인 사이트를 공식적인 대통령 출마 발표 장소로 사용하기로 결정했다. 열광적인 호응 속에 서브레딧 가입자가 급증하면서 샌더스는 2015년 3분기 130만 건의 기부금을 통해 2600만 달러를 모금하며 사상 최대의 선거 자금 모금 기록을 세웠다. 선거운동을 위한 외침이 된 'Feel the Bern'(버니 샌더스를 느껴라) 슬로건은 몇몇 몸값 비싼 마케팅 전문가의 생각에서 나온 게 아니라 이 거대한 자발적 후원자 그룹에서 나왔다. 대선 캠페인 전체에서 해시태그 #FeelTheBern이 #Hillary2016보다 훨씬 강력하게 공감대를 형성한 것이 분명했다. 실제로 주변에 활력을 불어넣은 온라인 커뮤니티가 너무 강력해졌기 때문에 힐러리 클린턴이 필요한 대의원 수를 분명히 확보한 후에도 버니 샌더스가 민주당 후보 지명을 클린턴에게 양보하는 데 주저하도록 영향을 미쳤다고 볼 수 있다.

스마트폰이나 컴퓨터를 가진 사람이면 누구나 쉽고 저렴하게 정보를 배포하고 소비하는 노드가 될 수 있는 평등한 수평적 구조의 네트워크에서, 우리는 지식을 집단 지성화crowdsourcing할 수 있다. 이러한 공유된 역량은 대량의 정보가 뉴스 매체의 통제된 채널을 통해 조정될 때는 존재하지 않았다. 뉴스 매체의 값비싼 자본 집약적 배포 시스템은 작고 자본이 부족한 경쟁자로부터 자신을 보호하는 자연적 장벽을 만들었다. 하지만 이제는 수십억의 사람이 네트워크 시스템에 연결되어 저렴한 비용으로 1인 미디어가 될 수 있기 때문에 보다 강력한 방법으로 정보를 활용할 수 있다.

소셜미디어는 우리 앞에 훨씬 더 폭넓은 아이디어를 제시하고, 이전에는 접근할 수 없었던 문제에 대한 해결책을 보여준다. 이런 세상에서 새로운 아이디어를 개념화conceptualization하고 결정화 crystallization하는 데 필수적인 무작위적 발견 현상, 이른바 세렌디피티serendipity(뜻밖의 발견)는 정보 수집 과정에서 더 큰 요소다.

그것이 어떤 의미를 가질까? 페이스북 친구가 식수 부족으로 어려움을 겪는 태평양 섬 주민들을 도와주자는 글을 포스팅한 것을 당신이 보았다고 가정해보자. 기존 기술의 100분의 1 비용으로 바닷물을 담수화할 수 있는 획기적인 신기술에 대한 트윗을 본 적이 있는 당신은 이를 진지하게 생각한다. 이런 새로운 아이디어를 주제로 다루는 링크드인LinkedIn 토론 그룹에 가입해서 당신의 열정을 채워줄 기술을 가진 누군가와 공감대를 형성해 심도 있는 일대일 채팅을 나눈다. 얼마 후 창업을 시작한다. 당신은 세상을 구하기 위해 출발한 것이다.

상호 연결된 사회 유기체의 네트워크로 전환함으로써 우리는 인간 사회의 컴퓨팅 능력을 새로운 미지의 영역에 도입했고, 외부로 표출되는 집단의식을 창출했다. 면화 재배지, 목화 바구미, 살충제, 불개미 사이의 관계에서 관찰된 고전적 진화 피드백 루프에서 이러한 변화는 그들 자신의 강력한 진화적 힘을 이끌어냈다. 이제 그 변화는 우리의 경제, 사회, 문화의 진화를 가속화한다. 우리는 앞으로 이러한 문화에 대해 더 깊이 논의할 것이다.

이 책을 읽으면서 당신은 사회 유기체의 강력한 힘을 자신의 경제적 이익과 개인적 이익을 위해 어떻게 활용할 수 있는지 배우고, 사회 전체가 이런 힘을 어떻게 다루어야 하는지를 알게 될 것이다. 그러나 과거가 미래를 위한 가장 좋은 교훈이라는 관점에서 우리는 지금까지 우리를 이끌었던 기본적 통신 인프라의 수천 년 발전 과정을 먼저 검토할 필요가 있다. 사회 유기체의 진화는 오랜 세월이 걸렸다. 역사의 흐름은 사회 유기체의 DNA 속에 깊게 자리 잡았다.

2장

교회 첨탑에서 스냅챗까지

진화를 향한 미디어의 발걸음

'사회 유기체'라는 용어는 19세기 프랑스 사회학자 에밀 뒤르켐Émile Durkheim에 의해 만들어졌다. 그는 사회를 경제적, 정치적, 문화적 핵심 영역이 서로 어떻게 상호작용하는지에 따라 건강함이 결정되는 살아 숨 쉬는 존재라고 보았다. 최근에 이 개념은 세계적인 진화생물학자이자 진화인류학자인 데이비드 슬론 윌슨David Sloan Wilson이 쓴 진화론적 관점에서 종교의 역할을 논한 획기적인 책《종교는 진화한다Darwin's Cathedral》에서 재조명되었다. 윌슨의 주장은, 사회를 생명체로 생각한다면[1] 종교는 개인의 이익보다 공동의 이익을 우선하는 친사회적 행동의 핵심 매개체로 볼 수 있다는 것이다. 이런 관점에서 (그가 '적응적 신뢰 체계'의 한 종류로 묘사한) 종교는 지역사회의 생존, 성장, 번영의 열쇠였다. 고대 문명에서 사람들이 사회의 규정된 질서를 깨뜨리는 것을 응징했던 변덕스러운 신들의 이야기, 또는 발리섬의 공동체가 논농사를 짓기 위한 관개 시스템을 조율하는 데 도움을 준 힌두교의 수도 사원 의식water temple ritual에서 볼 수 있듯이 종교 관습은 공동체를 결속하는 영향력을 발휘했다. 종교는 사회를 통합시키고 네트워크화된 공동체로 진화해 컴퓨팅 능력을 향상시키도록 도왔다.

르네상스가 사람들의 과학적 탐구욕을 자극해 궁극적으로 계몽주의와 현대 세계로 이끌기 전까지 종교적 도그마는 사람들을 결속시키는 주된 매개체였다. 그것은 신화와 믿음의 형태로 전달되었고, 익숙한 서사 구조의 이야기로 포장되었다. 이야기 패턴과 비유의 일관성 (이는 주류 종교가 유사한 기원 신화를 공유하는 방식에서 명백하게 나타난다)

은 사람들이 종교를 흡수하고 궁극적으로 종교에 따라서 행동할 수
있도록 만들었다.

이는 지식 형성의 핵심 포인트를 반영한다. 즉 인식 기술이 패턴
을 인식하는 능력에 달려 있다는 것이다. 어떤 아이디어가 완전히 생
소할 경우, 관련지어 연결시킬 수 있는 기존의 아이디어가 없다면 그
아이디어는 지속될 수 없다. 코페르니쿠스, 갈릴레오, 다윈 등의 이
론이 학술적 호기심과 경험주의의 후광에 의해 널리 받아들여질 때
까지 사람들의 패턴인식 능력은 제한적이었다. 그들의 내장형 '컴퓨
터'는 그들이 수신하는 데이터의 패턴을 이해하고 흡수할 수 있는
지점까지 쉽게 진화하지 못했다. 중력, 물리학, 기상학, 면역학의 법
칙 중 어느 것도 존재하지 않았다. 이는 사람들이 가장 단순한 자연
의 경이로움을 이해하는 기초마저 갖지 못했음을 의미한다.

이런 환경에서 종교적 신화가 번창했다. 신화는 대중의 마음에
영향을 미치는 수단이었다. 제사장이 말하는 이야기는 개념화의 이
상적 패킷이었고, 아이디어가 전달되는 기본 구성 요소인 밈이었다
(여기에 대해서는 4장에서 더 깊이 알아볼 것이다). 그 목적을 위해 신화
는 매우 효과적이었다. 역사의 수많은 내부적 유혈 충돌에도 신화
는 대체로 견고하게 사회를 결속시켰다. 그러나 이렇게 견고해 보
이는 가치 체계의 시대도 한계가 있을 수밖에 없었다. 결국 인쇄술
같은 새로운 의사소통 기술과 중산층 교육에 의한 문맹 퇴치에 힘입
어, 정보를 공유하고 처리하는 사회적 능력이 폭발적으로 증가했다.
이는 과학적으로 입증된 아이디어가 빠르게 수용될 수 있음을 의미

했다. 인간 문화가 진화한 것이다.

사회 유기체가 사상의 영역에서 종교의 지배를 어떻게 벗어났는지 탐구하기 전에 역사의 오솔길을 산책하고 대중매체의 렌즈를 통해 초기 가톨릭교회를 되돌아보는 것도 유용하다고 생각된다. 아이였을 때 나는 가톨릭교회를 내 고향인 미시시피주 클라크스데일에서 가장 큰 건물을 지배하는 존재라고 여겼다. 그러나 조슈아트리국립공원에서 계시를 받은 후 많은 깨달음의 순간 속에서 나는 교회를 세계에서 가장 빠르고 성공적인 방송 네트워크 중 하나로 바라보았다. 종소리를 울리는 교회의 첨탑은 마치 텔레비전 송신탑과 같았고, 하느님의 말씀에 귀 기울이라는 엄숙한 명령처럼 들렸다. 종은 언제나 오전 8시에 울렸다. 대중은 종교적·밈적 상징으로 가득 찬 예배당에 모여서 논쟁의 여지가 없는 진리와 교리를 들었다. 성직자는 TV 앵커와 같았다. 이 앵커는 하느님과 만나는 유일한 인물이었고 그분의 말씀을 전파할 권한이 있었다. 왜냐하면 계몽주의 이전의 교회에서는 교구사제가 마을에 있는 거의 유일한 지식인이었고 필사본 성경이 제한적으로만 공급되었기 때문이다. 성직자들은 유일한 로마교회의 공식 서한을 전달했는데, 이는 마치 거대 뉴스 매체가 공통 규율로 논조, 뉴스 가치, 제목 선정, 편집 과정을 통제하는 것과 같았다.

사상의 전달자로서 교회는 천재였고, 이미지의 위력을 정확하게 파악했다. 금으로 수놓은 성직자의 예복부터 강단의 높은 위치에 이르기까지 모든 것이 교황의 권력을 강화시켰고, 기독교의 상징은 우리에게 가장 오래 지속되는 밈이 되었다. 십자가, 기독교 물고기 문양, 성모 마리아상에 비하면 '까칠한 고양이Grumpy Cat' 사진, 오바마의 '호프Hope' 포스터, 해커 집단 어나니머스Anonymous의 가이 포크스Guy Fawkes 마스크는 아무것도 아니었다. 이러한 이미지는 수백 년 동안 복제되고 반복되었으며, 예술가들은 기독교 밈을 약간 조정하고 재해석했지만 핵심 메시지는 불가침의 영역이었다. 허가받은 예술가는 방대한 메시지 관리 프로세스에 참여했지만 대부분 평신도 지역사회는 자신의 콘텐츠를 기고할 수 있는 역량이 거의 없었다. 수세기 동안 평신도들은 목숨을 걸지 않는 한 교리에 도전할 수 있는 방법이 없었다. 이 모든 것이 수백 년 동안 깨지지 않는 대중적인 통신 아키텍처의 일부를 형성했다.

마침내 요하네스 구텐베르크Johannes Gutenberg가 등장했다. 그가 새로운 발명품으로 인쇄한 첫 번째 책은 성경이었다. 이는 성경의 주제가 가장 폭넓은 대중의 패턴인식 능력과 완전히 일치한다는 점에서 현명한 선택이었다. 그러나 인쇄술은 로마 교황청이 규정한 것과는 매우 다른 강력한 아이디어에 대한 사람들의 접근을 궁극적으로 확대할 수 있는 길을 열었다. 인쇄술은 신속성과 접근성이 요구되는 대화형 커뮤니케이션의 시간적·공간적 제한을 없애면서 정보를 보다 광범위하고 빠르게 보급할 수 있는 가능성을 열어주었다. 사교육과 공교육의 도입으로 문맹이 퇴치되고 다른 사회 분야에서도 전면적인 발전이 이루어지는 과정에서 인쇄술은 교회가 강제한 계급 구조를 깨뜨렸다. 인쇄술은 중산층으로 진입하는 길을 열었다. 중산층은 사회를 조직하고 세상을 이해하는 방법에 관한 대안적인 아이디어에 우호적인 새로운 교육을 받은 계층이었다. 이러한 대안적인 아이디어에 대한 중산층의 요구에 부응하기 위해 또 다른 강력한 아이디어가 탄생했다. 구텐베르크가 열어젖힌 거대하고 새로운 출판 역량을 활용한 매스미디어였다. 아이러니하게도 이 시기에 등장한 초기 문학은 소비, 섹스와 코미디에 대한 통속적인 즐거움을 기반으로 했다. 이는 초기 인터넷으로 반복될 패턴이었다.

사회 의사소통 구조의 진화론적 진보라는 새로운 단계는 교회의 독단적인 교리에서 벗어나 정보를 공유하기 위한 세속적인 모델을 만드는 데 도움이 되었다. 성장하는 비문맹 인구가 독립적으로 전달되는 정보를 요구함에 따라 저널리스트라는 새로운 유형의 작가와 편집인이 생겨났다. 볼테르, 몽테스키외, 로크, 존 스튜어트 밀의 자유주의적 철학에 영감을 얻은 저널리스트들은 권위적 세계관을 준수했는지 여부에 상관없이 정치와 문화에 대한 신선한 묘사와 설명을 제공했다. 19세기 후반 이후 언론 기관들이 성장하는 중산층 소비자 시장에 다가가려는 상인들에게 광고란을 판매해 운영자금을 조달할 수 있다고 판단했을 때, 고용된 작가들이 훨씬 방대한 영역의 주제를 다루면서 뉴스 매체의 규모와 영향력이 증가했다. 이러한 출판물은 산업혁명이 진행됨에 따라 영국에서 엄청나게 늘어났다. 미국에서는 19세기에 신문이 도처에서 창간되었다. 언론의 관심 분야가 광범위한 정치철학과 윤리를 포괄하면서 전반적인 언론 업계가 신분, 재산, 사상의 자유에 대한 제퍼슨의 원칙을 구체화했다.

20세기에는 정보를 수집하고 배포하기 위한 새로운 시스템이 미디어 산업을 또 다른 진화단계로 이끌었다. 사진, 무선, 동영상, 공중파 TV와 케이블 TV는 모두 더욱 효율적이고 광범위하게 대중에게 메시지를 전달하고 아이디어를 전파하는 새로운 도구를 제공했다. 이러한 기술(신문, 잡지, 책, 라디오, TV)은 20세기 서구 문화를 형성했으며, 사람들의 삶의 중심으로 자리 잡았다. 미국인들은 라디오에서 대통령의 연설을 듣거나 CBS 뉴스 앵커 월터 크롱카이트Walter Cronkite가 특유의 말투로 "그게 현실입니다"라고 말하는 걸 들으면서 전 국민이 함께 참여하는 가상 공동체에 속해 있다는 유대감을 느꼈다. 방송 매체는 이전의 어떤 기술보다 강력한 국가 구축의 힘이었다. 가치 체계를 강제하는 교회와 정부가 없는 환경에서 미디어 사업은 대중의 생각을 형성하는 강력한 도구가 되었다. 이것은 노골적이거나 미묘한 방식으로 이루어지기도 했다. 예를 들면 TV 음성 변조를 통해 대서양 연안의 동부 악센트가 은근히 권위 있는 말투인 것처럼 유도하는 식이었다. 이는 나처럼 느린 미시시피 말투를 쓰는 사람의 권위를 자연스럽게 떨어뜨렸다.

그러나 보편적인 접근성에도 불구하고 매스컴은 여전히 소수가 좌우하는 영역이었다. 많은 언론 매체 소유주들이 언론인의 작업에 간섭하는 걸 피하고 균형 잡힌 보도 원칙에 충실하겠다는 립 서비스를 제공했지만, 이들 매체를 주무르는 중앙 권력에서 벗어나는 일은 없었다. 편집진과 방송 제작자는 뉴스의 게이트키퍼였다. 그들은 대중이 알아야 할 것과 알지 말아야 할 것을 결정해야 했다. 그들은 이른바 '오버톤 창Overton window'을 정의했다.[2] 조셉 오버톤Joseph Overton의 생각에 따르면, 정치가들이 정치적으로 받아들일 수 있다고 판단하는 생각의 범위는 매우 좁다. 이러한 인물들의 '메시지'에 대한 중앙 통제는 뉴스를 만드는 사람들과 뉴스를 작성하는 사람들 사이의 긴밀한 관계가 형성되었다는 것을 의미했다. 지금처럼 폭넓게 개방된 소셜미디어 시대에 백악관 기자들이 '공공의 이익'이 아니라는 이유로 프랭클린 D. 루스벨트의 장애를 보도하지 않거나 존 F. 케네디의 성적 모험을 묵인하는 데 동의한다고 상상해보라. 그런 결정으로 우리의 삶이 더 나아지는지 여부에 상관없이, 이제는 경쟁으로 그런 상황이 유지될 수 없을 것이다.

소셜미디어를 통해 언론 산업은 새롭고 거대한 진화론적 도약을 이룬다. 나는 그것이 구텐베르크의 인쇄술만큼이나 사회에 큰 영향을 미칠 거라고 생각한다. 우리는 소셜미디어의 진화가 논쟁의 여지 없이 분명하게 긍정적인 이익을 창출해야 한다고 주장하지 않는다. 다시 한번 강조하지만, 진화는 진보와 같지 않다. 우리가 말하고자 하는 것은 소셜미디어가 사회의 대중적 의사소통 구조를 위한 보다 진화된 상태를 대표한다는 것이다. 이것은 돌이킬 수 없다. 진화론적 알고리즘은 우리를 사회 유기체로 만들었다. 사회 유기체에서 지금 우리는 거대하고 수평적으로 분산된 네트워크에 연결되어 있다. 그것은 우리를 그 어느 때보다 훨씬 높은 수준의 연산 능력으로 무장시켰고, 아이디어를 보다 신속하게 생성, 복제, 해석하고 더 널리 확산시킬 수 있게 만들었다.

도널드 데이비스Donald Davies, 빈트 서프Vint Cerf, 밥 칸Bob Kahn은 흔히 '인터넷의 아버지'라고 불린다. 그렇다면 인터넷 창시자 중 한 명인 폴 배런Paul Baran은 '인터넷의 할아버지'라고 부르는 게 공정할 것이다. 그는 1950년대 후반에 '분산 적응형 메시지 블록 스위칭distributed adaptive message block switching'이라는 개념을 생각해냈다. 폴 배런에 대해서는 들어보지 못했을지 모르지만, 자주 인용되는 그의 이산적 네트워크 구조 그림은 본 적이 있을 것이다.

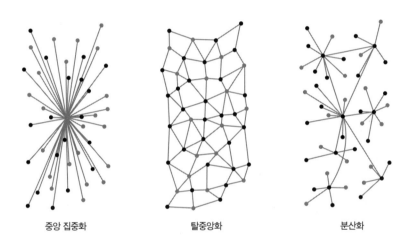

| 중앙 집중화 | 탈중앙화 | 분산화 |

첫 번째 모델은 역사상 여러 형태의 인간 조직을 뒷받침하는 커뮤니케이션 관계의 종류를 나타낸다. 특히 중앙 집중화는 모든 트래픽이 전국망을 갖춘 전화 회사의 중앙 허브를 통과해야만 했던 인터넷 시대 이전에 대부분 국가에서 지속된 통신 시스템을 나타낸다. 두 번째 모델은 상호 연결된 허브앤스포크hubs-and-spokes(바퀴 중심과

바큇살) 관계의 시스템을 보여준다. 여기서 상호 협력적인 다양한 중심점은 더 넓고 임시적인 시스템 내의 노드로서 작동한다. 여러 고객을 서비스하는 다양한 ISPInternet Service Provider(인터넷 서비스 제공업체)의 배열을 중심으로 형성된 인터넷의 하드웨어와 상업적 구조가 이러한 방식으로 설명될 수 있다. 그러나 폴 배런은 정보가 어떻게 흐르는지에는 관심을 가졌지만 사용자가 실제로 컴퓨터를 네트워크에 연결하거나 액세스 비용을 지불하는 방법에 큰 관심을 가진 건 아니었다. 그것을 위해 그는 제3의 모델인 분산 시스템을 고안했다.

이제 분산 네트워크는 우리의 통신 아키텍처에 퍼져 있다. 실제로 이러한 수평적이고 중심점 없는 분산 구조는 소셜미디어가 그 놀라운 힘을 이끌어내는 원동력이다. 냉전 시대에 랜드 연구소RAND Corporation에서 미국 국방부가 기금을 지원한 프로젝트에 종사했던 폴 배런이 이 구조를 제안한 이유는 그것이 정보 흐름 자체를 향상시키는 게 아니라 보다 안전하기 때문이었다. 이 아이디어는 하나의 노드가 공격이나 오작동으로 다운된 경우에도 모든 노드가 중앙 허브를 통과하는 모델처럼 전체 네트워크가 파괴되지는 않을 거라는 것이었다. 배런은 정보 자체를 패키징하는 방법을 재구성하지 않으면 이런 구조를 달성할 수 없다는 걸 알았다. 분산 구조에서 데이터는 여러 노드가 동시에 읽을 수 있는 블록으로 분할되어야 했다. 결과적으로 이것은 분산 구조가 약속한 보안상의 개선을 뛰어넘는 획기적인 발전이었다. 이 새로운 시스템은 시간과 거리라는 두 가지 인간 커뮤니케이션의 제약을 극복했다. 그것은 인터넷 시대의 빅

뱅으로 이어졌고, 통신 세계의 기존 질서에 엄청난 변화를 일으켰다. 그로 인해 우리는 이전에는 결코 상상할 수 없었던 혁신과 새로운 온라인 생활 방식이 폭발적으로 증가하는 것을 경험했다.

배런이 '핫 포테이토 라우팅hot-potato routing'이라고 부른 이러한 아이디어는 독점적인 AT&T의 벨 시스템Bell System이 중심에 자리를 잡던 당시 미국의 통신 네트워크에서는 너무나 비상식적이었다. 그 시스템은 지역 전화선과 장거리 전화선을 연결하는 일련의 허브로 구성되어 있었다. 스위치보드에 의해 조정되는 허브는 각 전화번호의 코드를 기반으로 두 전화 사이의 지점 간 통신을 가능하게 했다. 이 모델의 유산은 NPA-NXX 전화번호 형식인 +1 (XXX) XXX-XXX을 통해 오늘날에도 지속된다. 이 형식은 국가 번호, 3자리 지역 번호, 3자리 국번, 회선 소유자의 4자리 고유 번호로 구성된다. 이 모델은 지리에 대한 의존성을 가정한 것이었는데, 이는 배런의 아이디어에서는 불필요해졌다.

그로부터 10년이 지난 1960년대 후반 웨일즈의 컴퓨터 과학자 데이비스Davies는 배런의 모델이 네트워크를 통과하는 정보의 양을 극적으로 증가시킬 수 있다는 사실을 알아냈다. '패킷 교환Packet switching'(이는 데이비스가 선택한 용어로 배런의 용어보다 좀 더 다채롭다)은 정보가 더 이상 지점 사이를 이동할 필요가 없으며, 병목 지점에 갇히지 않는다는 걸 의미했다. 이제 해당 회선에 '통화중 신호 busy signal'가 있는지 여부에 관계없이 데이터를 전달할 수 있는 것이다. 데이비스는 배런의 기술을 영국국립물리학연구소National

Physical Laboratory가 운영하는 내부 통신 네트워크에 통합했으며, 아르파넷ARPAnet이라 불리는 시스템을 건설하기 위해 국방부와 계약을 추진 중이던 어메리칸스Americans와의 회의에서 동일한 접근 방식을 채택하도록 설득하는 데 성공했다. 1969년 아르파넷은 패킷 스위칭 모델로 출범했다. 4년 후, 빈트 서프와 밥 칸은 패킷 흐름을 관리하기 위한 두 가지 지침 프로토콜을 완성시켰다. 그건 바로 전송 제어 프로토콜Transmission Control Protocol과 인터넷 프로토콜 Internet Protocol이었다(이를 합쳐 일반적으로 TCP/IP라 부른다). 인터넷의 개념이 이 순간에 탄생했다.

인터넷 인프라가 자리를 잡으면서 소셜미디어의 진화가 시작될 수 있었다. '소셜미디어'라는 명칭을 갖지는 않았지만, 전자메일과 인스턴트 메시징으로 시작된 이러한 현상은 예비 문자를 전송하면서 텍스트 기반 통신에 걸리는 시간을 대폭 줄여줬다. 곧이어 온라인 메일링 리스트와 유즈넷 그룹이 대화의 '스레드thread'를 중심으로 조직되어 사회적 차원이 추가되었다. 이러한 혁신을 통해 일대일 one-to-one 의사소통을 뛰어넘는 일대다one-to-many 메시지 덤프가 허용되었다. 특정 주제에 관심 있는 사람들이 아이디어를 공유할 수 있을 뿐만 아니라 독립적으로 작성된 공동의 소프트웨어 코드를 다운로드할 수 있는 자발적 운영 게시판 시스템bulletin board systems(BBS)도 등장했다. 이런 포럼들은 인기가 많았지만 기술에 정통한 운영자의 지속적인 헌신이 필요했다.

가장 큰 돌파구는 1989년 월드와이드웹World Wide Web을 발명한 영국 엔지니어 팀 버너스 리Tim Berners-Lee에 의해 이루어졌다. 정보기술 철학자 테드 넬슨Ted Nelson이 1963년에 창안한 용어인 하이퍼텍스트hyperText 개념을 기반으로 버너스 리는 내장된 코드의 특수 조각을 통해 네트워크상의 링크를 구성해 온라인 문서를 작성하는 컴퓨팅 언어인 HTMLhyper text markup language을 고안했다. 인터넷 사용자는 이러한 코드 조각을 클릭해 한 문서에서 다른 문서로 이동할 수 있었으며, 잠재적으로 무제한 크기의 상호 연결된 '웹사이트'를 '서핑'할 수 있었다. 그다음 1993년에는 마크 안드레센Marc Andreessen의 모자이크Mosaic 브라우저가 출시되었다. 이는 버너스 리의 탁월한 아이디어를 현실로 가져온 넷스케이프Netscape라고 알려진 대량 판매 버전의 원조였다. 넷스케이프 브라우저는 다채롭고 쉽게 탐색할 수 있는 웹사이트를 통해 월드와이드웹으로 수억 명의 사용자를 이끌었다. 그 결과 많은 사람들이 자신의 웹사이트를 개설하려는 욕구를 가졌다. 이를 위해 기본적인 HTML 프로그래밍 기술을 배우거나 웹사이트 개설을 대행해주는 서비스가 필요해졌다. 드디어 이런 사이트가 사람들 간의 온라인 상호작용의 주요 수단이 되었고, 21세기 소셜미디어의 기반을 제공했다.

분산형 통신 아키텍처의 개발에서 또 하나의 획기적인 이정표는 1996년 텔레콤 법Telecom Act에서 나타났다. 이 법률은 인터넷 액세스를 개방시키고 경제적으로 제한되지 않도록 규정함으로써 디지털 생태계의 급속한 진화를 촉발시켰다. 인터넷 프로토콜을 통한 패킷 교환 통신은 이제 정부 주도의 개방적 혁신 환경에 존재했고, 이는 모든 미국인의 의사소통에서 거리와 시간이 완전히 무의미해졌다는 걸 의미했다. 이에 따라 정보의 게시와 소비 비용을 낮추기 위한 모든 유형의 애플리케이션의 개발이 가속화되었다.

이런 개혁은 의사소통 방식에 대한 접근을 민주화시켰기 때문에 더 넓은 참여 네트워크를 찾는 사용자들을 고무시켰다. '네트워크 효과'에 대한 아이디어가 통신 업계의 결정적인 경제모델이 된 것이다. 이제 네트워크가 다양화됨에 따라 성공은 유기적인 성장에 달려 있다. 더 나아가 보면, 이런 광활한 산업을 뒷받침하는 시스템과 플랫폼의 조직적 구조와 개발이 자연적·생물학적 세계에서 볼 수 있는 패턴을 따르기 시작했음을 의미한 것이다. 의도적인 전략이었는지는 알 수 없지만, 생체 모방biomimicry은 실리콘밸리의 조직적 DNA로 향하는 자신의 길을 발견했다.

수직적으로 조직화된 인간 기업의 지휘 통제 구조와 달리 어떤 단일 권력도 흰개미 군집이 함께 작동하도록 명령하지 않으며 단백질과 다른 분자가 당신의 세포 내에서 상호작용하는 방식을 지령하거나 버섯이 성장하도록 명령하지 않는다. 유기적 조직의 구성 요소는 자율적이다. 이것이 분산 통신 네트워크 내의 개인들이 어떻게 함께 기능하는지에 대한 적합한 표현이다. 블로그의 발명으로 새로운 형태의 시민 저널리즘이 생기고 소셜미디어 메시징 플랫폼이 '공공의 목소리public voice'라는 개념에 새롭고 유기적인 분배 시스템을 부여한다면, 이러한 수평적·자율적·유기적 시스템이 훨씬 더 유의미해지는 상황이었다. 이제 우리가 알 듯이, 그것으로부터 사회 유기체가 등장했다.

거기에 도달하기 전에 우리는 반드시 물리학과 수학의 법칙에 의해 이 기간에 주도된 IT 산업의 경제성을 되돌아보아야 한다. 특히 무어의 법칙과 멧칼프의 법칙의 강력한 결합이 나타났다. 전 인텔 CEO 고든 무어의 아이디어(이 아이디어는 지금은 실리콘밸리의 신조가 되었다)에 따르면 마이크로칩에 들어갈 수 있는 트랜지스터의 개수로 측정되는 연산 용량은 2년마다 두 배가 된다. 이더넷의 공동 설립자 로버트 멧칼프Robert Metcalfe에 따르면 네트워크의 가치는 노드수의 제곱과 같다. 이러한 수학적 성장 함수growth function의 끊임없는 압력 때문에 컴퓨터 저장 공간, 웹 호스팅, 온라인 대역폭과 액세스 속도가 계속 높아짐에 따라 인터넷에서 정보를 게시하고 취득하는 비용은 계속 낮아졌다. 짜증스럽게 느린 다이얼 모뎀에서 오늘날의 초고속 광대역 연결로 통신 인프라가 개선됨에 따라 인터넷 검색 기능도 향상되었다. 검색엔진은 알타비스타AltaVista와 야후!의 초기 카탈로그 작성과 쿼리query(정보 수집 요청에 쓰이는 컴퓨터 언어) 기능으로부터 구글의 강력한 알고리즘으로 발전했다.

이런 기술과 함께 사용자가 기하급수적으로 증가함으로써 온라인에 정보를 게시해 일어날 수 있는 경제적 효과가 크게 향상되었다. 더욱 풍부해진 콘텐츠에 액세스하기 위해 더 많은 사람들이 로그인하고 새롭게 떠오르는 사회 유기체에 더 많은 콘텐츠를 다시 제공함에 따라 기술 개선과 네트워크 효과라는 강력한 피드백 루프가 지속되었다. 곧 웹사이트는 대화형으로 발전했고, 독자들은 댓글을 달거나 특별하게 설계된 공개 대화방과 포럼의 게시물에 참여할 수 있었다. 이것은 새로운 패러다임이었다. 사람들이 게이트키퍼의 허가 없이도 자신의 생각을 온 세상과 공유할 수 있을 것이다.

이러한 새로운 시대를 정의하는 콘텐츠 매체는 적어도 처음에는 웹블로그(지금 우리가 블로그라고 부르는 것) 형태였다. 운영자는 수정 가능한 웹사이트를 사용해 자신의 삶과 생각에 대한 시간순의 업데이트 스트림을 방문자에게 제공했다. 이 개념은 곧 일종의 자생적 저널리즘으로 변형되었지만 대부분 블로거는 신문의 칼럼니스트와 비슷했다. RSS Rich Site Summary 피드 형식이 개발되면서, 전체 저널리즘 산업은 워드프레스Wordpress와 구글의 블로거 같은 사용자 친화적이고 저렴한 출판 서비스를 통해 확산되었다. 콘텐츠를 현금화할 수 있다는 구글 광고의 유혹에 힘입어 수많은 블로거가 인터넷으로 강림descend했다.

지금 이 순간에도 엄청난 양의 블로그 게시물이 누군가가(누구라도!) 읽어주기를 고대하면서 인터넷 공간을 떠다닌다. 그러나 비디오게임 전문가인 저스틴 홀Justin Hall, 정치 블로그의 개척자인 앤드루 설리번Andrew Sullivan, 가십 전문가인 페레즈 힐튼Perez Hilton 같은 슈퍼 블로거들의 상당수는 전통적인 미디어 모델을 단독으로 뒤흔들 만큼의 추종자들을 불러 모았다. 그들은 품격과 윤리라는 전통적 저널리즘 원칙에서 벗어나 독자들을 끌어당기는 자유로운 형식의 표현을 사용했다. 이 모든 것은 기존의 언론 매체에 큰 도전장을 던졌다. 이제 기존의 언론 매체는 독자들의 주목 시간과 이에 상응하는 광고 수입이라는 제한된 자원을 차지하기 위해 더욱 치열한 경쟁에 직면했다. 이렇게 감소하는 수익으로 그들은 (다소 불공평하게도) 블로거가 무료로 읽고, 재활용하고, 논평하는 뉴스를 수집하는 데 들어가는 많은 비용을 감당하기 위해 허덕인다.

많은 매체가 웹사이트에 더 다채로운 스타일로 의견을 말하는 작가를 직원으로 고용하고 사내 블로그를 위한 공간을 마련해 불에는 불로 맞서기로 결정했다. 그러나 허핑턴 포스트Huffington Post나 고커Gawker 같은 독립적인 블로그 제국blog empire이 출현함에 따라 전통적 신문의 인건비와 유통 비용은 감당하기에 너무 큰 부담이 되었다. 신문 저널리스트는 더 적은 월급을 받으면서도 더 많은 일(오프라인과 온라인 모두에 대한 글쓰기, 동반 블로그 게시물 제공과 온라인 TV 명소 게재 등)을 할 수밖에 없었다. 깊이 있고 내용이 충실한 저널리즘을 위한 시간은 줄어들었다. 정리해고, 지국 폐쇄, 인쇄물 취소가 늘어났고, 많은 신문이 사라졌다. 보다 현명하고 보다 타깃이 명확한 광고를 통해 혁명을 가져올 것이라는 온라인 광고 업계의 약속에도 불구하고 압도적인 '시선 끌기' 경쟁은 광고 가격을 책정하는 데 사용되는 측정 항목인 'CPMcost per impression(노출당 비용)'을 극적으로 줄였다. 동일한 효과는 클릭률 측정click-through rate에서도 나타났다. 이는 각 미디어의 도달 범위가 얼마나 효과적인지 그렇지 않은지를 보여줌으로써 광고주의 협상력을 강화시켰다. 신문은 시장경제에서 가장 강력한 두 가지 긴축적인 압력에 의해 타격을 받았다. 그건 바로 더 치열해진 경쟁과 더 높아진 투명성이었다.

이 모든 것은 놀라운 속도로 진행되었다. 엔엠인사이트NM Incite에 따르면 1997년 이안 링Ian Ring의 최초 온라인 전자 저널에서 시작한 블로그 수는 2011년에는 1억 8250만 개로 급증했다.[3] 현재 텀블러Tumblr에서만 2억 7990만 개의 블로그가 운영되며,[4] 실제 총수는 훨씬 더 많다. 반면에 신문 매출은 10년 전의 절반에도 미치지 못했으며,[5] 2000년 5만 6400명이었던 미국의 뉴스 방송국 직원은 3만 6700명으로 줄었다. 이것은 우리의 통신 아키텍처가 급속하게 진화를 겪을 때 나타나는 멸종 현상으로 보인다.

오래된 미디어 질서를 깨뜨린 것은 블로거의 콘텐츠였지만, 그렇게 할 수 있는 수단을 제공한 것은 새로운 인터넷 기반의 기술이었다. 이는 구텐베르크의 인쇄기가 르네상스의 사상가들에게 옛 봉건시대의 질서에 도전하는 데 필요한 도구를 제공한 것과 매우 유사했다. 21세기에 들어서면서 콘텐츠 배포에 대한 또 다른 새로운 혁신이 대중 통신시스템에 틀림없이 더 큰 영향을 미쳤으며, 기득권 밖의 사람들에게 그들의 목소리를 낼 수 있는 더 큰 기회를 제공했다. 소셜미디어 플랫폼이 생겨나면서 사회 유기체는 점차 증가하는 디지털 사회의 형태를 정의하는 데 필요한 배포 시스템을 마침내 갖게 되었다.

소셜미디어 플랫폼의 등장은 잠재 고객의 관심을 끌기 위해 콘텐츠 게시자를 더욱 공격적인 경쟁으로 몰아넣는 활기찬 시장을 창출했다. 사람들이 집단적, 공동적인 방식으로 모든 의사소통 수단을 공유하도록 허용하면서 이 새로운 아키텍처는 20세기 중앙 관리형 대중매체 시스템에서 벗어난 가상 커뮤니티를 기반으로 하는 사회시스템으로 우리를 안내했다. 이는 메시지를 전달하는 시스템이 더 이상 인쇄기와 텔레비전 송신탑에 의해 정의되는 게 아니라, 디지털로 상호 연결된 수십억 명 두뇌의 감정적 방아쇠에 의해 발사되는 뉴런과 시냅스에 의해 정의된다는 것을 의미했다. 정보 배포는 이제 생화학, 심리학과 사회학에 관련된 영역이 되었다.

이 새로운 모델은 사람들의 개인적 연결을 활용해 더 많은 연결고리를 구축한 온라인 네트워크의 유기적 성장에 의한 것이었다. 이렇게 상호 연결된 인간적 유대는 진화하는 사회 유기체의 의사소통 채널이 형성되는 물질대사의 통로가 되었다. 이는 출판 분야에서 가장 수익성 높은 사업이 콘텐츠 제작에서 벗어나 주로 전용 플랫폼을 통해서 소셜 네트워크를 확장해 출판을 촉진시키는 방향으로 전환되었음을 의미했다. (이제 모든 사람이 훨씬 적은 비용으로 콘텐츠를 제작할 수 있기 때문이다.) 어떤 의미에서 이러한 플랫폼은 케이블 TV 서비스와 같았지만, 그것의 '장비'는 동축 케이블이 아니라 인간관계로 구성되었다. 페이스북의 마크 저커버그Mark Zuckerberg와 트위터의 잭 도시Jack Dorsey 같은 기업가는 이런 플랫폼을 통해 결국 매우 성공적인 비즈니스 모델을 구축했다.

사람 간의 연결을 더욱 확장시키는 웹을 홍보하는 것은 모든 소셜 미디어 플랫폼 회사의 작업 방식MO(Modus operandi)이 되었다. 멧칼프의 법칙에 따라 네트워크가 커질수록 더 많은 정보가 플랫폼을 통해 이동하므로 광고와 데이터 분석 비용을 통해 수익을 창출할 수 있다. 이는 플랫폼을 지향하는 업체들에 격렬한 혁신과 경쟁을 불러일으켰다. 패러다임 전환을 가져오는 모든 획기적인 혁신은 신생 기업과 노후 기업의 유동적 시장을 창출하는 경향이 있지만, 이 경우 창조와 멸종의 사이클은 실제로 매우 짧다.

우리의 목적상 이는 유용하다. 왜냐하면 우리는 초기 모델의 상승과 추락을 되돌아보면서 사회 유기체가 성장하도록 만드는 요인에 대해 많은 것을 배울 수 있기 때문이다.

가장 초기의 소셜미디어 사이트 중 하나는 1997년에 설립된 식스디그리즈닷컴SixDegrees.com이었다. 이는 모든 사람이 여섯 단계만 거치면 서로 연결된다는 개념('케빈 베이컨의 여섯 단계'라는 퍼즐 게임을 통해 대중화되었다)에서 따온 이름이었다. (최근의 페이스북 연구에 따르면, 페이스북 플랫폼에 있는 모든 사람은 평균 3.5단계밖에 떨어져 있지 않은 것으로 나타났다. 소셜미디어는 진정으로 세상을 더 작아지게 만들었다.) 식스디그리즈의 유저는 자신의 지인을 목록화하고, 이 목록이 증가함에 따라 1, 2, 3단계로 사람들에게 메시지와 게시판 항목을 공개할 수 있었다. 이 회사는 약 300만 명의 사용자에게 서비스를 제공하고 100명의 직원을 고용하는 규모로 성장했고,[6] 1999년에 대학 캠퍼스 미디어와 광고 회사인 유스스트림 네트웍스 YouthStream Networks에 1억 2000만 달러에 매각되었다. 그러나 2001년, 식스디그리즈는 닷컴 버블 붕괴의 희생양이 되었다. 부실한 비즈니스 모델을 가진 인터넷 회사에 묻지 마 투자 방식으로 돈을 쏟아부으며 골드러시에 뛰어들었던 마니아들이 정반대(탈출 러쉬)로 방향을 바꾼 것이다. 식스디그리즈를 향한 갑작스러운 냉소주의가 정당했는지 여부에 상관없이, 노다지를 향한 열차가 멈춘 것은 그 비즈니스의 종말을 의미했다. 유스스트림은 다음 해에 겨우 700만 달러에 팔렸다.[7]

식스디그리즈를 불행한 결말로 이끈 것은 닷컴 버블만이 아니었다. 그 회사는 또한 다이얼 모뎀과 BBS 시스템 구조의 한계에 갇혔다. 앞에서 언급했듯이 BBS 시스템은 기술에 정통한 운영자가 시간을 많이 소비하며 관리해야 했다. 이 모든 것은 전체 시스템의 운영을 소수의 컴퓨터광에게 의지해야 한다는 걸 의미했다. 2002년에 설립된 프렌드스터Friendster는 소셜미디어를 주류로 삼았다. 페이스북이 나중에 그랬듯이, 프렌드스터는 사용자가 자신과 접촉한 사람을 온라인 콘텐츠와 미디어를 공유하는 네트워크에 초대할 수 있도록 허용했다. 불과 3개월 만에 이 사이트는 300만 명의 사용자를 보유했고, 많은 사람들이 온라인 데이트와 취미 토론에 이 사이트를 활용했다. 1년 후 구글은 프렌드스터의 설립자인 조나단 에이브럼스Jonathan Abrams에게 3000만 달러에 매각할 것을 제안했다. 그는 이 제안을 거부했다. 왜냐하면 실리콘밸리의 여러 조언자가 프렌드스터를 수십억 달러의 가치를 가진 또 다른 야후!로 만들 기회가 있다고 말했기 때문이었다. 그것은 운명적인 결정이었다. 얼마 후 프렌드스터는 신생 기업 마이스페이스Myspace에 압도당하면서 성장세가 꺾였다.

프렌드스터의 실패에 대한 많은 비즈니스 스쿨의 사례 분석이 쏟아져 나왔으며, 이 분석은 실리콘밸리의 거래 집착증에 주목하는 경향이 있다. 그러나 본질적으로 성공과 실패는 사용자 참여를 위해 얼마나 경쟁력이 있었는가에 달려 있으며, 그 회사의 정책 중 일부는 사회 유기체의 성장 요구에 반하는 것이었다. 나는 프렌드스터의 사무실을 방문했을 때 모든 예수 아바타를 지우던 직원을 본 일을 기억한다. 내가 그 이유를 묻자 에이브럼스는 "그건 진짜 아바타가 아니기 때문이에요. 그런 건 허용할 수 없습니다"라고 설명했다. 그는 프렌드스터의 사용자를 익명의 아바타를 제외한 신원 확인이 가능한 사람들로 제한하려 했다. 이 독단은 보다 자유방임적인 경쟁 업체들에 기회를 열어주었다. 마이스페이스는 수천 명의 예술가와 다른 사용자들에게 비활성 프로필을 만들 수 있도록 허용했으며, 이는 음악 다운로드, 소셜 팬클럽, 효율적인 티켓 판매 등 음악 공유를 위한 중요한 신규 모델을 구축하는 데 도움이 되었다. 사용자들의 독창성과 자기표현에 재갈을 물림으로써 프렌드스터는 스스로의 배포 네트워크를 걷어찬 것이다.

프렌드스터와 마이스페이스의 대비되는 이야기는 이 책의 서장에서 소개한 일곱 가지 생명체의 특징에서 나오는 규칙 중 적어도 세 가지의 결합을 확인시켜준다.* 성장하고, 항상성을 유지하고, 환경 변

---

* 혹시 독자 여러분이 궁금해할까 봐 덧붙이자면, 이 책의 서술 방식은 일곱 가지 특징을 순서대로 따르지 않는다. 일반적으로 언급되듯이, 그 규칙의 순서는 우리의 서술 구조와는 상관없다. 그러나 이 책 전체에 걸쳐서 그 규칙 모두를 분석할 것이다.

화(이 경우에는 경쟁자인 마이스페이스의 등장)에 적응해서 생존하기 위해 콘텐츠 전달 시스템은 사회 유기체의 물질대사를 건강하게 유지시키고 그 소통 경로를 열어놓아야 한다. 창의성을 위축시키는 건 그런 목표에 부합하지 않는다.

마이스페이스는 어땠을까?[8] 이 회사 또한 2002년에 창립했지만 2003년과 2004년에 본격적으로 성장했으며, 뉴스코퍼레이션News Corp의 5억 8000만 달러 매입 제안을 수락했다. 2008년에 이 회사는 최대 7590만 명에 이르는 월간 순방문자 수를 기록했고, 분류 광고 수익에서 연간 8억 달러를 벌어들였다. 그러나 그 직후 마이스페이스는 추락하기 시작했다. 무슨 이유 때문이었을까? 그 이유는 거대 기업의 독점 본능과 유기적인 네트워크 확장이 필요한 무료 콘텐츠 시스템의 양립 불가능성으로 귀결된다.

여기에도 나의 개인적인 경험이 존재한다. 2006년 뉴스코퍼레이션은 마이스페이스 플랫폼에서 비독점적인 애플리케이션을 차단하기 시작했다. 이는 예를 들면 내가 만들었던 레버Revver 같은 수익 공유 동영상 콘텐츠 사이트가 마이스페이스 네트워크를 통해 더 이상 동영상을 배포할 수 없음을 의미했다. 나는 누구에게나 새롭고 흥미진진한 콘텐츠를 추가하도록 허용하는 게 마이스페이스의 사용자 기반을 넓히고 기업의 장점으로 확대될 거라는 의견을 전달했다(이는 지금도 여전히 내가 고수하는 의견이다). 그러나 뉴스코퍼레이션은 많은 구시대적 기업들과 마찬가지로 콘텐츠를 독점하려는 입장을 취했으며, 그에 대한 결정권을 기업 브랜드 가치에만 신경 쓰는 변호사와 위원회에 부여했다. 그 당시 그러한 회사의 본능이 콘텐츠 소유권을 회사에 부여하지 않는 계약을 거부하도록 만들었다. (급여를 받지 않는 사람이 제작한 콘텐츠에 대해서도 마찬가지였으며, 마이스페이스에 콘텐츠를 제공하는 사용자의 대부분이 이 경우에 해당했다.) 그 결과 미니 홈피 사용자가 'revver.com'을 입력했을 때 "…"라는 줄임표만 표시되었다. 더 중요한 것은 콘텐츠 확장을 위축시키는 이러한 행위가 사회 유기체의 지속적인 성장이라는 이익에 반한다는 점이다.

뉴스코퍼레이션이 가혹한 규정을 부과했을 때 마이스페이스는 자유방임의 뿌리에서 유래된 난잡한 개인 광고로 넘쳐났고, 예술 창작을 위한 활발한 포럼으로서의 지위를 확립해야 할 혁신적인 활력은 사라졌다. 바꿔 말하면, 두 세계가 모두 최악의 상황이 된 것이다. 마이스페이스의 실패로 마크 저커버그의 페이스북은 소셜미디어의 제왕으로 등극할 기회를 얻었다. 2011년 뉴스코퍼레이션은 가수이자 배우인 저스틴 팀버레이크Justin Timberlake를 포함한 투자자 그룹에 마이스페이스를 매각했다. (아이러니하게도 팀버레이크는 페이스북을 다룬 영화 〈소셜 네트워크〉에서 나의 예전 비즈니스 파트너인 숀 파커 역할로 출연했다.) 이 거래는 3500만 달러에 이루어졌는데, 이는 구글이 프렌드스터를 매입할 때 에이브럼스에 제시한 것과 거의 비슷한 초라한 금액이었다.

광대역 망이 구축되자 동영상이(나중에 스트리밍 기술이) 소셜미디어의 거대한 전쟁터가 되었다. 그중 하나에서 나는 레버Revver를 통해 직접적인 역할을 했다. 유튜브를 설립한 전직 페이팔PayPal 직원 세 명과 마찬가지로 우리는 사람들의 동영상을 호스팅하기 위해 별도의 사이트가 필요하다는 것을 깨달았다. 왜냐하면 개인 웹사이트는 일반적으로 그런 대역폭을 감당할 수 없기 때문이었다. 그러나 내가 가장 자랑스럽게 생각하는 것은 우리가 수익 공유 아이디어를 개척해 동영상 제공자에게 광고 수익의 일부를 배분하는 표준을 정립했다는 점이다. 우리는 그것을 좋은 콘텐츠를 장려하는 방법으로 보았다. 이 아이디어로 우리는 초기에 몇몇 혁신 상을 수상했다. 하지만, 결국 2006년 구글이 인수한 유튜브가 동영상 스트리밍의 지배적인 플랫폼이 되었다. 유튜브 역시 곧 수익 창출 콘텐츠를 제공한 사람들에게 보상을 시작했으며, 그 모델은 영화 제작자와 음악가에게 중요한 수입원이 되었다. 구글은 아티스트가 자신의 작품을 유튜브의 콘텐츠 ID 시스템에 등록할 수 있는 도구를 개발하는 훌륭한 일을 해냈다. 이를 통해 아티스트는 자신의 작품의 모든 저작권 사본이 보장되는지를 확인할 수 있었다. 그러나 여전히 많은 작품들이 빠져나간다. 이는 정당한 권리자가 적절하게 보상받지 못하고 수익의 계산과 분배 방식이 투명하지 못한 것을 의미한다. 로스앤젤레스에 본사를 둔 스템Stem 같은 벤처기업은 이 공간에 투명성을 부여하기 위해 노력한다. 다음 단계는 음악과 동영상뿐만 아니라 모든 예술 분야에서 예술가들이(오직 예술가들만이) 자신의 작품을 보는 사람과 자신이 지불받는 방법에 대해 발언권을 갖는 진정한 분산 시스템이라고 나는 믿는다. 8장에서 논의할 블록체인 기술은 우리가 그런 목표에 도달하는 데 도움이 될 수 있다.

　이제 우리는 페이스북으로 이끌린다. 페이스북은 2004년 창업 이래 사용자가 15억 명이라는 천문학적인 숫자에 도달했다. 영화 〈소셜 네트워크〉는 CEO 마크 저커버그를 비판하면서 자신이 원하는 것을 얻기 위해 무슨 일이라도 하는 야욕이 넘치는 통제 괴물로 묘사했다. 나는 개인적으로 저커버그를 잘 알지 못하지만, 그 영화의 묘사는 그가 플랫폼 자체를 개발하는 것을 어떻게 허용했는지에 대한 내 기억과 일치한다. 나는 페이스북의 팬이 아니다. 이 책의 뒷부분에서 설명하겠지만, 나는 정보에 대한 우리의 접근을 페이스북이 조작하고 통제하는 방법이 사회 유기체의 건강에 대한 위협이라고 본다.

　진화 과정의 관점에서 여전히 페이스북은 사회 유기체의 요구에 훌륭하고 정확하게 적응한다. 지금까지 운영된 시장의 진화적 테두리 내에서 페이스북은 적자생존의 대명사이다.

　무엇이 페이스북을 적합한 생존자로 만들었을까? 하버드 기숙사에서 생활하던 초기부터 저커버그는 자신의 네트워크를 최대한 넓힐 수 있는 커뮤니티에 개방했다. 페이스북은 대세가 되도록 신중하게 설계되었다. 거기에는 사람들이 페이스북을 사용함으로써 얻을 수 있는 느낌 좋은 인상이 있었고, 컴퓨터광의 세계에서 멀리 떨어진 외부 사람들도 쉽게 접근할 수 있는 사용 편의성이 있었다. 많은 주부들이 현재 페이스북을 사용한다. 페이스북에서 고등학교 동창생들을 만나고, 해외에 나간 가족과 연락을 취하고, 지역사회의 잔디 깎기 서비스와 베이비 시터에 대한 정보를 공유한다. 또한 페이스북은 매우 거대한 중산층 사용자 시장을 겨냥한 회사들이 '대화'를 나누는 친근한 페이지로 쇼핑몰을 만들 수 있는 곳이기도 하다. 페이스북의 장밋빛 배경 화면은 사람들이 그들이 원하는 이야기를 나눌 수 있게 해준다. 사용자들은 페이스북에서 이상화된 자신의 모습을 만든다.

"여기서 나는 포토샵된 부드러운 피부와 완벽하게 아름다운 가족과 함께 행복하고 안전하고 충분히 흥미롭고 다양한 삶을 살아요."

이 플랫폼은 이러한 장밋빛 형식의 표현을 위해 구성되었으며, 이는 얼마 후 메인스트림 시장을 위한 편안한 공간을 만들어줄 것이다. 페이스북이 공격적이라고 추정하는 콘텐츠에 대해 세부적인 규제(개인적인 메시지로 친구와 진한 농담을 한 후에 내 계정을 정지당했을 때 나는 페이스북의 가혹한 조치를 실감했다)를 가하는 것 역시 정화되고 편안한 공동체라는 동일한 목표에 초점을 맞춘다. 그러나 내 경험에 따르면, 시간이 지남에 따라 그들은 두 가지를 모두 가질 수는 없을 것이다. 검열은 궁극적으로 사회 유기체의 성장을 제한하고, 그러한 조치를 취한 업체가 더 개방된 플랫폼에 의해 압도당하는 부메랑으로 돌아온다. 그것이 트위터, 페이스북, 마이크로소프트, 유튜브가 유럽 연합과 합의한 혐오 발언 검열에 대해 내가 우려하는 이유 중 하나다. 그 목표를 부정하는 건 아니다. 나는 분명히 #IStandWithHateSpeech(혐오 발언 지지) 운동의 회원이 아니다. 하지만 검열을 실행하는 건 너무나 복잡한 문제와 독재적인 본능을 낳을 수 있다. 6장에서 자세히 살펴보겠지만, 발언을 검열하려는 시도는 실패할 뿐만 아니라 문화 발전에 해를 끼친다. 그건 목화 바구미에 DDT를 살포하는 것과 같다. 증오를 근절하기 위해 우리는 검열이 아니라 공감과 포용을 건설적으로 증진시켜야 한다. 이 책의 뒷부분에서 논의하겠지만, 이 접근법은 현대의 암 연구와 일맥상통한다. 암 연구는 우리의 면역계가 질병을 인지하고 자체적인 자원으로 이를 제거하도록 훈련시키는 것이다. 같은 의미에서, 우리가 증오의 슬픔과 고통에 자신을 드러내지 않는다면 우리는 그것을 직시할 수 없고 이겨낼 수도 없다.

페이스북의 왕좌에 대한 이러한 도전은 이미 펼쳐진다. 다수의 새로운 플랫폼이 최근에 떠오르며, 그중 많은 수가 의도적으로 페이스북이 취하는 방식의 통제를 거부한다. 이는 사회 유기체의 진화에서 다음 단계를 반영한다. 현재로서는 저커버그의 제국은 잘 정비되어 있으며 단시일 내에 무너지지는 않을 것이다. 그러나 (한정된 자원을 차지하기 위해 기존의 종과 경쟁하는 새롭고 유연하고 적응력이 뛰어난 종이 등장하는 것처럼) 소셜미디어 플랫폼의 다양성이 증가함에 따라 사용자의 관심을 끌기 위한 경쟁이 심화되면서 페이스북은 궁극적으로 적응하지 못하면 공룡처럼 멸종될 운명에 처할 것이다.

페이스북의 가장 큰 경쟁자인 트위터가 (승자가 될지는 아직 모르지만) 그 접근 방식의 차이점을 말해준다. 트위터는 하루 3억 2000만 사용자와 5억 개 트윗이 활동하는 140자 메시지의 특이한 SNS 시스템이다. 트위터의 모체인 공동체 활동주의community activism 아이디어가 저커버그가 하버드 기숙사에서 썼던 방식을 발전시킨 것임은 잘 알려져 있지 않다. 초창기 트위터 엔지니어인 에반 헨쇼 플라스Evan Henshaw-Plath에 따르면,[9] 트위터의 핵심 기술 중 하나는 MIT 미디어랩의 학생 태드 허쉬Tad Hirsch가 개발한 시위자용 '텍스트몹Txt-Mob' SMS 메시징 솔루션이었다. 그는 2004년 공화당 전당 대회를 엉망진창으로 만든 이라크 전쟁 반대 활동가들을 위해 그 시스템을 만들었다. 그 후 투자자들의 상업화 요구에 따라 여러 차례의 커다란 변화를 거쳤음에도, 그런 재기 발랄한 과거는 여전히 트위터의 DNA에 남아 있다. 트위터는 2009년 '아랍의 봄'에 이집트의 독재자 호스니 무바라크Hosni Mubarak의 축출을 이끌어낸 거리 시위의 중요한 도구로 활용되면서 크게 성장했다. 이러한 사건들은 트위터와 소셜미디어에 정치적 변화를 불러올 수 있는 민주적인 힘이라는 긍정적인 이미지를 부여해주었다. 2013년 140억 달러 규모의 IPOinitial public offering(기업공개)를 진행했고, 광고주를 계속 행복하게 만들어주려고 노력 중인 거대 기업 트위터에 대해 그런 이미지가 여전히 적절한지는 알 수 없다. 그러나 검열과 사생활에 대한 트위터의 보다 불간섭적인 입장은 실리콘밸리나 이집트 카이로의 타흐리르 광장에서 구체제를 무너뜨린 활동가들과 우호적인 관계를 맺을 수 있는 기회를 제공한 것으로 보인다.

지금은 기득권자가 된 마이크로소프트가 소유하며 비즈니스 관계를 구축하는 데 초점을 맞춘 훨씬 보수적인 링크드인LinkedIn이 있다. 그런 한계에도 불구하고 링크드인은 자신만의 방식으로 개인들이 전문 네트워크를 형성하는 방식에 대해 파격적이고 민주적인 중요한 영향을 미쳤다. 링크드인은 검색 가능한 취업 예정자의 시장을 확대시키면서 구직에 더 많은 실력 우선주의를 가져오고 구세대 기득권의 영향력을 줄였다. 링크드인의 수익성은 특수 기능에 대한 프리미엄 요금을 청구해 광고 의존성을 탈피하는 비즈니스 모델에서 비롯된다. 수많은 새로운 재정적 혁신에 따라 이 가입자 기반 모델은 소셜미디어의 또 다른 탄생을 위한 기반이 될 수 있다. (사람들에게 나쁜 점들까지 모두 포함하는 '진짜' 자아를 보여주도록 격려하는 것이 더 좋은 일이라는 뜻은 아니다. 나는 '혁신', '변형', '파격' 같은 경외심을 불러일으키는 용어로 가득 찬 웅장하게 부풀려진 이력서를 읽을 때마다 웃음을 참을 수가 없다.)

페이스북, 트위터, 링크드인의 육중한 발자국 밖에 있는 다른 소셜미디어들도 많은 혁신을 이뤄 나간다. 디지털 생태계 다양성의 한 유형이 이 분야에서 형성된다. 새로운 소셜미디어가 살아남을지 여부는 생명체의 일곱 가지 규칙을 얼마나 잘 준수하느냐에 달려 있다.

이제 페이스북의 일부가 된 사진 공유 네트워크 인스타그램은 장기적으로 어려움을 겪을 수 있다. 인스타그램은 본능적으로 콘텐츠를 검열하며, 이는 우리가 반복해서 주장하듯이 사회 유기체의 자정능력을 부정하는 것이다. 모든 형태의 누드를 금지하는 인스타그램의 정책은 지나친 간섭에 대한(특히 남성과 여성의 젖꼭지를 구분하는 성차별적 이중 기준에 대한) 조롱을 불러일으켰다. 모유 수유 이미지는 허용된다는 회사의 주장에도 불구하고 공개 모유 수유를 지지하는 사람들은 그런 사진이 계속 차단된다고 말한다. 회사 측은 자신의 정책이 애플 스토어가 17세 미만의[10] 청소년들이 이용할 수 있는 앱에 대해 정한 규칙을 따른 것이라고 주장하지만, 이런 제한은 트위터 앱과 누드를 허용하는 다른 앱에는 적용되지 않는 것으로 보인다. 더 큰 문제는 임의의 규칙을 적용하는 것이 회사의 사내 검열관의 재량에 달려 있다는 점이다. 《보그》의 크리에이티브 디렉터인 그레이스 코딩턴Grace Coddington이 자신의 상반신 누드의[11] 라인 드로잉 그림을 게시해 인스타그램에서 일시적으로 차단당했을 때 드러난 것처럼 검열관은 쉽게 불합리한 태도를 취할 수 있다. 이런 어이없는 상황은 공교롭게도 내가 현재 사는 나라인 아이슬란드에 기원을 가진 여성 신체를 탈성화de-sexualize하려는 페미니즘 운동 '유두 해방 운동Free the Nipple Movement'에 영감을 불어넣었다.

인스타그램의 고상한 척하는 태도와 달리 야후가 소유한 소셜미디어 플랫폼 텀블러Tumblr는 보다 자유방임적인 접근 방식을 취한다. 텀블러가 아방가르드 예술가와 애니메이터가 협력하고 창의력의 한계를 뛰어넘는 활발한 플랫폼이 된다는 사실과 10대 청소년들이 텀블러를 자신들의 불경스러운 밈을 서로에게 과시하는 곳으로 사용한다는 사실은 우연의 일치가 아니다. 인스타그램은 비현실적으로 채색된 완벽한 이미지를 팬들에게 제공하기를 원하는 비욘세 같은 유명 연예인들의 홍보에 도움이 될 수 있지만, 텀블러의 접근 방식은 우리 문화를 발전시키는 예술적 아이디어의 중요한 인큐베이터가 될 수 있는 더 나은 기회를 스스로에게 제공한다.

이제 매력적인 새로운 현상인 스냅챗을 살펴보자. 급속도로 성장하는 사진과 동영상 공유 앱인 스냅챗은 수신자가 지정된 각각의 이미지에 대해 시간제한(대부분 몇 초만 볼 수 있다)을 설정해 사실상 검열의 여지를 없앴다. 아주 최근까지 이 회사는 자신의 서버에는 통신에 대한 기록을 남기지 않았기 때문에 하루 1억 명에 달하는 사용자의 행동을 분석할 저장 서버가 없다고 주장했다. 이 정책은 2016년 여름에 사용자가 자신의 스냅을 선택적으로 공유할 수 있는 저장 서버를 유지하도록 허용하는 '기억 장치Memories'라는 새로운 기능이 도입됨으로써 개정되었다. 그러나 이 새로운 선택적 모델에서 서버 기반 저장소에 이미지를 저장할 권리는 수신자가 아니라 여전히 사진을 찍은 사람의 손에 맡겨졌다.

2014년 워싱턴대학교가 스냅챗 사용자 127명을 대상으로 실시한 설문조사에서[12] 당시로서는 완전히 순간적인 공유 방식을 사람들이 어떻게 사용했는지에 대한 단서가 제시되었는데, 예상과 달리 대부분 '섹스팅sexting'(음란 사진 전송이나 음란 채팅)에 대한 것이 아니었다. 약 60퍼센트는 '재미있는 콘텐츠'를 공유하기 위해 주로 사용한다고 답했고, 30퍼센트는 셀피를 보내는 데 사용한다고 답했다. 14퍼센트는 스냅챗을 통해 누드 사진을 보낸다고 답했지만, 계속 그러는 사람은 1.6퍼센트에 불과했다. 스냅챗에 대한 인기가 급증한 것은 나중에 다른 사람이(미래의 고용주든 미래의 연인이든) 당신을 판단할 수 있는 흔적을 남기고 싶지 않은 의미도 있지만, 그 순간순간에 충실하고 싶다는 의미도 담겨 있었다. 이는 스냅챗의 설립자인 에반 스피겔 Evan Spiegel이[13] 출시 초기 블로그에 올린 다음과 같은 게시물에서도 나타난다.

"스냅챗은 전통적인 코닥Kodak 카메라처럼 순간을 포착하는 것이 아닙니다. 스냅챗은 예쁘고 완벽하게 보이는 것뿐만 아니라 모든 범위의 인간 감정을 표현하는 도구입니다. 내가 두더지 얼굴을 흉내 내는 걸 자랑하고 싶을 때, 친구에게 내가 홀딱 반한 소녀를 보여주고 싶을 때(주변에 있다면 그러기가 어색할 테니까요), 내가 멀리서 유학 생활을 하면서 엄마나 친구가 그리워질 때 스냅챗이 그런 소통을 도와줄 수 있어요."

스냅챗은 편안한 허술함과 한순간의 표정을 상징한다. 새로운 필터는 사람의 표정을 늘리는 끝없는 흐름을 가능하게 한다. 이를 통해 당신은 어떤 아이가 휴대전화에 입을 벌리고 눈썹을 들어 올리면서 우스꽝스러운 표정을 만드는 장면을 포착할 수 있다. 이 모델은 페이스북과 매우 다른 가치를 제안하며, 향후 사회 유기체가 어떻게 기능할 것인지를 결정하는 젊은 층에서 인기를 얻을 것으로 보인다. 스파크스앤허니Sparks&Honey가 2014년에 실시한 여론조사에 따르면,[14] Z세대(1995년 이후에 태어난)는 공개 플랫폼에 비해 스냅챗, 위스퍼앤시크릿Whisper and Secret 같은 비밀을 유지할 수 있는 플랫폼에 대한 선호도가 높은 것으로 나타났고, Z세대의 4분의 1이 지난 12개월 동안 페이스북을 떠난 것으로 나타났다. 2014년 디파이 미디어Defy Media가 실시한 또 다른 설문조사에서는[15] 밀레니엄 세대에 해당하는 18~34세의 30퍼센트가 스냅챗을 정기적으로 이용하는 것으로 나타났다. (나의 제2의 조국인 아이슬란드에서는 32만 명의 시민 중 70퍼센트라는 엄청난 비율이 스냅챗을 이용한다. 대세가 빠르게 형성되는 곳이라고 볼 수 있다.) 2013년 스냅챗이 페이스북의 30억 달러 인수 제안을 거절했다는 보도가 있었다. 이 거절이 프렌드스터의 실수를 반복하는 걸까? 시간이 말해줄 것이다. 하지만 나는 자유로운 표현이 이루어지는 개방적이고 경쟁적인 플랫폼을 위해서 매각을 거부한 것은 좋은 일이었다고 생각한다.

트위터의 자회사인 바인Vine은 내가 가장 선호하는 플랫폼 중 하나이다. 창의적인 자기표현을 짧은 시간 창으로 강제하는 이 6초짜리 동영상 포맷은 완전히 새로운 예술형식을 만들어냈다. 예를 들면 '완벽한 루프perfect loop'는 6초간 반복되는 음악 조각이 너무 완벽하게 합쳐져서 어디서 시작되고 끝나는지 알 수 없다. 혜성처럼 등장한 바인 동영상은 자기 브랜드 엔터테인먼트의 수단이 되었다. 바인은 무명의 수많은 사람들(그중 대부분은 10대 청소년)을 글로벌 마케팅의 돌풍으로 바꿔놓았다. 우리는 다음 장에서 이런 바인의 스타들을 만나볼 것이다. 이미 많은 바인의 제작자들이 수천만 명의 시청자를 보유한다. 이는 세계 최대 신문의 구독자 수를 능가하는 것이다. 2015년 11월 현재 바인은 무려 2억 명의 사용자를 보유하고 있다.[16]

우리가 해외로 시선을 돌리면 더 많은 디지털 생태계 다양성을 확인할 수 있다. 동남아는 페이스북이 지배하지만, 북아시아 지역은 자체 플랫폼이 크게 성장하는 중이다. 중국에서 페이스북을 모방한 렌렌Renren과 트위터와 유사한 서비스인 웨이보Weibo가 가장 높은 인기를 얻는 이유는 중국 당국의 외국 웹사이트 금지 때문만은 아니다. 좀 더 진보적인 한국에서는 싸이월드CyWorld라는 자국 사이트를 선호했으며, 대만에서는 많은 사람들이 레치Wretch를 사용한다. 남미 지역 또한 2700만 명의 등록 사용자를 보유한 타링가Taringa라는 자체적인 소셜미디어를 주로 사용하며, 이 업체는 비트코인을 사용해 콘텐츠 제공자와 수익을 공유한다. 생물은 생존하기 위해 주어진 환경에 적응해야 하며, 우리는 전 세계의 여러 지역에서 활발하게 성장하는 사회 유기체에서도 똑같은 현상을 보는 것이다.

물론 구글이 있다. 구글플러스Google+ 같은 커뮤니티 서비스가 별로 성공하지 못했기 때문에 적어도 이러한 서비스의 가장 좁은 정의라는 측면에서 볼 때 세계 최대 인터넷 회사인 구글은 소셜미디어 네트워크를 구축하는 데는 성공하지 못했다. 그러나 우리 시대의 최대 네트워크 회사인 구글은 다른 모든 면에서는 성공을 거둔다. 구글 크롬Chrome은 가장 인기 있는 웹 브라우저다. 2016년 지메일Gmail은 매월 10억 명이 넘는 활성 사용자를 보유하면서[17] 가장 많이 사용되는 이메일 서비스가 되었다. 구글 지도와 현재 구글 소유의 웨이즈Waze는 우리 시대의 커뮤니티 밀착형 내비게이션 서비스가 되었다. 유튜브는 동영상 스트리밍의 대명사가 되었다. 구글 행아웃Hangout은 잘나가는 화상 회의 서비스다. 저장 용량과 파일 공유 면에서 구글 드라이브Google Drive와 구글 독스Google Docs도 마찬가지로 인기가 높다. 안드로이드는 스마트폰 운영체제 시장의 80퍼센트 이상을 장악한다.[18] 구글 검색엔진은 사실상 시장을 독점한다. 이는 월드와이드웹이 구글 검색엔진에 적합하도록 설계되었음을 의미한다. 우리는 알고리즘적으로 구글에 서로 묶여 있다.

구글의 엄청난 힘에 대해 사람들이 가지는 모든 합리적인 우려에도 불구하고 구글의 성공은 개방형 플랫폼, 상호 운용성이라는 원칙과 열린 혁신이라는 뿌리 깊은 문화적 토대 위에서 이루어졌다. 나중에 우리가 이 책에서 상세히 논의하겠지만, 더 큰 질문은 구글을 비롯한 페이스북 등 거대 플랫폼의 지배력이 사회 유기체의 진화 과정과 양립할 수 있을지 여부다. 구글과 페이스북은 그 자체가 가톨릭 교회에서 CBS와 뉴스코퍼레이션을 거쳐 소셜미디어에 이르는 권력 분열의 확장이자 근본적인 분권화 경향의 산물이다. 분산된 데이터베이스와 분권적 암호화 화폐와 익명의 정보에 대한 새로운 아이디어로, 21세기 미디어의 신흥 거물들도 진화의 무자비한 알고리즘에 직면하게 될 것이다. 이에 적응할 수 없다면, 그들 역시 언젠가는 공룡과 신문처럼 멸종의 길을 걷게 될 것이다.

・ ・ ・

21세기로 진입하면서 우리는 온라인 게시판과 유즈넷USENET 그룹에서 시작해 프로디지Prodigy와 아메리카 온라인AOL 같은 인트라넷에 연결된 커뮤니티와 프렌드스터와 마이스페이스를 거쳐 페이스북과 트위터를 탄생시켰고, 여기서 텀블러, 인스타그램, 스냅챗, 바인 등의 가지가 뻗어 나왔다. 이와 동시에 인간 상호작용의 다른 분산된 모델은 인터넷의 끊임없이 확장되는 글로벌 멀티 노드 네트워크, 즉 이베이 같은 온라인 시장, P2P 금융 서비스, 킥스타터Kickstarter 같은 크라우드 펀딩 네트워크, 우버Uber와 에어비앤비Airbnb 같은 명성 기반의 자산 공유 서비스, 비트코인 같은 디지털 통화, 깃허브GitHub 같은 온라인 오픈소스 코드 저장소를 활용한다. 이런 기술은 엄밀히 말하자면 소셜미디어 산업의 일부는 아니지만, 우리 문화와 공동체를 형성하는 유기적으로 진화하는 무정형의 동등한 힘의 일부다. 이런 힘 역시 사회 유기체가 어떻게 살아 숨 쉬는지를 정의하는 것이다.

무한 경쟁의 새로운 패러다임이 확대됨에 따라 과거의 하향식 모델을 중심으로 설계된 비즈니스는 새롭게 적응하지 않으면 멸종 위기에 처한다. 중앙에서 지시를 내리는 기업의 독단과 많은 시간을 소비하는 명령 체계는 한정된 대중의 관심을 이끌어내는 방법의 우선순위를 결정하는 자율적 방식과 사회 유기체의 신속한 요구에 부합하지 않는다. 브랜드 관리자, 기업 PR 팀, 뉴스 매체, 정치인과 개인이 메시지를 전달하고자 하는 경우에도 빠르게 움직여야 한다. 인증 시스템이 상부의 승인에 의존할 때 이런 빠른 움직임은 쉽지 않다. 하지만 몇몇 전통적인 브랜드는 새롭게 적응할 수 있음을 보여준다.

47회 슈퍼볼 결승전이 벌어지는 동안 오레오Oreo는 360i 광고 대행사를 수석 브랜드 관리 팀으로 파견해 소비자에게 실시간 메시지를 발송할 수 있는 신속한 권한을 부여했다. 갑자기 경기장에 전례 없는 정전 사태가 일어났을 때, 오레오는 '깜깜해도 오레오 비스킷은 덩크할 수 있어요You can still dunk in the dark'라는 트윗을 보냈고, 1시간 만에 1만 개가 넘는 리트윗과 1만 8000건 이상의 '좋아요'를 받았다. 이 사건은 메시지를 퍼져나가게 만드는 방법에 관한 인식을 전환시켰다. 이것을 디즈니가 2008년 내가 만든 회사인 디지신드DigiSynd를 인수하고 콘텐츠와 소셜미디어 전략가로 나를 고용했을 때와 비교해보자. 내가 홍보 전략으로 페이스북에 올리려 한 첫 번째 미키마우스 이미지가 디즈니 고위층의 승인을 받는 데만 무려 30일이 걸렸다. 각 콘텐츠의 승인을 한 달 동안 기다려야 한다면 무슨 수로 몇 분 만에 사회적 관심사가 급변하는 잠재 고객들을 따라갈 수 있겠는가?

세자르 히달고의 연구에서 살펴본 바와 같이, 소셜미디어 이전에 설립된 구시대적 조직이 직면한 문제는 정보 성장과 연산 능력 진화의 관계로 표현할 수 있다. 가치 있는 재화와 서비스를 만들기 위해 정보를 처리할 때마다 개인, 기업, 산업, 심지어 전체 경제까지도 더 많은 컴퓨팅 능력을 얻으려고 노력한다. 부족한 자원에 대한 경쟁에서 생존하고 승리하려면 이런 노력이 반드시 필요하다. 정보처리의 패러다임이 아이디어를 생성, 공유, 처리하는 거대하고 상호 연결된 인간 네트워크로 전환되면서 슈퍼컴퓨터의 힘이 폭발했다. 이것이 의미하는 바는 민첩하고 작은 신규 참여자의 시장 진입이 매우 저렴한 비용으로 가능해졌다는 것이다. 이는 처음으로 거대 기업보다 작은 회사에 유리하게 작용한다. 실제로 이런 신생 기업들은 누구나 접근 가능한 글로벌 두뇌global brain를 활용한다. 번뜩이지만 약간 괴짜인 음악 홍보 담당자에서 진화 이론가로 변신한 하워드 블룸

Howard Bloom에게[19] 삶 자체는 항상 글로벌 두뇌를 최적화하기 위해 진화해왔다. 야심찬 저서 《집단 정신의 진화Global Brain》에서 블룸은 인간이 박테리아와 다른 미생물과 벌이는 영원한 전쟁에 이 아이디어를 적용시켰다. 흑사병이나 에이즈 같은 전염병이 발생할 때마다 인류는 위험에 가까워졌다. 블룸은 지구상의 다른 모든 형태의 생명체보다 우선해 우리 행성의 원초적 위상을 차지한 초기 단계의 박테리아를 거대한 데이터 공유 시스템으로 정의한다. 기본적인 세포막 분자 형태가 결여된 이 미생물은 일종의 컴퓨터네트워크로 기능했다고 하워드 블룸은 말한다. 끊임없이 변형하고 적응하는 자신의 버전 중 어느 것이 더 우수한지에 관한 정보를 박테리아들은 함께 집합적으로 처리했고, 그 구조의 채택을 전송했다. 정보를 처리하고 그것에 대한 반응을 발전시키려는 목적이 생명체가 탄생하도록 이끈 것으로 보인다. 자신보다 더 복잡한 생명체가 늪지에서 발생하기 시작했음에도 불구하고 박테리아와 바이러스는 생존했다. 미생물의 생존은 인간이 이들 천적과의 끊임없는 싸움 속에서 자신의 조직적인 컴퓨팅 구조를 향상시키는 집단적 힘의 조합을 공식화해야 한다는 것을 의미했다.

하워드 블룸의 아이디어는 이처럼 몇 줄로 줄였을 때는 엉뚱한 것처럼 들릴 수도 있지만, 미생물이 정보 공유 네트워크로 작동하는 방법에 대한 많은 연구를 확인시켜준다. 그가 옳다면, 이것은 소셜미디어에서 끊임없이 확장되는 아이디어의 유기적인 상호 연결성을 그와 함께 발전하는 강력한 슈퍼컴퓨터네트워크에 결합시킬 때, 우리

종의 생존 가능성이 잠재적으로 혁신적인 순간에 도달한다는 걸 의미한다. 저명한 미래학자이자 구글의 기술이사인 레이 커즈와일Ray Kurzweil은[20] 2045년까지 '특이점singularity'(인공지능 컴퓨터가 반복 학습과 자기 개선을 통해 인간의 지능을 뛰어넘고 다시는 역전되지 않는 시점)이 우리에게 나타날 거라고 믿는다. 그의 이론에 따르면, 특이점은 컴퓨터 기반 인공지능artificial intelligence(AI)이 열등한 인간의 통제에서 벗어나 자발적 개선 주기를 빠르게 강화하는 과정에 진입해 일종의 슈퍼 지능에 도달하는 시점이다. AI 기계가 인간의 삶을 개선하기 위해 설계된 것이라면, 우리는 영원한 존재가 될 수 있다고 레이 커즈와일은 믿는다. 이와 반대로 일론 머스크Elon Musk 등 다른 실리콘밸리의 사상적 지도자들은 인공지능이 우리를 파괴할 수 있다고 우려한다.

우리가 글로벌 두뇌에 어떻게 도달했는지에 대한 블룸의 설명은 위대한 생물학자이자 유명한 무신론자인 리처드 도킨스가 창안한 진화론에서 출발한다. 도킨스의 이기적 유전자 이론은 왜 다윈주의의 대중적 개념 중 많은 부분이 잘못되었는지를 설명했다. 도킨스(밈에 관한 그의 도발적인 접근법은 4장에서 다룰 예정이다)에 따르면, 사람을 포함한 동물들 사이에 집단행동이 나타나는 유일한 이유는 그것이 생명체의 실질적 설계자인 유전자에 적합했기 때문이다. 그는 생화학에 의해 만들어지는 인간의 육체와 사고 기능을 유전자의 단순한 매개체로 간주한다. 그는 신체를 '생존 기계survival machine'라고 부르며, 현재의 생존 기계가 후손을 낳는 것은 다음 생존 기계로 자신이 이동할 확률을 높이기 위한 유전자의 작용이라고 본다. 이타주의부터 도시나 기업 같은 사회조직에 이르기까지 모든 것이 유전자의 영속성을 높일 수 있도록 만들어진 것이다. 도킨스는 1976년에 펴낸《이기적 유전자》에서 동물 사이의 이타적인 행동이 종의 영속성을 보장하기 위해 진화된 특성이라는 일반적인 생각을 거부했다. 집단의 이익은 그것과 아무 상관이 없다고 주장했다. 그것은 유전자의 자기 이익에 관한 것이었다.

그러나 이제 블룸은 집단의 이익이라는 개념을 재도입하는 강력하고 폭넓은 이론을 제시한다. 블룸의 관점에서 볼 때 게놈 자체는 공동선을 위해 협력하는 개체들이 단단히 조직화된 집단이다. 게놈은 (시간이 지남에 따라) 조직 구조의 다양성이 커질수록 집단의 생존 가능성이 커진다는 사실을 보여줄 시스템 설계를 위한 표준을 설정한다. 이는 도널드 트럼프나 마린 르 펜Marine Le Pen 같은 정치인들의 혼란스럽고 독단적인 생각과 '브렉시트Brexit'를 성공적으로 이끌어낸 영국 민족주의자들의 생각에 반대되는 아이디어다. 지금으로서는 도킨스와 블룸 중 누가 옳은지 명확하지 않지만, 소셜미디어가 사회조직의 상호 연결된 아이디어 처리 능력을 가속화시키는 현재의 흐름이 우리에게 해답을 줄 것이라고 기대할 수 있다.

다음 장에서 우리는 이 두 이론가에 의해 제기된 '우리는 왜 이런 행동을 하는가?'라는 근본적인 질문에 대한 답을 탐색할 것이다. 그리고 소셜미디어가 이를 탐색하는 실천의 광장으로 기능하는 방법을 보게 될 것이다.

3장

홀라키의 시대

상호 연결된 소셜미디어의 분산된 세포 구조

내가 첫 번째 울프Wolfe 현미경(프
란체세티 선생님이 내게 준 과학 잡지 카탈로그를 보고 이 현미경을 구입했다
는 걸 나는 아직도 기억한다)을 통해 생명체를 탐구하는 괴짜 어린이였
을 때, 가장 좋아했던 건 모든 세상의 연못 속에서 구형 군집을 형성
하는 녹조류였다. 현미경 속 녹조류는 아름다웠고, 내부에 작고 빛나
는 녹색 원을 가진 완벽한 구형의 생명체였다. 사실 녹조류는 다세포
로 분류되지만, 이렇게 더 복잡한 형태를 취한 것은 겨우 수백만 년
전에 단일 세포 생명체들이 함께 모여 군집을 형성했을 때였다. 오늘
날까지 녹조류 한 개에는 5만 개의 독특한 생명체가 모여서 집단으
로 기능한다. 그들은 홀로닉 구조Holonic structure(개체들이 서로 관련
되어 존재하는 상호 연결 상태)를 형성하는 공동체 그물망에서 서로 연
결되어 있다. 각 단위체의 형태는 기본적으로 동일하지만 서로 다른
목적을 갖는다. 각각은 행동에서 독립적이지만 본질적으로 통일된
더 넓은 전체의 일부다. 녹조류의 경우 각 생명체는 서로 다른 기능
을 발달시킨다. 일부는 공동체를 위해 에너지를 생성하는 광합성 수
용체가 된다. 일부는 작은 편모 꼬리를 자라게 해 햇빛 쪽으로 유영
하는 굴광성 기능을 수행하며, 다른 일부는 번식을 돕기 위한 하위
군집이 된다.

　뉴욕현대미술관에서 인터넷을 예술적으로 멋지게 시각화한 옵테
프로젝트Opte Project의 작품을 보았을 때, 녹조류의 이미지가 즉시
내 머릿속에 떠올랐다. 온라인 세계의 모든 네트워크 관계를 이미지
로 형상화하는 정교한 프로그램으로 창조된 이 작품은 현미경으로

촬영한 녹조류 사진과 비교했을 때 눈에 띄는 유사성을 나타낸다.

옵테 프로젝트 이미지에서 우리는 분산된 수십억 노드가 상호 연결된 네트워크를 본다. 이는 소셜미디어 현상의 분석을 위해 제작되는 다른 많은 시각화 이미지의 표준이 되었다. 예를 들면 특정 구문이나 뉴스 피드가 네트워크를 통해 어떻게 전달되는지, 또는 '팔로워follower'와 '친구friend'의 소셜 네트워크가 어떻게 결합해 연결고리를 형성하는지를 보여준다. 그 모든 그래픽 이미지의 광원(밝은 지점)은 옵테 이미지의 광원과 마찬가지로 연결성의 클러스터를 나타내며, 인간의 연결이 생겨나고 상호 결합되는 허브다. 소셜미디어에서 그 밝은 지점은 유명인, 브랜드, 독창적인 사상가, 영향력 있는 사람과 대중을 끌어들이는 모든 사람이라고 할 수 있다. 녹조류 내의 세포와 마찬가지로, 그 광원 주변에 형성된 클러스터는 나머지 유기체에 메시지를 전달하기 위해 연결되고 확장된다.

이는 '모든 생물은 세포 구조를 갖는다'는 생명체의 첫 번째 특징과 일치한다. 이 규칙에 따라 생명체가 더 복잡해질수록 세포 유형은 더 독특해지고 차별화된다.

이 첫 번째 특징이 사회 유기체에 적용되면 어떤 의미를 가질까? 가장 단순하게 사회 유기체의 구조를 분석해보면, 영향력을 미치는 사람과 팔로워라는 역할로 나눌 수 있다. 그러나 불과 몇 년 만에 우리는 보다 복잡하고 틈새시장 역할을 하는 사람들의 등장을 보았다. 이런 유형에는 기존 아이디어를 새롭게 파생된 예술형식(우리는 이를 하이브리드 밈이라고 생각할 수 있다)으로 바꾸는 예술가와 기타 창의적

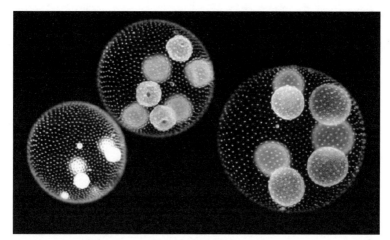

녹조류

'인터넷'

인 사람들이 포함되며, 생각의 흐름에 저항하고 어긋나고 장애물이 되는 트롤과 기타 파괴적인 요소도 포함된다. 각각은 상대방에 의존하며, 이들이 결합된 상호작용이 없다면 사회 유기체는 평형을 유지하거나 생존할 수 없다.

다음 페이지에서 나는 사회 유기체의 세포 구조에 대한 몇 가지 중요한 통찰력을 제공하는 몇몇 소셜미디어 엘리트와 그들의 네트워크에 관한 단상을 제공하겠다. 내가 사랑하는 녹조류와 마찬가지로, 소셜미디어 네트워크의 구성 요소인 세포 간의 관계는 모든 개체가 자율적인 전체이자 상호 의존적인 자기통제 계층구조의 거대한 시스템의 일부인 홀로닉Holonic 구조로 표현할 수 있다. 홀로닉은 원래는 자연 세계의 질서를 표현한 말이지만, 중앙 통제 없이 유기적으로 생기는 질서를 나타내기도 한다. 그러한 아이디어는 서양 자본주의에 의해 지속된 수직적이고 지휘-통제적인 시스템의 반대이기 때문에 서양 자본주의 전통에서 생겨난 사고방식에 대한 반박처럼 보일 수 있고, 혼란 덩어리인 중앙 권력의 부재를 상상하는 사고방식처럼 보일 수 있다.

그러나 그런 것에 개의치 말자. 사회 유기체에는 질서가 있다. 홀로닉 구조를 인식하는 사람들은 기회를 갖는다. 다른 사람들이 소셜미디어 세계를 혼란으로 바라볼 때, 홀로닉 구조에 대한 통찰력을 가진 사람들은 자신의 네트워크를 이 구조에 최적화함으로써 수익을 창출한다.

105페이지에 있는 옵테 이미지 표준을 따르는 소셜미디어 클러스터의 시각화는 이 새로운 통신 아키텍처 내의 권력 관계가 유동적이라는 사실을 가리는 경향이 있다. 사회 유기체가 급속하게 진화함에 따라 영향력 있는 사람들의 역할과 지위도 항상 변한다. 2011년에 디오디언스를 설립했을 때, 우리의 첫 번째 고객은 휴 잭맨, 샤를리즈 테론, 마크 월버그, 러셀 브랜드Russell Brand 같은 사람들이었다. 이들은 자신의 브랜드를 구축하고 유지하기 하기 위해 소셜미디어 플랫폼을 사용하는 이미 유명한 스타들이었다. 디오디언스의 공동 창업자인 숀 파커가 말했듯이, 이들은 온라인 마케팅 세계의 비원주민인 '디지털 이민자digital immigrant'였다. 이런 스타들이 때때로 소셜미디어에 뛰어드는 이유는 그들의 매니저가 소셜미디어가 필요하다고 조언했거나 소셜미디어 팔로워 수가 가치 측정의 기준이 되었기 때문이다.

분배되는 콘텐츠를 결정하는 시스템이 영화 스튜디오와 레코드 회사가 판단하는 시스템에서 자율적인 개인이 서로 협력하는 홀로닉 구조의 시스템으로 이동하면서 창조적 산업의 우선순위에 커다란 변화가 불가피해졌다. 우리는 완전히 새로운 종류의 유명인이 중심을 차지하고 주변에 연결된 인간 네트워크에 영향력을 발휘하는 새로운 현상을 목격한다. 이들은 웃기고 재미있는 6초짜리 동영상을 엄청나게 많이 제작한 바인 스타, 내쉬 그리어Nash Grier 같은 사람들이다.

그리어의 동영상은 디지털로 연결된 모든 청소년 세대의 상상력을 자극하는 라이프스타일과 존재 방식을 보여준다. 그는 경솔하고,

다소 짓궂고, 약간 자기 비하적이지만 재치 있고, 쿨하고, 무엇보다 별로 위협적이지 않다. 그의 농담 섞인 슬랩스틱 동영상은 전적으로 그의 세대에 속하는 것처럼 보이는 가벼운 존재가 세상을 바라보는 관점을 드러낸다. 그곳은 기성세대가 참여할 수 있는 세상이 아니다. 또래의 눈높이에 맞춤으로써 그는 수백만 명의 팬을 불러 모았으며, 그들 중 많은 수는 그에게 반한 여성이지만 그를 닮고 싶어 하는 젊은 남성들도 꽤 있었다. 2013년 겨우 열다섯 살이었던 그리어는 680만 명의 바인 팔로워를 모았다. '루프loop'에서 측정한 바에 따르면, 2016년 중반까지 이 수치는 그의 동영상을 총 34억 번 시청한 팬 그룹을 포함해 1270만 명으로 늘어났다. 또한 당시 내쉬 그리어는 550만 명이 넘는 트위터 팔로워를 보유했는데, 이는 그의 모든 행동이나 발언을 추적하고 리트윗할 수 있도록 설정된 수많은 계정을 포함하는 그룹이었고, 중앙 영향력을 위해 일하는 하위 영향력 네트워크였으며, 그리어 자신의 생태계 내의 또 다른 생태계였다. 이렇게 펼쳐진 팬들의 촉수는 대부분 케이블 네트워크와 동일한 엄청난 도달 범위를 제공한다. 내쉬 그리어의 자산은 그의 디지털 자아digital persona다.

그리어는 자신의 삶을 통해 타인의 엿보기 욕구를 만족시키는 다수의 Z세대와 밀레니얼 세대 제작자들과 함께한다. 이는 짧은 형태의 바인과 생명력 짧은 스냅챗 메시지에 적합한 장르다. 때로는 연극 같은 농담과 장난으로 전달되고, 때로는 그들의 '썰렁한chill' 존재를 보여주는 짧은 창window으로 전달되어 그들이 끊임없이 만들어내는 바인 동영상을 통해, 삶은 일련의 순간적이고 일시적인 퍼포먼스가 된다. 할리우드 스타들의 과장된 매력을 거부하고, 그 대신 일반인을 주인공으로 만드는 바인의 좌충우돌 저예산 미학은 형식의 마법이다. 이러한 선도적인 많은 '바이너Viner'들이 성취한 실생활의 엄청난 스타덤에도 불구하고, 그들은 사랑스럽고 엉뚱한 청소년들의 대중적인 이미지를 전달한다. 그러나 이러한 꾸미지 않은 이미지 뒤에서 이 새로운 스타들은 서로에게 영양분을 공급하고 서로의 도달 범위와 영향력을 강화시키는 자체적인 조직 전략을 만들어간다.

이들의 포맷format(예술형식)은 젊은 팔로워들을 통해 탁월함을 증명했고 상당한 규모의 시장과 하위문화를 창출했다. 이들이 몇몇 거대 광고주의 관심을 끌었다는 사실은 전혀 놀랍지 않다. 코카콜라, 휴렛팩커드, P&G프록터앤갬블,[1] 워너브라더스는 코디 존스Cody Johns와 그렉 데이비스 주니어Greg Davis Jr. 같은 바이너들과 협력했다. 나는 내쉬 그리어가 6초짜리 광고로 2만 5000달러에서 3만 5000달러를 버는 걸 일상적으로 보았으며, 10만 달러짜리 광고도 따낸 걸로 안다. 리츠 크래커Ritz Crackers는 10대 바인 스타 렐레 폰스Lele Pons의 장난스러운 디지털 자아와 슬랩스틱 스타일을 활용해[2] 순진한 사람들의 크래커를 훔쳐가는 광고를 제작했다. 그녀는 가장 높은 순위의 여성 바이너로서 팔로워가 천만 명이 넘으며 총 루프 수(바인 동영상 조회 수)는 75억 번에 이른다. 바하 왕King Bach으로 더 잘 알려진, 세계에서 가장 성공한 바이너 앤드루 배첼러Andrew Bachelor(1500만 명의 팔로워, 56억 회의 루프 수)는 바인에 스폰서로 협찬하겠다는 많은 제안을 거절했지만, 〈흑인 예수Black Jesus〉, 〈민디 프로젝트Mindi Project〉 등 수익성 있는 TV 드라마와 영화에 출연해 명성을 얻었다.[3] 2013년 3월 바하 왕은 체인스모커즈Chainsmokers의 노래 〈#셀피#selfie〉(디오디언스가 이 곡의 홍보를 담당했다)의 6초짜리 파생 버전 〈게토 비트 다운Ghetto Beat Down〉을 바인에 올렸다. 그의 동영상은 이 노래를 수많은 디지털 시청자에게 전파했으며, 2개월 만에 원곡 〈#셀피〉 동영상의 일일 조회 수를 80만에서 150만 번으로 끌어올렸다. 이는 막강한 영향력을 가진 사람들이 정보를 빠르게 확산시키기 위해 유기적으로 상호 연결된 새로운 네트워크 구조를 활용하는 방법의 주목할 만한 사례가 되었다.

짧은 콘텐츠에도 불구하고 이상하게도 바인은 음악 홍보에 매우 유용한 플랫폼이다. 부부인 마이클Michael과 캐리사Carissa는 2011년부터 포크송을 녹음한 무명 가수였지만, 6초짜리 동영상을 바인 플랫폼에 올리면서 성공했다. 1년 후 그들은 리퍼블릭 레코드사Republic Records와 계약했다.[4] 이는 바인을 통해 이루어진 최초의 음반 계약이었다. 비슷한 시기에 캐나다의 싱어송라이터 숀 멘데스Shawn Mendes는[5] 열다섯의 나이에 바인을 통해 데뷔했다. 2년 후 그는 450만 명의 팔로워를 모으고 두 장의 앨범을 녹음했으며, 테일러 스위프트의 월드 투어에서 오프닝을 장식하고, 싱글 앨범 '스티치스Stitches'는 빌보드 차트 1위를 차지했다. 고등학교 친구인 바인의 코미디 듀오 잭앤잭Jack & Jack(600만 명의 팔로워, 18억 번의 루프 수)도 〈와일드 라이프Wild Life〉 같은 노래로 아이튠즈 차트 1위를 차지했다(나는 이 듀오의 콘텐츠와 광고 작업에 참여했다).

유튜브로 백만장자가 된 사람들도 있다.[6] 여기에는 아주 어린 스타가 포함되었다. 가장 수익성 있는 모델은 장난감에 대한 리뷰였다. 유튜브 채널 '에반-튜브 HD Evan-Tube HD'의 운영자인 여덟 살짜리 꼬마 에반은 아빠가 촬영한 장난감 리뷰의 광고 수익으로 130만 달러를 벌었다. 에반보다도 더 어려 보이는 두 명의 일본 어린이 칸 Kan과 아키 Aki는 2013년에 장난감 리뷰로 320만 달러를 벌었다. 유튜브에서 가장 큰 수익을 올린 사람은 'DC 토이 콜렉터 DC Toy Collector'라는 사이트의 운영자다. 신원이 알려지지 않은 이 사람을 어린 소녀로 추정하는데, 예쁘게 매니큐어를 칠한 손으로 디즈니 장난감을 조립하는 모습만 보여줄 뿐 얼굴은 결코 보여주지 않는다. 동영상 데이터 분석업체 오픈슬레이트 OpenSlate에 따르면, DC 토이 콜렉터는 2014년에 490만 달러를 벌었다. 이는 같은 해 유튜브 동영상 광고 수익 2위를 차지한 테일러 스위프트보다 많은 수입을 올린 것이다. 유튜브 수익 3위는 스웨덴의 게임 해설자인 퓨디파이 PewDiePie다. 게임 해설이란 비디오게임을 촬영하면서 상단에 실시간 논평을 곁들임으로써 많은 인기를 얻는 장르다. 자신의 게임 동영상으로 4090만 명의 시청자와 110억 조회 수를 기록한 그는 2014년에 400만 달러를 벌었다.

내 생각에는 아마도 테일러 스위프트와 숀 멘데스를 제외하고는 앞에 등장한 이름들이 이 책을 읽는 대부분의 사람들에게 생소할 것이다. 이들은 내 세대나 나보다 나이 많은 사람들에게 거의 알려지지 않은 이름이다. 그러나 잠재적 목표 고객에게 도달할 수 있는 그들의 능력은 기존의 미디어보다 훨씬 앞서 있다. 목표 고객에게 효과적으로 다가가고자 하는 모든 브랜드와 회사들은 이 새로운 아키텍처와 새롭고 독립적인 스타들의 엄청난 활약을 주목해야 한다.

소셜미디어에서 인적 네트워크 인프라의 영향력은 결코 모든 사람에게 균등하게 분배되지 않는다. 트위터를 국가로, 팔로워 수를 달러로 가정하면, 그 영향력은 악명 높은 미국 경제의 불평등한 소득 분포보다 훨씬 더 불평등하게 보인다. 2013년 오라일리 출판사O'Reilly Media가 실시한 설문조사에 따르면,[7] 팔로워 순위 상위 1퍼센트에 해당하는 트위터 계정은 평균 2991명의 팔로워 수를 기록했으며, 이는 팔로워 순위 50위에 해당하는 트위터 계정보다 50배나 높은 수치다(미국인의 소득률 상위 1퍼센트는 평균보다 8배 높다). 트위터 계정의 0.1퍼센트까지 올라가면 팔로워 수 평균값과의 차이는 409배까지 벌어진다. 이 수치는 상위 0.1퍼센트 그룹이 평균 2만 462명의 팔로워를 기록한 2013년의 조사 결과다. 이 조사는 트위터의 편향된 영향력 분포 곡선에서 '현실 세계의 갑부인 빌 게이츠와 워렌 버핏'과 동급으로 볼 수 있는 레이디 가가, 저스틴 비버, 케이티 페리, 오바마 대통령 등 4000만 명이 넘는 팔로워를 가진 소셜미디어 슈퍼스타들을 고려하지 않은 것이다.

불평등한 영향력 분포가 소득과 상관관계가 있다는 것도 주목할 필요가 있다. 팔로워 집계의 최상층에 있는 엘리트는 수익에서도 압도적이다. 대학 경쟁에서는 우위에 있지만 프로 리그에 진출할 정도는 아닌 그저 그런 축구 선수나 농구 선수와 마찬가지로 유튜브, 바인과 기타 광고 수입 플랫폼에는 재능 있고 거의 성공할 뻔한 사람들로 가득하다. 버즈피드BuzzFeed의 유튜브 채널에서 유명한 스타 중 한 명인 브리트니 애슐리Brittany Ashley 같은 사람들은 모두 합쳐 1700만 명의 구독자를 갖는다. 애슐리는 7만 명의 인스타그램 팔로워를 갖지만, 여전히 웨스트 할리우드의 음식점에서 서빙을 하며 간신히 생계를 유지한다. 다방면의 퓨전 작가인 개비 던Gaby Dunn은[8] 애슐리 같은 온라인 연예인들이 오프라인 본업에서까지 팬들에게 추적당하는 것을 "유명한 소셜미디어 스타들은 너무 얼굴이 알려져서 '진짜' 직업을 갖기 힘들지만 너무 가난해서 다른 일을 하지 않을 수가 없습니다"라고 말했다. MIT 미디어랩의 매크로 커넥션 그룹Macro Connection Group의 '샤우트!Shout!' 프로젝트를 포함해, 사용자가 팔로워 네트워크에서 후원금을 모집할 수 있는 상호 공유 계약을 작성하려는 노력은[9] 언젠가는 평범한 사람들을 위한 소셜미디어의 경제성을 향상시킬 수 있을 것이다. 그러나 전 세계 10억 명 이상의 사용자와 비교했을 때 현재로서는 소셜미디어의 수익이 소수의 사용자에게 극도로 집중되어 있는 것처럼 보인다.

하지만 소셜미디어 마케팅 기술을 완전히 마스터한 소수의 신진 세력에 중요한 권력 이동이 있었음을 부인할 수는 없다. 그들이 그리어 같은 독자적인 매체든 버드피드처럼 약간 더 전문적으로 제작된 유튜브 채널이든, 이 사람들은 마케팅 담당자와 홍보 담당자들이 원하는 것을 갖는다. 그건 바로 직접적으로 영향력을 발휘할 수 있는 대규모 잠재 고객에 대한 통제권이다. 매스미디어의 진화라는 관점에서 이것을 어떻게 봐야 할까? 영향력과 청중을 얻으면서 이 소수의 벼락부자들이 문화 생산에 대한 새로운 독과점 체제를 차지한 것일까? 삶의 부조리에 무의미하고 약간 자기도취적인 발언을 자주하는 이 사춘기 장난꾸러기들이 우리의 소통 시스템의 새로운 리더일까? 과거에 교회, 신문, TV 네트워크가 차지했던 역할을 이제는 이 엉뚱한 아이들이 대신하는 것일까?

어느 정도는 그렇다고 볼 수 있다. 그러나 핵심은 이 신진 세력들이 갖는 힘의 지렛대가 취약하다는 것이다. 전통적인 미디어 기업과는 달리 그들의 시장 지배력은 규모의 경제에 의해 뒷받침되지 않는다. 인쇄기와 신문 배달 트럭에 투자하는 데 너무 많은 비용이 들기 때문에 소규모 언론사는 오래된 신문 거인들만이 감당할 수 있는 진입 장벽을 넘기 어렵다. 오히려 소셜미디어에 영향력을 갖는 사람들의 힘은 팬과 친구들과 함께 구축한 신뢰와 정서적인 관계에 기반한다. 소셜미디어 스타는 팔로워의 도움과 콘텐츠를 배포하는 사기업이 소유한 플랫폼의 협력 없이는 생존할 수 없다. 생물학적 측면에서 볼 때, 이러한 슈퍼 팔로워들은 전염병 학자들이 '슈퍼 스프레더 super spreader'라고 부르는 생체 바이러스 전파에 특화된 역할을 하는 전염성 타입이다(슈퍼 스프레더는 일반적으로 개체군의 약 20퍼센트에 불과하지만[10] 전염병 전파의 80퍼센트를 차지하는 것으로 나타났다). 그러나 그 엄청난 전염성에 상관없이 슈퍼 스프레더의 영향력은 퍼지는 바이러스에 대한 집단 내의 다른 개체들의 수용성에 따라 달라진다. 소셜미디어 엘리트들의 영향력이 유지되기 위해서는 그들이 생성한 아이디어를 팔로워들이 지속적으로 반복, 복제, 공유해야 한다. 배포 네트워크는 엘리트가 제공한 정보를 기꺼이 공유하려는 다른 사람들과 연결할 수 있는 능력에 전적으로 달려 있다.

이러한 영향력 있는 사람들의 힘은 네트워크를 구축하는 능력에서 나온다. 그들은 광섬유 케이블을 배치하는 것이 아니라 가상의 개인적인 유대를 강화해 이 영향력을 행사한다. 전략은 두 가지다. 한편으로 그들은 시청자의 정서적인 요구에 부응하는 콘텐츠를 제공하는 데 초점을 맞춤으로써 매우 큰 규모의 팬을 육성한다. 다른 한편으로 그들은 강력한 네트워크를 가진 유명인들에게 업무적으로 강렬한 인상을 주거나 개인적인 친분을 통해서 긴밀한 사회적 유대관계를 맺는다. 매우 큰 팬층을 지닌 영향력 있는 사람들의 핵심 세력과 접촉함으로써 그들은 자신의 메시지를 거대한 네트워크로 신속하게 전송할 수 있다.

내쉬 그리어와 바흐Bach를 선두로 잭앤잭, 매튜 에스피노자 Matthew Espinosa(600만 명의 팔로워), 내쉬의 형제인 헤이즈Hayes (420만 명의 팔로워), 숀 멘데스, 카터 레이놀즈Carter Reynolds(410만 명의 팔로워)를 포함하는 디지털 시대의 스타 군단이 떠올랐다. 그들은 서로의 바인에서 카메오 역할을 하고, 서로의 음악 쇼에 출연하고, 서로의 블로그를 재게시reposting함으로써 협력한다(디오디언스에서 우리는 이를 상호 대중화라고 불렀다). 그들은 서로의 일상생활을 함께 조율할 수 있도록 할리우드로 이사했다. 이는 마치 소셜미디어에서 끊임없이 펼쳐지는 리얼리티 쇼와 같다. 독특한 소셜미디어 방식으로 그들은 유명세와 영향력을 진입 장벽으로 하는 일종의 현대 독과점 체제를 구축한다.

그러나 이러한 보호 장벽은 오프라인 세상의 독점기업이 누리는 방어 장벽만큼 강력하지 않다. 바이너 스타 군단의 독과점이 직면하는 위험은 상호 관심사에 기반을 둔 소셜 네트워크가 그들 중 누군가가 관심사에 반하는 행동을 할 때 붕괴될 수 있다는 것이다. 기존 미디어 세계의 하향식 계층구조에는 콘텐츠에 대한 사전 점검 과정이 존재한다. 즉 신중하게 자료를 조사해서 미디어 회사의 시장 지배적 지위를 약화시킬 위험이 있을 경우에는 아무것도 발표되지 않도록 하는 것이다. 콘텐츠의 제작자와 배포자가 자율적으로 행동하는 사회 유기체의 홀로닉 구조에서는 콘텐츠에 대한 계산된 통제가 불가능하다. 여기서 문제는 사람들, 특히 10대들은 실수를 자주 저지른다는 점이다.

빠른 콘텐츠 전파 속도 때문에 카터 레이놀즈가 배급 시스템을 통제하지 못한 사례는[11] 이 문제점을 분명히 보여준다. 레이놀즈는 2015년 중반까지 바인에서 가장 유명한 스타 중 한 명이었다. 하지만 그가 열여섯 살 여자 친구(이자 한때 바인의 스타였던) 매기 린데만에게 구강성교를 강요하는 동영상을 해커가 입수해 유출하자 모든 것이 무너져버렸다. 대중은 경악했고, 그의 사과를 받아들이지 않았다. 레이놀즈와 린데만은 서로에게 책임을 전가하는 트위터 전쟁을 시작했고 #MaggieAndCarter라는 해시태그가 퍼져나갔다. 이들의 성 추문은 수백만 명에게 영향을 미쳤고, 당연히 레이놀즈는 모든 광고에서 퇴출됐다. 2015년 말까지는 그의 명성이 어느 정도의 매력을 유지했기 때문에 레이놀즈의 바인 페이지는 여전히 400만 명이 넘는 팔로워와 100만 건을 상회하는 조회 수를 유지했다. 하지만 그 수치는 그가 상반기에 기록했던 엄청난 조회 수의 절반에도 미치지 못하는 것이었다. 2016년이 되자 레이놀즈는 바인 동영상 업로드를 완전히 중단했다. 트위터, 인스타그램 같은 플랫폼으로 연결된 예전 친구들의 홍보가 없는 상황에서 그는 과거처럼 잠재 고객에게 도달하는 영향력을 발휘하지 못했다. 사회 유기체는 하느님처럼 우리에게 은혜를 베풀기도 하지만, 그것을 다시 거두어가기도 한다.

소셜 네트워크의 유대tie는 이 젊은 스타들이 명성을 쌓기 위한 기초다. 그러나 그 유대는 깨질 수 있다. 타이거 우즈, 멜 깁슨 등 스캔들에 시달리는 전통적인 엔터테인먼트 분야의 유명 인사들은 종종 더 오랜 기간 명성을 유지하지만, 카터 레이놀즈 같은 사람은 대중의 시선에서 너무나 빨리 잊힌다. 여기서 교훈은 소셜미디어의 영향력이 강력하지만 순간적일 수 있다는 게 아니라, 소셜 네트워크가 효과적이고 지속 가능하기 위해서는 다시 블로깅되고, 다시 트윗되고, 다시 포스팅되고, 계속 공유되면서 끊임없이 영양분을 공급받아야 한다는 것이다. 생명체의 네 번째 규칙을 기억하자. 항상성이 정상 상태를 유지하기 위해서는 생명체의 대사 경로(이 경우는 사회적 연결)가 열려 있어야 하고 깨지지 않아야 한다.

우리는 팔로워들과 유대 관계를 유지하는 것에 대해 디오디언스에서 많은 것을 배웠다. 우리의 네트워크에 참여한 영향력 있는 사람들과의 관계는 성공의 핵심 요소였다. 이런 단단한 연결을 통해 우리는 전 세계 수천만 명의 대중에게 매우 신속하게 메시지를 전달할 수 있었다. 그러나 영향력 있는 사람들이 스스로의 네트워크를 잘 관리하는 것 또한 매우 중요했다. 그들은 신뢰도와 충성도를 키우는 데 도움이 되는 영양가 있는 콘텐츠를 지속적으로 공급해 자신의 팔로워들이 적극적으로 참여하도록 유도해야 했다. 그렇게 하는 것이 소셜미디어 시대에 네트워크를 유지 관리하는 방법이다. 전통적인 TV 채널에서 네트워크 유지 관리는 카메라, 방송탑과 케이블의 유지 관리를 의미하지만, 소셜미디어에서는 정서적 유지 관리를 의미한다. 시청자와 구독자는 더 이상 수동적인 대상이 아니다. 그들은 배포 메커니즘의 한 축을 담당한다.

대중문화계에서 테일러 스위프트는 네트워크 유지 관리의 여왕이다. 그녀는 틀림없이 연예계에서 가장 힘 있는 여성이다(오프라 윈프리가 들으면 섭섭해할지도 모르겠다). 그녀는 세계에서 가장 성공적인 전자제품 제조업체인 애플과 홀로 맞섰고, 이 회사에 대한 공개적인 항의 편지를 게시함으로써 저작권료 정책을 하룻밤 사이에 변경할 수밖에 없도록 만들었다. 그 편지의 힘은 단순히 그녀의 음악이 뛰어났기 때문이 아니라, 그녀가 충성스러운 팔로워 군단을 가졌기 때문이다. 인스타그램에서 가장 많은 5000만 명이 넘는 팔로워와 페이스북 페이지에서 7300만 건의 '좋아요'를 기록한 테일러 스위프트는 프랑스 인구보다 더 많은 사람들의 주목을 받으면서 여론을 좌우한다.

하지만 '테일러 스위프트'라는 캐릭터를 연기하는 데 그녀가 가장 선호하는 무대는 텀블러다. 텀블러에서 스위프트는 '스위프티즈 Swifties'(스위프트의 친구)라고 자부하는 젊은 팬들의 글로벌 커뮤니티와 깊은 신뢰를 쌓았고, 성실하고 진심 어린 애정을 키웠다. 그녀는 크리스마스 선물을 팬들의 집 앞에서 직접 전달하고 깜짝 방문 동영상을 소셜미디어에 올림으로써 큰 호응을 이끌어냈다. 스위프트의 텀블러 피드는 환호성을 지르는 팬들로 가득 찬 공연장에서 긴 다리를 뽐내는 가수로서의 액션 샷과 함께 바인 스타들과 마찬가지로 고양이와 찍은 셀카, 잠옷 차림으로 빈둥거리는 사진, 여자 친구와 포옹하는 모습 등 일상 속의 공감을 이끌어내는 이미지와 짧은 농담도 제공한다.

분명히 스위프트의 BFFBest Friends Forever(영원한 절친)는 일반인은 아니다. 동료 가수 셀레나 고메즈Selena Gomez, 패션모델 칼리 클로스Karlie Kloss 등 다른 영향력 있는 젊은 여성들과 스위프트의 널리 알려진 우정은 영향력 있는 사람들 간의 친밀하고 끈끈한 관계가 어떻게 영향력을 최대화할 수 있는지 다시 한번 일깨워준다. 인스타그램 순위에서 1위인 스위프트보다 단지 두 단계 아래인 아역 배우 출신 고메즈의 스타 인맥은 그 자체로 인상적이다. 그녀는 스위프트의 상대적으로 건전한 자기표현보다는 착한 소녀의 일탈 이미지(마일리 사이러스Miley Cyrus의 장점)를 지향하는 배역을 통해 10대 관객을 열광시켰다. 우리가 디오디언스에서 파격적인 마케팅 전략으로 기획한 하모니 코린Harmony Korine 감독의 갱스터 영화 〈스프링 브레이커스Spring Breakers〉(2013)가 엄청난 흥행을 거둔 이유는 영화에서 캡처되어 널리 공유된 애니메이션 GIF에서 고메즈가 물 담배를 피우는 장면 덕분이라고 생각하는 사람들이 많다. 그녀의 유혹적인 변신은 케이티 페리Katy Perry에 이어 두 번째로 많은 팔로워를 가진 트위터 계정과 다섯 번째로 많은 팔로워를 가진 인스타그램 계정의 소유자이기도 한 나쁜 소년 이미지의 팝스타 저스틴 비버와의 과거 험난한 연인 관계 덕분이기도 하다.

그러나 이들이 인기를 얻은 이유는 탄탄한 연예인 인맥과 섹스 때문만이 아니다. 팬 관리/네트워크 유지 관리를 위한 테일러 스위프트의 신중한 전략은 훨씬 더 개인적인 접근법을 취한다. 빌 클린턴의 공감 능력이 정치적 네트워크 형성자로서 그의 엄청난 기술의 핵심이었던 것처럼, 스물다섯 살의 여가수 테일러 스위프트는 인간적인 몸짓이 얼마나 큰 영향력을 행사하는지를 보여준다. 스위프트가 해시태그 #ShakeItUpJalene(힘내라, 젤린)를 통해 말기 뇌암 진단을 받은 네 살 소녀 젤린 살리나스Jalene Salinas의 마지막 소원이 〈셰이크 잇 오프Shake It Off〉를 부른 스타와 춤추는 거라는 사실을 알았을 때,[12] 그녀는 젤린과 젤린 엄마에게 페이스타임으로 전화를 걸었다. 텔레비전 카메라는 그들의 감동적인 만남의 순간을 생생하게 기록했다. 또 다른 선행을 통해 그녀는 백혈병과 싸우는 열한 살 나오미 옥스Naomi Oakes를 위해 5만 달러를 기부했다.[13] 스위프트는 콘서트 도중 얼마 전 암으로 사망한 네 살 소녀의 엄마에게 자기 엄마도 암으로 투병했다는 사실을 밝히면서 눈물 어린 위로의 목소리를 전하기도 했다.[14]

스위프트의 선행은 의도적이고 계산된 행위일지도 모른다. 그렇더라도 그녀가 팬과 팔로워를 관리하는 거대하고 국제적인 규모는 너무나 인상적이다. 7500만 명 각각에게 개인적으로 대화하는 것처럼 느끼게 만드는 데는 계산이 아니라 진정한 재능이 필요하다. 이렇게 세심하게 접촉하는 작은 행동이 그런 환상을 만들 수 있다. 테일러 스위프트의 팬들은 '리아나 네이비Rihanna Navy'의 팬들이 자신의 우상인 리아나에게 느끼는 것보다 틀림없이 더 깊은 유대감을 느낄 것이다. 리아나의 소셜미디어(주로 인스타그램) 이미지는 팬들과의 개인적 관계보다는 성적 매력에 더 크게 의존한다.

스위프트는 분명히 재능 있고 성실한 연예인이다. 그러나 그 외의 것(그녀가 소셜미디어에서 보여주는 인정 많고, 넓은 마음을 가졌으며, 선한 사람이라는 이미지) 또한 중요하다. 그것이 동일하게 결합된 패키지의 두 부분을 구성한다. 그 이미지는 통신 네트워크가 감성으로 관리되는 이 새로운 시대에 명성의 메커니즘이 어떻게 작동하는지를 보여준다. 네트워크의 자율적 구성원이 목표 고객과 배포 시스템을 대표하는 홀로닉 구조에서 소셜미디어가 지배적 위치를 차지하면서 이제 감성은 아이디어와 예술 작품을 전파하는 주요 도구가 된다.

하느님의 존재에 대한 수천 년의 논쟁에도 불구하고 자연은 스스로에게 무엇(자비로운 행동 또는 그렇지 않은 행동)을 하라고 지시하는 독재자를 갖지 않는다. 소셜미디어 네트워크도 마찬가지다. 이 홀로닉 구조는 사회 유기체에 대해 생각할 수 있는 유용한 방법을 제공할 뿐만 아니라 생명 자체에 대한 만족스럽고 포괄적인 설명을 제공한다.

홀로닉스Holonics(홀론학)는 물리학과 시스템 설계에서 유래하지만 생물학과 철학의 분야라고도 할 수 있다. 1960년대 아서 쾨슬러에 의해 개발되고 켄 윌버Ken Wilber 등에 의해 발전된 이 개념은 온라인 경제가 네트워크 이론을 재창조함에 따라 다시 부각되었다. 홀로닉스는 세계가 상호 의존적인 계층구조와 홀론으로 알려진 하위 계층구조로 구성되었다고 인식한다('홀론'이란 단어는 '홀리스틱 holistic'과 마찬가지로 전체 또는 완성을 뜻하는 그리스어 '홀로스holos'에서 유래했다). 각 홀론은 그 자체로 자율적인 전체인 동시에 더 넓은 전체에 의존하는 일부이며, 이 전체는 다시 더 높은 차원의 홀론을 구성한다. 홀론의 지위는 본질적으로 이원론적이다. 그것이 전체인지 부분인지 여부는 어떻게 보느냐에 달려 있다. 홀론들은 끊임없이 커지는 러시아 인형처럼 서로 함께 모여 상호 의존적인 발전을 이루어 낸다.

이 아이디어는 사실상 모든 것에 대한 이론이다. 그것은 쾨슬러 같은 사람의 광대한 마음에 뿌리내릴 수 있는 모든 것을 포괄하는 아이디어의 일종이다.[15] 유대-헝가리의 혈통을 물려받은 쾨슬러는 다국어를 구사하는 뛰어난 지식인이었다. 그는 유럽 전역에서 거주하면서 진영 논리를 거부하는 삶을 통해 좌익과 우익의 철학 사이를 넘나들었다. 쾨슬러는 부다페스트에서 태어났고, 오스트리아에서 교육을 받았으며, 팔레스타인의 키부츠에서 청년기를 보냈다. 그는 독일인들이 히틀러의 나치즘에 열광했던 1930년대에 독일 공산당에 가입한 후 스페인 내전에서 공화파를 지지하면서 반프랑코 스파이로 활동했다. 그러나 나중에 스탈린에게 완전히 환멸을 느낀 후 런던에 거주하면서 강경한 반공산주의 십자군으로 변모했다. 그는 철학, 물리학, 생물학, 종교학 등 다방면에 걸친 영역에서 소설, 논픽션, 기고문을 저술한 정력적인 언론인, 수필가, 소설가였다. 1983년 파킨슨병으로 고통받는 상태에서 암 진단까지 받은 쾨슬러는 그의 아내 신시아와 함께 수면제와 알코올 과다 복용으로 동반 자살했다.

쾨슬러가 1967년에 발표한 책 《기계 속의 유령The Ghost in the Machine》을 통해 처음으로 창안한 홀론 이론에서 비롯된 개념인 홀로닉스는[16] 아마도 그가 서양 사상에 기여한 가장 큰 공헌일 것이다. 인간 지배를 확립하는 중앙 집중화된 권위에 의해 만물이 정의된다는 수세기 동안 지속된 낡은 믿음(홀로코스트와 스탈린식 권위주의의 공포를 낳은 사상)에 대해 철저히 비판하면서, 그는 존재의 본질을 이해할 수 있는 대안적 구조로 홀론을 제시했다. 이 아이디어를 소개하기 위해 쾨슬러는 노벨상 수상자인 허버트 사이먼Herbert Simon이 간단한 시스템으로부터 복잡한 시스템이 구성되는 방식을 설명하기 위해 사용했던 두 명의 시계공 비유를 다시 언급했다.

사이먼 이야기에서 두 명의 시계공은 천 개의 작은 부품을 조립해 완전한 시계를 만들어야 한다. 일하는 동안 그들은 작업을 방해하는 빈번한 전화를 받아야 한다. 한 시계공은 실패하지만, 다른 시계공은 성공한다. 왜일까? 실패한 시계공은 전화를 받기 위해 미완성 시계를 내려놓을 때마다 부서져서 처음부터 다시 제작해야 했다. 이와는 대조적으로 성공한 시계공은 각각 10개의 부품으로 구성된 일부 조립품(전화를 받으려고 내려놓을 때도 부서지지 않는 모듈식 장치)을 먼저 만든 후 전체적인 시계를 조립했다. 안정적인 중간 형태가 단순한 시스템에서 복잡한 시스템으로 발전하는 간결한 기반을 제공한다는 이런 기본 아이디어는 홀라키에 대한 핵심적인 개념으로 이어진다. 이것은 생명체가 어떻게 형성되는지, 아이디어가 어떻게 개발되는지, 소셜미디어라는 혼란스러워 보이는 세상에서 수십억 개의 자율적인 노드가 어떻게 어느 정도의 질서와 구조를 따르는지를 널리 말해주는 아이디어다.

구형 구성 요소가 작은 구체 배열을 포함하는 녹조류의 사진을 보면 쾨슬러의 모델이 미생물의 구조에 잘 적용된다는 걸 알 수 있다. 그러나 홀로닉스는 더 복잡한 생명체와 그 생명체가 존재하는 생태계에도 똑같이 적용되면서, 가장 작은 분자에서부터 전체 우주(또는 다중 우주)의 구조로 퍼져나간다. 이 개념을 '양sheep'에 비유해보면 생화학적 화합물에서 세포로, 신체 기관으로, 양 한 마리로, 농장의 양 떼로, 전 세계 모든 종류의 양으로 확장되는 각 단계마다 홀로닉 계층구조가 존재한다고 볼 수 있다. 이렇게 점점 더 넓어지는 개체들의 집합은 전 세계의 생물 다양성을 통합할 때까지 이어진다. 각 개체(홀론)는 그것이 세포건 다세포생물인 한 마리의 양이건, 양이 속하는 무리 전체건 상관없이 자신이 속한 더 넓은 그룹에 의존적인 동시에 독립적이다. 다음의 두 그림은 미래학자이며 철학자, 시스템 설계자인 플레밍 펀치Flemming Funch가 그린 것이다.[17] 우리는 생물학적 홀라키 또는 생명의 전반적인 지배를 설명하는 우주적인 홀라키를 묘사하기 위해 이 구조를 각각 사용할 수 있다.

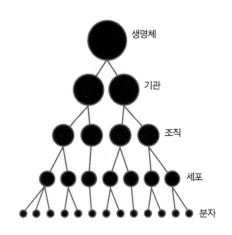

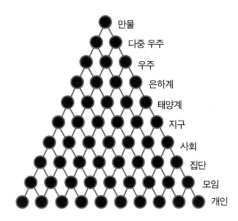

실제로 쾨슬러 모델의 아름다움은 우리가 그 모델을 소셜미디어 네트워크를 포함한 모든 존재의 기준으로 적용할 수 있다는 점에 있다. 이 모델은 영향력 있는 사람들, 그들의 내부 인맥, 그들의 팔로워들이 결합된 집단, 정보를 공유하기 위한 더 넓은 플랫폼, 전체 사회 유기체의 훨씬 더 넓은 생태계의 관계를 설명해준다. 자연 세계의 홀라키와 마찬가지로, 사회 유기체는 민주적으로 선출되거나 스스로 임명하는 공식적인 지도자가 없다. 대신 사회 유기체는 시스템 자체의 진화와 확장을 용이하게 하는 상호 의존 관계의 디지털 구조를 토대로 한다.

공공의 이익에 얼마나 도움이 되는가라는 이상주의적 관점에서 볼 때, 분명히 사회 유기체는 현재 매우 잘 조직화된 홀라키가 아니다. 그러나 사회 유기체의 조직을 이해하는 것은 그것을 토대로 우리가 발전하는 데 도움이 될 것이다. 사실 그것이 미래의 기술에서 결정적인 요소다. 생물학에서 홀로닉스는 꿀벌, 흰개미, 일반 개미 같은 사회적 곤충이 어떻게 서로 협력하는지를 설명해준다. 흰개미 집단에는 명령을 내리는 중앙 통제 기관이 없다. 오히려 각각의 흰개미는 집단의 이익을 최적화하는 생물학적 신호에 영향을 받는 방식으로 동료들로부터 감지하는 신호에 반응하도록 시간의 거대한 진화 알고리즘에 의해 유전적으로 '프로그램'되어 있다. 이제 서로 상호작용할 수 있는 자율주행 차량을 설계하는 구글 엔지니어를 상상해보자. 모든 차량은 전체 승객 커뮤니티를 위한 탑승 경험을 최적화하기 위한 것이다. 구글 본사에는 공항 관제탑처럼 모든 차량을 감독하는 슈퍼컴퓨터가 없다. 오히려 각 차량이 다른 차량의 움직임을 감지하면서 반응하도록 개별적으로 프로그램되었기 때문에, 자율주행 시스템은 그에 따라 자신의 '동작'을 조정하는 방식으로 작동한다. 이러한 접근 방식을 통해 구글 엔지니어는 사람이 운전하는 현재의 차량 시스템보다 더 빠르고 안전하게 목적지까지 모든 승객을 운송할 수 있는 자율적이고 리더 없는 운송 시스템을 설계할 수 있다.

개미와 비교되는 것을 싫어할지도 모르지만, 바인 스타 군단과 테일러 스위프트의 절친들은 창조성의 홀로닉 구조에서 '일개미'라고 할 수 있다. 그들은 흰개미 둔덕이나 효율적인 교통 방식을 구축하지는 않지만 협력을 통해 디지털 자아를 만든다. 각 구성원은 창의성 면에서는 자율적이지만 공유된 가치 또는 생각 패턴의 공통된 전체 집합 내에서 작업한다.

이러한 공유된 가치는 그들이 지속적으로 청중과 관계를 맺고 팔로워들이 감성 공유에 참여할 수 있는 기반이 된다. 바인, 트위터 또는 인스타그램 사용자 한 명이 사회 유기체 안에서 다른 사람과 관련을 맺을 때, 그들은 이런 영향력 있는 사람들 중 한 명으로부터 차용한 디지털 자아를 통해 자신을 표현한다. 그러면 이것이 그들의 디지털 자아가 된다(여기서 우리는 정체성과 개성이라는 전통적인 서구 자유주의적 사상보다 훨씬 더 유동적인 자아 개념에 대해 이야기한다. 이 개념에 대해서는 5장에서 자세히 살펴볼 것이다).

사회 유기체가 진화하고 우리의 의사소통 수단이 기존의 무거운

장비를 통한 미디어 배포 모델에서 자율적인 존재의 홀로닉 관계에 기초한 모델로 나아감에 따라, 사회의 나머지 부분도 거기에 맞게 재구성되어야 한다. 시작하기 좋은 곳은 자본주의의 핵심인 회사다. 기존의 구식 미디어 회사의 하향식 인증 프로토콜과 독점에 대한 집착이 왜 소셜미디어의 빠른 요구에 부응하지 못하는지에 대해 우리는 이미 논의한 바 있다. 비슷한 문제가 또 다른 소셜미디어 이전의 회사에서도 일어난다.

모든 조직 설계의 가장 중요한 목표는 의사결정을 최적화하고 경쟁 우위를 유지하기 위해 효율적인 의사소통(내부적으로는 직원, 작업 그룹, 관리자와 주주의 소통, 외부적으로는 공급 업체, 계약자, 고객과의 소통) 흐름을 촉진하는 것이다. 그러나 이제는 소셜미디어와 기타 온라인 기술로 작고 민첩한 신생 기업이 정보를 더욱 효율적으로 처리할 수 있기 때문에, 하향식 의사소통에 의존해왔던 기존 기업은 그 예리함을 잃어간다. 자신의 좁은 사고 능력에 의존하는 대신 이 신생 기업들은 아이디어, 콘텐츠, 제품이 지리적·국가적·문화적 경계에 상관없이 원활하게 공유되는 사회 유기체의 글로벌 두뇌를 활용한다. 그들은 낡은 독점 정보를 쓸모없게 만드는 잠재력의 거대한 풀인 독창성과 전산 능력을 위해 보편적으로 액세스할 수 있는 시스템을 활용한다. 기존의 기업들이 경쟁력을 회복할 유일한 방법은 조직을 재편성하는 것이다. 그렇게 하기 위해서 그들은 신생 기업들로부터 배워야 한다.

살림 이스마일Salim Ismail과 싱귤래리티대학Singularity University

연구 팀은 이러한 신생 기업 중 가장 성공한 단체를 지칭하는 용어를 만들었다. 그건 바로 지수형 조직exponential organization(기하급수적인 조직)이다. 동일한 제목을 가진 베스트셀러에서 그들이 주장한 바에 따르면,[18] 회사가 독점적인 아이디어의 생성과 구현에 의존하는 대신 조직 외부의 리소스를 기꺼이 활용할 의향이 있다면, 전 세계적인 규모로 빠르게 성장할 수 있다. 이는 단순히 비용 절감을 목표로 하는 아웃소싱 개념이 아니라 외부 파트너 관계가 방대한 변형 네트워크를 신속하게 구축할 수 있는 유일한 방법이며, 새로운 아이디어를 적절히 발굴하고 새로운 시장을 창출할 수 있는 유일한 방법이라는 의미다. 이를 달성하기 위해 기업은 수평적 명령 구조로 내부 조직을 재구성해서 직원에게 더 큰 자율성을 부여하고 자체적으로 조직되는 작업 그룹 전반에서 협력을 장려해야 한다. 지수형 조직은 생산수단의 하향식, 수직적 통제보다는 공생적 파트너십과 협력 프로젝트에 적합한 조직이다. 그런 회사에서는 소유권과 통제권이 공유되는 개념이다.

이에 대한 사례로는 중국의 스마트폰 제조사 샤오미Xiaomi를 들 수 있다.[19] 이 회사에는 제품 개선을 돕기 위한 천만 명의 팔로워 '미 펜Mi Fen'이라는 단단한 기반이 구축되어 있다. 직원이 아닌 사용자들이 샤오미의 스마트폰 운영체제에서 사용할 수 있는 프로그래밍 언어 중 세 가지를 제외한 나머지 모두를 개발했다. 그들은 P2P 조언 플랫폼을 통해 회사의 지원 시스템을 운영하고, 소셜미디어를 통해 회사의 제품을 자발적으로 홍보함으로써 회사의 마케팅 비용을 낮추는 데 도움을 준다. 그 대가로 이 팬들이 받는 건 무엇일까? 그들은 매우 합리적인 가격으로 끊임없이 향상되는 스마트폰 라인 개발에 참여한다. 그 결과 이름 없는 회사였던 샤오미는 3년 만에 세계 5대 스마트폰 기업으로 성장했고, 애플과 삼성의 뒤를 바짝 추격한다. 이는 감성적으로 팬들을 만족시킨다.

또한 샤오미는 급변하는 사회 유기체 세계에서 뒤처지지 않기 위해 내부적으로 조직을 재구성해야 할 필요성을 보여주는 훌륭한 사례다. 샤오미의 작업 팀은 엄격한 통제가 없는 씨족이나 부족과 비슷한 조직으로 인식된다. 그들은 이익 배분을 핵심 인센티브로 삼으면서 멘토링, 협업과 혁신에 중점을 둔다. 직무 순환도 권장된다. 노동자 자치가 핵심 목표이기 때문에 그룹에 대한 충성도가 올라간다. 이를 통해 샤오미는 부분과 전체의 공존이라는 홀로닉스 개념의 핵심을 성취한다.

컨설턴트 브라이언 로빈슨Brian Robinson만큼 홀로닉스에 대해 잘 정의된 경영전략을 수립한 사람은 거의 없다. 그는 이러한 이상적인 조직 설계를 쾨슬러에서 직접 차용한 용어인 '홀라크러시 holacracy'라고 부르며,[20] 자신의 회사인 홀라크러시원HolacracyOne를 통해 이를 상표로 등록했다.

로빈슨의 홀라크러시는 권위, 종속성, 통제력에 기반한 피라미드 구조가 아니라 개인이 자신의 '직책'보다 '역할'에 의해 정의되는 '순환 구조'를 강조한다. 그런 사람들은 자신의 역할에 관한 의사결정에서 자치권을 갖지만, 행동에 대한 결정을 하기 전에 순환 구조 내의 '긴장 tension'에 대처해야 하며, 다른 역할에 대한 통제권은 갖지 않는다.

온라인 신발 쇼핑몰 자포스닷컴Zappos.com은 홀라크러시원 모델의 전형이다. CEO 겸 창업자인 토니 셰이Tony Hsieh는 거의 10억 달러의 가치가 있지만,[21] '예측할 수 없는 무작위성을 정말로 좋아하기 때문에' 홀라크러시의 열정적인 신자가 되었고, 라스베이거스의 공동 트레일러 공원에 있는 22제곱미터의 에어스트림Airstream 캠핑카에서 산다. 토니 셰이는 회사를 재정비해 더 이상 자신 또는 다른 사람이 회사를 좌우하는 걸 방지하려고 한다. 자포스Zappos는 자사의 웹사이트에서 다음과 같이 홀라크러시를 설명한다.

"홀라크러시는 현재의 하향식 예측 제어 패러다임을 권력 분배를 통해 제어를 달성하는 새로운 방식으로 대체합니다. 그것은 조직의 핵심 프로세스에 급속한 발전을 불러일으키는 새로운 '운영체제'입니다."

토니 셰이는 대도시에서 일어나는 일을 본보기로 삼기를 원한다고 말한다. 기업이 확장됨에 따라 전통적으로 기업의 생산성이 떨어지는 것을 받아들이기보다는 도시 지역이 두 배로 커질 때마다 거주자 일인당 혁신과 생산성이 15퍼센트 증가한다는 사실을 강조하는 것이다.

홀라크러시를 구현하는 것은 쉽지 않다.[22] 특히 토니 셰이가 2012년 개혁을 시작하기 전까지 전통적인 구조로 1999년부터 운영해온 자포스와 같은 회사에서는 더욱 쉽지 않다. 2015년 3월에 회사 직원 1500명에게 이메일을 보내 새로운 문화를 받아들일 수 없는 사람들을 위한 권고사직을 제안했을 때 놀라울 만큼 높은 비율인 직원의 14퍼센트가 이를 받아들였다. 지금으로서는 자포스의 실험이 실패한 거라고 판단하기에는 너무 이르다. 실제로 변화에 저항하는 사람들을 정리하는 것은 성공을 위해 필요한 것일 수 있다.

이런 종류의 아이디어에서 흥미로운 점은 그것이 가장 높은 수준에 도달할 때, 덜 억압적이고 더 평등주의적이며 사람들로 하여금 최고의 자질을 펼칠 수 있도록 해주는 새로운 사회적 합의를 다시 구상할 수 있다는 것이다. 이는 수세기 동안 철학자들과 정치학자들을 고민하게 만든 매우 고상한 목표다. 하지만 그런 아이디어가 소셜미디어 시대에 이 목표를 달성하는 데 어떻게 도움이 될 수 있을까?

칼턴대학교의 지능형 시스템 설계 연구원인 미핼라 율리에루 Mihaela Ulieru가[23] 한 가지 로드맵을 제시한다. 아마도 놀랍지 않게 그것은 우리가 서로를 대하는 방식과 우리 문화의 사회적 관례에 따라 달라질 수 있다. 그녀의 말에 따르면, 홀라키 조직 설계의 필수 요소는 홀론의 근본적인 이중성을 의심할 여지없이 인정하는 것이다. 이에 따라 개인은 독립적인 주체인 동시에 더 넓은 집단 집단에 소속된 구성원으로 정의된다. 사람들이 동시에 두 가지 다른 방식으로 세상을 인식하는 것을 받아들여야 한다고 그녀는 말한다. 그중 하나는 '주관적/객관적 인식 방법'으로서, 그녀는 이를 모든 개인(주체)이 객관적으로 동의할 수 있는 5킬로그램 무게의 식료품 가방을 예로 들어 설명한다. 다른 하나는 '주관적/주관적 인식 방법'으로서, 이는 세상에 대한 '개인의 주관적이고 사적인 내적경험에 뿌리를 두는' 접근법이다. 후자의 견해는 '객관적으로 5킬로그램인 식료품 가방이 운동선수에게는 주관적으로 가볍지만 약한 노인에게는 무거울 것'이라고 인정한다. 서양 사회는 첫 번째 관점을 지나치게 강조하면서 일반적으로 사람들이 세상을 인식하는 방식의 주관적인 차이점을 무시해왔다고 율리에루는 말한다.

따라서 후자를 우리의 의사결정 체계에 통합하는 것(그녀는 이를 공감을 필요로 하는 실천이라고 말한다)이 홀라키 시스템을 설계할 때 우리가 직면하는 가장 큰 과제다.

율리에루의 계획이 최적의 소셜미디어 세계에 적용된다면 어떻게 될지 상상해보자. 현재의 소셜미디어에서는 주관적/주관적 인식 모델을 위한 공간은 별로 찾아볼 수 없다. 트위터에서 트롤과 입이 거친 사람들의 모든 인신공격과 성급한 결론은 타인의 주관성에 대한 이해 능력 부족을 여실히 보여준다. 공유된 생각의 메아리가 외부인의 정체성을 '무슬림 극단주의자들', '기독교인들', '자유주의자들', '보수주의자들' 같은 포괄적 분류로 대상화하는 유유상종 팔로워 그룹들의 모임도 역시 도움이 되지 않는다. 사회 유기체는 자연스럽게 보다 균형적이고 호혜적인 관계로 진화하게 될까? 또는 자신에게 유리한 대로 관점을 왜곡시키는 기생충들의 영향력이 사회 유기체에서 들끓는 위험을 우리는 감수해야 할까? 공감과 감정이입의 주관적/주관적 시스템이 사회 유기체의 예정된 진행 방향일까, 아니면 그런 미래에 도달하기 위해서 의도적인 정책 조치가 필요할까? 그런 미래가 가능하기는 할까?

6장에서 우리는 감성적인 단어와 이미지를 통해 공감대를 형성하기 위해서 소셜미디어가 어떻게 사용될 수 있는지를 논의할 것이다. 나의 희망은 사회 유기체가 창조적이고 혁신적인 공동체로서 번영할 뿐만 아니라 우리의 놀라운 다양성을 더 많이 받아들이는 인류애의 광장으로 진화하도록 우리가 협력하는 것이다. 그러나 그런 과제를 논의하기 전에, 우리는 먼저 유기체 자체의 작동 방식에 대해 좀 더 깊이 알아볼 필요가 있다. 이제 밈 코드를 탐험할 시간이다.

4장

밈 코드의 해독

아이디어는 어떻게 바이러스처럼
확산되는가

어떤 사람이 '워터게이트'라는 단어가 무엇을 의미하는지 설명해달라고 요청하면 당신은 뭐라고 말하겠는가?

대부분의 사람들은 1974년 리처드 닉슨을 강제로 물러나게 만든 정치 스캔들을 인용하기 쉽다. 몇몇 사람은 그 격렬한 정치적 사건에 붙어 있는 이름이 워싱턴 호텔과 사무실에서 유래했다고 설명할 것이다. 그 호텔은 닉슨이 1972년 민주당 전국 위원회에 침입해 도청을 하도록 명령한 곳이다. 역사적 퀴즈 마니아라면 호텔 이름 자체가 인근 포토맥강과 체사피크-오하이오 운하를 제어한 19세기 수문을 의미한다는 걸 알 것이다.

'워터게이트'라는 용어의 기능적·역사적 기원은 우리가 의미의 변천을 경험하면서 다음 세기의 다양한 시기에 있었던 흥미로운 여정을 감상할 수 있게 해준다. 닉슨 스캔들 이후 접미사 '-게이트'가 갖는 강력한 기호학적 역할을 살펴보자. '-게이트'는 이제 특정한 명사에 붙이면 스캔들, 음모 또는 은폐가 있는 모든 사건에 대한 포괄적인 기호로 작용한다. 나는 정치와 역사에 무관심한 Z세대가 '-게이트'에 이런 의미가 들어 있음을 어렴풋이 인식하지만 1974년 스캔들은 아무것도 모를 거라고 추측한다. 이런 주제에 대해 위키피디아 항목을 검색하면 '-게이트' 접미사가 붙은 128가지 스캔들이 나열된다.[1] 그중 유명한 것은 다음과 같다. 빌리게이트Billygate(지미 카터 대통령이 괴짜 형제를 통제하지 못한 사건), 니플게이트Nipplegate(자넷 잭슨이 음악보다 가슴 노출로 더 유명해진 사건), 모니카게이트Monicagate

(백악관, 시가 등), 디플레이트게이트Deflategate(톰 브래디, 미식축구, 공기압). 가장 주목할 만한 점은 넷스케이프 브라우저 출시(1995) 이전의 사건은 17개에 불과하며 페이스북이 등장한 2004년까지 일어난 사건은 21개뿐이라는 것이다. 인터넷이 '-게이트' 기호에 대한 궁금증을 유발했다. 이제 소셜미디어가 그것에 가속도를 붙인다.

'-게이트' 접미사는 아이디어가 다른 사람들에게 전달되고 공유되어 모방, 복사, 복제된 후 새롭고 창조적인 방법으로 적용되어 문화를 만들어내는 정보 단위 또는 정보 패킷인 밈의 훌륭한 사례다. 밈은 단어와 언어에 국한되지 않으며, 그림과 기타 예술형식, 사진, 노래 또는 노래의 일부분, 옷차림, 몸짓, 새로운 발명품, 제품의 일부 또는 작업 프로세스 등 모든 형태의 표현 방식으로 나타난다. 수적으로 무한대인 (또는 적어도 무한대로 접근하는) 이 개념적 패킷은 우리 문화의 기본 구성 요소, 즉 사회적 DNA다. 우리가 사회 유기체를 이해하려면 이 아이디어를 머리에 새기는 것이 중요하다.

생물학자, 진화론자이자 우리에게 이 아이디어를 제공한 사회평론가인 리처드 도킨스의 말을 인용하면, 밈은 모방 과정을 통해 뇌에서 뇌로 전달되는 '문화의 전달 단위'라고 할 수 있다. 이 용어를 생각해내기 위해 도킨스는 '모방된 것'을 뜻하는 그리스어 'mememe'를 차용해 'gene(유전자)'처럼 발음되도록 의도적으로 짧게 만들었다. 1976년 진화론의 고전인[2] 《이기적 유전자》의 후반부에서 그 아이디어를 도입했을 때, 도킨스는 밈과 유전자 사이의 유사점을 강조했다. 그 유사점은 자기 복제라는 본질을 가진 개체라는 것이었다. 번식과 진화에 대해 일반화된 '종의 생존survival of the species' 이론을 거부하면서《이기적 유전자》는 두 과정 모두 미래로 자신을 복제하기 위해 서로 경쟁하는 유전자를 반영한다고 주장했다(이 아이디어는 각 유전자가 재현될 때까지 살아남을 수 있는 더 나은 기회를 제공하는 속성을 숙주 생물에 지령해서 거주 유전자가 숙주 생물의 자손 내부에서 복제될 확률을 높인다는 것이다. 도킨스는 인체를 유전자를 위한 '생존 기계'라고 불렀다). 도킨스는 밈이 이와 동일하게 복제되려는 내재적 욕구를 갖고 기능한다고 말했다. 유전자가 생물학적 삶의 진화를 주도하는 기본적인 자율 복제자라면, 밈은 인간 문화의 진화를 결정하는 자동 복제자라고 규정했다.

그것은 탁월한 이론이었고, 내가 소셜미디어를 이해할 수 있는 경험을 쌓는 데 도움이 되었다. 밈이라는 개념은 나에게 사회 유기체가 성장하고 진화하는 방법을 파악하고 대중적인 (전염성 있는) 아이디어의 힘이 한 사람에게서 다른 사람으로 전달되는 것을 촉진하는 핵심적인 밈의 본질로 승화될 수 있는 방법을 이해하는 데 필요한 기본 틀을 제공해주었다. 나는 밈이 우리의 복잡한 생각을 다른 사람들이 흡수하고, 다시 작업하고, 다시 전달하고, 도달 범위를 넓힐 수 있도록 소화 가능한 형태로 형성하는 방식을 확인했다. 이 아이디어를 더 깊이 분석해서 우리가 유전자에 대해 아는 것과 비교해보면 그 의미가 더욱 분명해진다.

우리는 유전자가 서로 연결되어 DNA 가닥을 형성한다는 것과 그 아름다운 이중나선 구조가 우리 각자의 고유한 개성을 만드는 유전

암호라 불리는 모든 지시 사항을 담는다는 걸 안다. 또한 유전자는 우리의 복잡한 신체를 구성하는 단백질(우리의 하드웨어와 소프트웨어)을 전사transcribe한다. 밈도 비슷한 일을 한다. 여러 밈이 함께 모여 다른 아이디어 위에 새로운 아이디어를 구축함으로써 일련의 홀론적 기반을 형성한다. 그 과정은 성공적인 시계 제작자의 모듈화된 조립 방법을 따르며, 3장에서 설명했듯이 아서 쾨슬러는 이 예시를 사용해 자율적/종속적 이중성의 계층구조를 설명했다. 이 작은 구성 요소들이 지식의 총체와 이해의 양식이 구축되는 계층이다. 그것은 사회 유기체가 자신의 구성 요소인 '세포들(우리의 두뇌)'의 상호 연결을 통해 문화적 생산이 진행 중인 과정에서 끊임없이 해독하는 밈 코드를 구성한다. 우리는 이 코드를 다른 사람들로부터 문화로서 '상속'받는다. 동일한 기본 문화 코드(각각의 새로운 밈을 해석하고 통합하기 위해 필요한 전제 조건)를 공유하는 사람들 사이에서 밈의 전달이 이루어지기 때문에, 이러한 문화적 수용 과정은 사람들이 세상을 보고 이해하는 방식에 차이를 만든다. 코드의 양상은 한 미국인을 컨트리 음악 팬으로, 다른 한 명은 1970년대 디스코 애호가로 정의할 수 있다. 그러나 둘 다 멜로디의 단음으로 구성된 단조로운 동양 형식보다는 서구 세계를 지배하는 화음 진행의 대위법 형식으로 된 음악을 선호하도록 구성되었다. 우리의 밈 코드는 개인적인 취향, 선호도, 세계관을 가진 자유로운 생각의 분명한 매개체로서 우리의 성격을 결정한다.

그러나 밈 코드는 또한 우리가 다른 사람들과 공통적으로 가지는 주체성을 수립해 더 넓은 문화와 하위문화를 만들어내도록 한다. 이것은 우리의 유전 코드가 수행하는 역할과 일치한다. 유전 코드는 개인으로서 우리의 존재를 정의하고 우리가 인간, 포유류, 동물 등과 같은 더 넓은 범주의 생물학적 분류에 속한다는 것을 확인하고 규정한다. 우리의 밈 코드가 문화적 소속이라는 더 넓은 맥락 속에서 우리의 개별성을 자리 잡게 하는 것이다.

이것이 소셜미디어에 대해 어떤 의미를 갖는지 알아보기 전에 사회 유기체에서 무엇이 밈 코드에 포함되고 무엇이 배제되는지를 결정하는 방법을 살펴보자. 여기서 도킨스의 광범위한 진화 이론이 유용해진다. 그의 설명에 따르면, 유전자가 생존하고 복제하기 위해 끊임없이 서로 경쟁하는 것처럼 밈도 서로 경쟁한다. 밈의 경우 경쟁은 각 뇌에 부여되는 제한된 '컴퓨팅' 리소스, 즉 메모리, 정보처리 용량과 시간을 차지하려는 것이다. 나중에 자세히 논의하겠지만, 바이러스가 생물학적 세포에 기생하는 것처럼 성공적인 밈은 우리 뇌의 수용체에 부착된다. 가장 인기 있는 것으로 떠오르는 밈은 뇌에서 뇌로 전파되면서 많은 사람들의 수용체에 반복적으로 부착될 수 있다. 그러한 지속성을 갖는 몇몇 밈은 자신의 뿌리라 할 수 있는 최초의 인간 두뇌의 소유자에게 거의 영원한 문화적 권력을 부여하고, 두뇌를 품은 육체보다 더 오래 살아남는 힘을 부여한다. (베토벤의 음악 작품은 그의 '밈복합체memeplex'에 작곡가가 결코 가질 수 없는 불멸을 주었다.) 그러나 덜 공명resonant하고 덜 지속되는 밈조차도 사회 유기체의 문화를 형성하는 데 일정한 역할을 할 것이다.

밈은 전염성 있는 아이디어라고 설명할 수 있다. 이것이 생물학적 렌즈를 통해 밈의 확장을 관찰하는 방식이 매우 유용한 또 다른 이유다. 그러한 전염성이 없다면 지식은 전파되지 않을 것이고, 정보는 정체되어 활용되지 않을 것이며, 문화는 진화하지 못할 것이다. 소셜 미디어 마케팅 전문가인 댄 자렐라Dan Zarrella는 이렇게 말했다.

"당신을 둘러싼 세상은 밈에서 만들어졌다.[3] 당신이 보거나 만지는 모든 것이 전염성 있는 아이디어다. 당신이 앉아 있는 의자, 당신이 사용하는 컴퓨터, 당신이 비용을 지불하는 일은 누군가가 아이디어를 만들어 확산시키지 않았다면 존재하지 않았을 것이다. 좋은 일뿐만 아니라 나쁜 일도 마찬가지다. 인류의 역사는 전염성 있는 아이디어의 역사다."

따라서 포착되는 아이디어가 매우 중요하다. 그러나 그렇지 않은 아이디어는 어떻게 될까? 누군가의 머릿속에서 떠올랐지만 성공적으로 전달되지 못해서 밈 상태로 진화하지 않거나 몇 차례의 복제를 거치지 못하는 정보 패킷의 경우는 어떻게 될까? 베토벤은 살아남은 밈이 자신의 〈9번 교향곡〉과 함께할 만큼 적절한 조합을 발견하기 전에 잠재적으로 감동적인 음악을 무수히 폐기했다. 그렇게 사라진 음악 부분은 인간 존재에 의미를 부여하는 영원한 영화의 자기 설계적인 감독인 우리 문화의 진화 알고리즘이 수천 년 동안 편집실 바닥에 내버려두었던 무수한 잠재적 밈의 일부였다. 이 잃어버린 밈이 그 영화에 등장했다면 인간의 본질에 대한 우리의 인식이 무척 달라졌을 걸 생각하면 너무나 안타깝다.

생물학적 진화와 마찬가지로, 밈에 대한 선택 과정에서 본질적으로 목적이 있거나 진보적인 것은 없다. 밈은 실질적으로 좋은 아이디어일 필요는 없는 것이다. 세계는 베이컨 도넛, 단검, 파시즘 등 그런 밈으로 가득하다. 마찬가지로 정말로 좋고 유용하지만 성공하지 못하는 밈도 많다. 이를 염두에 두고 소셜미디어의 긍정적인 문화적 영향과 부정적인 문화적 영향을 모두 탐색하는 것이 필요하다.

밈은 전달되고 공유될 때마다 유전자의 돌연변이와 비슷한 변화를 겪는다. 이런 변화는 미약할 때도 있고 거대할 때도 있지만, 밈적인 돌연변이의 평균 속도는 일반적으로 유전자의 생물학적 돌연변이 속도보다 훨씬 빠르다. 이러한 변화는 '환경'의 변화에 적응해 밈이 생존하는 데 도움을 준다(여기서 환경이란 밈이 존재하는 역사적인 맥락을 말한다). 이런 식으로 오래된 밈이 새로운 밈을 낳는 과정이 반복되면서 우리 문화는 변화하고 발전한다. 사회 유기체의 이러한 번식과 변화 과정은 생물체가 번식하고 적응하고 진화한다는 우리의 생물학적 규칙 6번과 7번을 반영하는 것이다.

워터게이트로 잠시 돌아가보자. 우리가 이 진화적 개념을 그 사례에 적용하면, '워터게이트'가 어떻게 생존하고 적응하고 밈으로 지속되는지 알 수 있다. 생물학적 진화와 마찬가지로 워터게이트는 거대한 설계의 결과라기보다는 사고와 우연의 결과로 다양한 변화를 겪었다. 19세기 초 워싱턴에서 '워터게이트'는 단지 강물을 제어하는 기술을 설명하기 위해 '물water'과 '문gate'이라는 단어가 결합된 용어였다. 그 기술이 적용되는 지리적 장소에 그런 명칭을 부여하는 것이 필요하다고 도시 거주자들이 생각하면서 이 단어의 조합은 제한된 의미의 공감대를 얻는 경쟁에서 승리했다. 그래서 '물의 문water gate'이라는 개별적 사물의 밈은 '워터게이트watergate'라는 장소의 밈이 되었다. 그런 다음 1960년에 '워터게이트'는 이탈리아계 부동산 개발업자의 뇌리에 성공적으로 새겨졌다. 이 호텔 개발자는 '워터게이트'가 워싱턴 D. C.에 건설하기로 계획한 호텔의 명칭으로 적합하다고 생각했다. 왜냐하면 발음도 매력적이었고 호텔이 들어설 개발 현장의 지명이기도 했기 때문이었다. 14년 후 이 호텔의 이름이 전설적인 《워싱턴 포스트》 조사를 촉발시킨 도청 현장으로 신문기자, 편집자와 독자들의 마음속에 각인되면서 '워터게이트' 밈은 '워터게이트 사건'으로 돌연변이를 일으켰다. 《뉴욕 타임스》의 칼럼니스트 윌리엄 사파이어William Safire가 새로운 스캔들을 기사화하기 위해 '베트남Vietnam' 같은 단어에 '-게이트'를 붙였고, 이를 통해 '워터게이트 스캔들'은 각종 '-게이트' 밈을 낳았다.* 그의 칼럼은 이 새로운 밈을 전파하는 데 효과적이었다. 그 이유는 소셜미디어가 아직 등장하지 않은 당시에는 신문의 막강한 '영향력' 덕분에 많은 사람들이 그의 기사를 읽었고, 새로운 스캔들이 독자들의 마음속에 너무나 강력하게 공명했기 때문이었다. 이로 인해 '워터게이트' 밈은 미국인들의 집단의식에 깊이 각인되면서 한 음절에 엄청난 상

• 과거 닉슨 대통령의 연설문 작성자였던 윌리엄 사파이어는[4] 워터게이트 스캔들에 대한 관심을 희석하려는 의도에서 다른 여러 '-게이트'에 대한 논의가 이루어진 부분이 있다고 인정했다.

징적 힘을 갖는 단어가 되었다.

도킨스가 40년 전에 《이기적 유전자》의 논지를 더 광범위하게 뒷 받침하는 개념으로 '밈'이라는 아이디어를 도입한 후, 밈은 문화 진화의 영역에서 완전한 학문 분야를 창출했다. 자연스럽게 그것은 밈학memetics이라고 불린다. 유전학이 유전자를 연구해 생명의 비밀을 밝히는 것처럼, 밈학은 밈을 연구함으로써 문화의 코드를 해독하는 것이다.

사회학자와 인류학자들의 진지한 고려에도 불구하고 밈학은 그 지지자들이 추구하는 의심할 여지없는 정당성을 얻기 위해 대체로 힘겨운 과정을 겪었다. 도킨스의 이론은 우아하지만, 밈의 개념은 명확하게 규정되지 않는다. 물리적 DNA 가닥 내에서 확인되고 분리될 수 있는 유전자와 달리 밈에는 물리적 특성이 없다. 정밀성이 부족한 것이다. 밈이 존재한다는 증거는 없다. 유전자를 객관화해 '사물'로 분명하게 식별할 수 있게 됨으로써 《이기적 유전자》의 주제이자 근본적인 아이디어(복제라는 단일 목표를 추구하도록 미리 프로그램된 유전자가 생명 진화의 원동력이라는 아이디어)가 더 쉽게 받아들여질 수 있었다. 그러나 밈은 자체적인 정보가 포함된 정보 덩어리이기 때문에, 밈이 생성되는 인간 두뇌의 외부에 유전자와 같은 종류의 자율적인 매개체가 존재한다고 보기는 어렵다.

하지만 도킨스가 다윈처럼 시대를 앞서간 인물일 수도 있다. 현미경이 향상되고 과학자들이 DNA가 어떻게 한 생명체에서 다른 생명체로 옮겨가고 미묘하게 변화했는지를 연구할 수 있는 20세기가 되어서야 위대한 생물학자 다윈이 완전히 옳았다는 것이 입증되었다(심지어 지금도 창조론자들과 지적설계론자들은 다윈을 부정하려고 필사적으로 노력한다). 마찬가지로 신경화학이 발전해 과학자들이 한 사람의 뇌에서 다른 사람의 뇌로 생각과 아이디어가 전달되는 경로를 정확하게 밝혀낼 수 있는 시점도 그리 멀지 않을 것이다. 신경 영상 neuro-image 기술의 새로운 발전이 이 목표를 향해 나아간다. 2015년 인디애나대학과 스위스 로잔대학 연구 팀은[5] 소셜 네트워크에서 생성된 정보가 인간의 두뇌에서 독특한 반응을 일으키는 것을 보여주는 연구 결과를 발표했다. 우리는 밈에 대한 과학적 정의에 점점 가까워지는지도 모른다.

우리는 첨단 뇌파 모니터가 없더라도 사람들 사이에서 아이디어가 공유되는 방식을 연구할 수 있는 강력한 도구를 갖는다. 그건 바로 소셜미디어 네트워크가 연결되고 상호작용하는 방식에 대한 데이터를 지속적으로 축적하는 수십억 대의 컴퓨터다. 이 거대한 정보 풀은 디지털 콘텐츠 패키지로 표현되는 아이디어가 상호작용하는 두뇌 공동체 사이에서 복제되고 공유되는 방식에 대한 차트와 그래픽 표현을 제공한다. 이 새로운 데이터 지도는 밈이 도킨스가 말했던 것과 매우 유사한 방식으로 작용함을 보여준다.

소셜미디어 소프트웨어 플랫폼은 가능한 한 가장 유연한 방식으로 아이디어 공유 기능을 촉진시키도록 설계되었다. '공유', '리트윗', '리블로그' 버튼 같은 이른바 '마찰 없는 공유' 도구는 밈을 훨씬 쉽고 자연스럽게 복제하도록 만들어준다. 이러한 기능의 추가는 시장 수요에 대한 자연스러운 대응처럼 보인다. 매초마다 7000개의 새로운 트윗이 트위터에 게시되고, 1000개의 새로운 이미지가 인스타그램에 업로드되며, 700개의 새로운 블로그 아이템이 텀블러에 게시된다. 이런 데이터는 사람들이 밈과 같은 콘텐츠 패키지를 공유하는 것을 정말로 좋아한다는 사실을 보여준다.

'밈'이라는 단어가 소셜미디어 시대에 새로운 의미를 부여한 것은 우연이 아니다. 밀레니얼 세대와 Z세대는 그들이 재현하고 공유하는 공식에 맞을 때 사용자에게 거의 중독적인 효과를 발휘하는 이미지와 단어의 유머러스한 결합을 묘사하기 위해 밈을 받아들였다. 몇몇 밈은 인터넷 시대 이전의 영화배우나 팝스타가 그랬듯이 우리 시대의 상징이 되었다. 때때로 밈은 특정 사진의 위아래에 일반적으로 텍스트가 추가되는 표준화된 형식으로 등장한다. 'Grumpy Cat(까칠한 고양이)', 'Success Kid(성공한 꼬마)' 또는 'Bad Luck Brian(불운한 브라이언)' 등이 그런 예라고 할 수 있다. 나는 그런 밈 제작을 최초의 진정한 대중적 공동 작업 예술형식이라고 본다. 기본적인 밈 코드가 변형되면서 사회 유기체가 그 밈의 진화를 주도하는 것이다. 이 밈은 그것이 살아가는 특정 환경에 의해 정의된 새로운 생명체다. 이 경우에 특정 환경은 GIF, 사진, 유튜브 동영상 같은 특정 매체의 규칙이다. 제2차 세계대전 당시의 영국 포스터 'Keep Calm and Carry On(침착하게 하던 일을 계속하라)'처럼 부활해서 수많은 패러디를 양산한 순수 텍스트 밈도 있다. 어떤 것은 'Pepe the Frog(개구리 페페)'나

인터넷 밈 열풍의 원조 격인 'Dancing Baby(춤추는 아기)'처럼 정적이거나 움직이는 이미지 형태를 취하기도 한다. 웹 인형극 〈홈스타러너Homestar Runner〉에 대한 경의에서 '총독님Doge'이라는 호칭을 붙인 시바이누 견Shiba Inu dog의 이미지에 팬들의 커뮤니티가 의도적으로 틀린 문법으로 어울리지 않는 긍정적인 말을 붙이는 경우나 포토샵된 트윙키Twinkie 이미지, 비트코인과 비슷한 암호 화폐의 상징인 도지코인dogecoin처럼 카테고리를 벗어나는 사례도 많이 존재한다. 이것은 무얼 의미할까?*

공동으로 재미를 만드는 이런 작업이 무의미한 것처럼 보일 수도 있지만, 그들이 발휘하는 인간적인 창의력의 세계적인 흐름에는 분명히 인상적인 점이 존재한다. 인터넷이 제공하는 역사의 자취 때문에 새로운 대중 과학 분야가 등장했다. 노우유어밈Knowyourmeme 사이트는 다양한 인터넷 밈의 역사에 대한 상세한 분석을 제공한다. 텀블러는 자체적인 밈 도서관을 운영하고 있다. 초점은 전형적으로 어딘가에서 어떤 장난꾼이 특정 사진이나 이미지에서 영감을 얻은 다음 그것에 동반하는 재치 있는 말을 고안하기로 결정한 후 시작되는 밈의 종류에 있다. 장난꾼이 그 조합을 소셜미디어 플랫폼에 게시하면서 전파가 이루어진다. 가장 성공적인 밈은 단순한 공유를 뛰어넘어 기본 밈의 개념을 확장시키는 새로운 언어유희를 불러일으킨

---

* 이 책에서 언급한 대부분의 인터넷 밈과 기타 이미지는 구글을 검색하면 해당 내용을 쉽게 확인할 수 있다.

다. 이것은 사용자가 신속하게 사진을 '밈'으로 만들 수 있게 해주는 퀵밈QuickMeme과 밈제너레이터MemeGenerator를 비롯한 전체 앱 산업의 도움을 받는 집단지성적인 유머라고 할 수 있다.

거의 모든 경우에 창조적인 상상력의 진행 과정의 표준화된 기초로 작용하는 핵심적 예술 형태가 있다. 그것이 밈의 본질이라고 볼 수 있다. 대표적인 '조언 동물advice animal' 구조에서는 사진 위에 미리 설정된 문장이 나타나고 아래쪽에는 정곡을 찌르는 문장이 나타난다. 하이쿠, 소네트 또는 (소셜미디어와 비교하자면) 140자짜리 트윗, 6초짜리 바인과 같이 제한적인 이 구조는 창의력의 통로가 되는 특정한 예술형식을 만들어냈다. 그러나 엄격한 텍스트와 그림 형식이 없는 경우에도 핵심 모티브의 반복과 순환이라는 아이디어는 인터넷 밈 현상의 핵심 요소다. 새로운 농담은 이후의 농담을 위한 참고 자료가 되는 경우가 많다. 생물학적 진화에서 종의 다양성과 생물의 다양성을 이끌어내는 유전자의 돌연변이와 같은 과정이 밈에서 나타나기 시작하는 것이다.

이를 설명하기 위해 2012년 레딧 포스팅에서 시작된 Gersberms (Goosebumps의 잘못된 발음) 또는 Berks(book의 잘못된 발음)라고도 알려진 Ermahgerd(oh my god의 잘못된 발음) 밈의 라이프 사이클을 살펴보자. 그 밈은 치열 교정기를 낀 입을 즐겁게 벌린 채 R. L. 스타인의 소설 《구스범스Goosebumps》 시리즈 세 권을 든 10대 소녀의 사진으로 시작되었다(이 사진의 주인공은 나중에 베니티 페어 Vanity Fair에 의해 현재 피닉스에서 간호사로 일하는 매기 골든버거Maggie

Goldenberger의 10년 전 모습으로 밝혀졌다). 한 레딧 유저가 치열 교정기 때문에 이상해진 소녀의 발음을 재미있는 소재로 삼아 이 밈의 핵심 요소로 설정하면서, 'GERSBERMS…MAH FRAVRIT BERKSGoosebumps…my favorate books'(구스범스…내가 가장 좋아하는 책)라는 단어를 추가해 퀵밈으로 이미지를 만들었다.

이 이미지는 돌연변이 바이러스가 한 숙주에서 다른 숙주로 전파되는 것처럼 여러 형태로 변형되고 다른 밈으로 변신했다. 'ERMAHGERDOh My God'라는 문구가 특히 인기를 얻었고, 밈은 원래의 '숙주'(매기 골든버거의 사진)에서 깜짝 놀라는 표정을 띤 채 새로운 문구가 추가된 운동선수, 고양이, 개, 아기의 사진으로 퍼져나갔다. "Ermahgerd…shertpertOh My God…shotput(오마이갓…투포환 선수야)", "Ermahgerd…merlkbehrnsOh My God…Milk-bone(오마이갓…애완동물 사료야)", "Ermahgerd…brehst merlkOh My God…breast milk(오마이갓…모유야)". 다른 재미있는 이미지는 단어 자체에서 영감을 얻었다. 엄지손가락을 치켜올리며 "Ermahgerd…Gerd!!!(Oh My God…God!!!)"라고 외치는 예수 그리스도가 등장했고, 브루스 윌리스의 얼굴을 매기 골든버그의 얼굴로 바꾼 〈ErmahgerddenArmageddon(아마겟돈)〉 영화 포스터도 인기를 끌었다. 이 놀이는 사용자가 모든 문장을 ermahgerd 발음으로 변환할 수 있게 해주는 웹 디자이너 J. 밀러의 온라인 ermahgerd 번역기 앱에 의해 더욱 확산되었다. 이 밈이 인기를 얻으면서 관련 제품을 판매하는 업체도 등장했다. 'Sterberks Kerfer'(starbucks coffee)라는 단어로 둘러싸인 로고 안에 매기 골든버거의 얼굴을 넣은 티셔츠도 있었다. 유튜브에서 음악 패러디 채널을 운영하는 하드앤펌 Hard'n Phirm은 새는 발음으로 〈Gerl, yer girven mah gersberms〉 (Girl, you're giving me Goosebumps) 뮤직비디오를 제작했다. 이 제는 전설이 된 당시 사진에서 매기가 입었던 것과 같은 스타일로 Gersberms 할로윈 의상이 만들어졌다. 아래의 Ermahgerd의 진화 과정에 관한 그림은 그 놀이가 사람들을 창의적 사고로 이끈 과정을 보여준다. 나는 이것이 생물학적 진화가 생명체의 새로운 계보를 창조하고 동일한 종에 속하는 다른 생물들이 공통된 특징을 공유하는 방식을 보여주는 분류표와 유사하다고 생각한다. 이것은 더 넓은 질서에 속하는 공동 계보의 일부분이 된다.

이론적으로 볼 때, 이런 방식으로 집단 지성화된 창조물과 예술적 부산물이 쏟아져 나오면 창조적 작업으로 생계를 이어온 사람들(우리가 전통적으로 '예술가'라고 불렀던 엘리트들)에게 문제가 될 수 있다. 그들은 대중의 관심을 끌기 위해, 관심이 불러일으키는 재정적 후원과 광고 수익을 얻기 위해 더 이상 자기들끼리만 경쟁할 수 없다. 그들은 전 세계와 경쟁한다. 더구나 이런 놀이의 활성화는 고양이 동영상과 여배우의 노출 사진 같은 사회의 가장 통속적인 흥밋거리에 우리 모두가 빠져드는 것처럼 보일 수 있다. 소셜미디어의 경박함으로 예술과 창조성이 파괴된다는 전문가들의 경고가 넘쳐난다. 파일 공유 사이트인 냅스터Napster의 저작권 위반에 대한 의회 청문회가 개최된

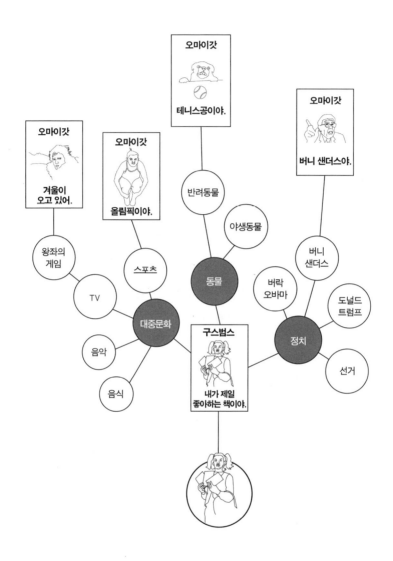

후 셰릴 크로Sheryl Crow와 메탈리카Metallica 같은 뮤지션들은 파일 공유 기술과 불법 복제가 창작 의욕을 말살시킨다고 주장했다.

하지만 이런 종말론은 면밀한 조사에서 나온 것이 아니다. 공급자가 주도하는 시장에 익숙한 유명인이라면 그런 상황이 못마땅할 수도 있지만, 그들처럼 청중에게 쉽게 접근할 수 없는 다른 모든 사람에게는 정반대. 어떤 개인의 입장에서는 자신의 창의력이 소셜미디어에 의해 침해당하는 것처럼 느껴질 수도 있지만, 인간 문화 생산의 총체를 살펴보면 수량, 다양성, 품질 측면에서 그 어느 때보다 예술 작품이 풍부해졌다는 건 분명한 사실이다. 미술품의 끊임없는 수집가이자 영화, 뮤직비디오, 음악의 제작자 겸 홍보자로서 나는 전례 없이 창조적인 활력이 넘치는 시대의 최전선에 서 있었다. 7600만 명의 시청자가 본 유튜브 유저 로자플라이Rozzafly의 'Surprised Kitty(깜짝 고양이)' 동영상이 클래식 첼리스트 또는 다큐멘터리 영화 제작자에게 돌아갈 관심과 수익을 빼앗아갈 수도 있지만, 비관론자들의 '예술의 종말' 이론이 투덜거리는 헛소리가 아니라는 증거는 없다. 사실 나는 우리가 무한한 인간 표현의 르네상스 시대에 살고 있다고 생각한다.

내 말을 무조건 받아들이라는 건 아니다. 2015년에 스티븐 존슨 Steven Johnson은 소셜미디어가 예술적 노력을 파괴한다는 주장이 과연 맞는지 테스트했다. 심층 조사를 통해 그는 그 주장이 사실이 아니라 편파적이고 이해관계가 있는 사람들로부터 나온 것임을 발견했고,《뉴욕 타임스》에[6] '창조의 묵시록은 존재하지 않는다The Creative Apocalypse That was not'라는 제목의 기사를 실었다. 그는 '예술, 디자인, 엔터테인먼트, 스포츠와 미디어 직업' 카테고리의 고용 통계에 관한 미국 노동통계국의 데이터를 분석했다(이 카테고리에는 전통적인 미디어의 통폐합에 의해 정리해고된 많은 언론인이 포함되어 있다). 그 분야에서 일자리 증가는 180만 개였으며, 이는 다른 경제 분야의 일자리 증가 150만 개를 능가했다. 이 카테고리의 수입은 40퍼센트 증가한 반면, 나머지 경제 분야의 수입은 38퍼센트 증가했다. 또한 이 데이터는 '음악가'로 자칭한 사람들의 수가 같은 기간 동안 15퍼센트 증가했음을 보여줬다. 더 넓은 카테고리에서 프리랜서를 배제했기 때문에, 스티븐 존슨은 5년간의 통계조사 데이터를 활용해서 2002년과 2012년 사이에 '독립 예술가, 작가, 공연자'로 분류되거나 고용되는 직업군의 수가 거의 40퍼센트나 증가해 60퍼센트의 매출 증가를 기록한 것을 확인했고, 나머지 경제주체들처럼 그들의 수입이 인플레이션에 따라 증가했다는 사실을 발견했다. 사회에 공헌하는 것 이상으로 벌어들이는 투자 은행가와 임대 사업자들의 터무니없이 많은 소득에 비해 예술가들은 계속해서 훨씬 적게 번다. 스티븐 존슨은 "지난 15년간의 격동이 지금까지보다 더 많은 사람들이 생계를 꾸리기 위해 글을 쓰고 노래를 부르는 경제를 만들어냈다"고 결론지을 수밖에 없었다. 그는 영화와 출판업계의 유사한 경향을 보여준 후, "2000년 메탈리카의 드러머 라스 울리히Lars Ulrich의 주장과는 반대로 '예술가의 다양한 목소리'는 여전히 우리와 함께 있으며 더욱 늘어나는 것처럼 보인다"고 결론지었다. 나는 '사람'을 거부하는 예술을 하는 라스 울리히 같은 이들을 보면 항상 어이없는 웃음이 나온다. 그와 몇몇 다른 이들은 팬들을 수용해서 새로운 유통 경로와 연결해 팬들에게 다가갈 수 있음에도 뒤에 숨은 채

낡은 시스템을 격렬히 고수하면서 경직된 기업형 인간이 되고 만다.

스티븐 존슨의 분석은 창의적 산출물에서 파생된 고용과 소득에 초점을 두었다는 점도 주목할 만한 가치가 있다. 그것은 생계를 유지하기 위한 어떤 시도도 없이 사람들이 현재 생산, 복제, 공유하는 방대한 양의 콘텐츠에 관해서는 아무것도 말하지 않았다. 여기에 매일 업로드되는 1200만 바인, 유튜브의 기발한 모든 동영상, 텀블러 블로그의 창의적인 예술과 레딧의 밈 생성자 군단을 추가하면, 당신은 전례 없이 펼쳐지는 창조적인 힘의 실체를 확인할 수 있을 것이다.

현재 벌어지는 다양한 예술적 혁신에 대해 좀 더 알고 싶다면 디비언트아트DeviantArt 웹사이트를 방문해보라. 디비언트아트 웹사이트는 3억 2300만 개의 독창적인 작품과 3800만 명의 회원, 월간 약 25억의 조회 수를 자랑한다. 또는 아마존의 킨들Kindle 스토어에서 이용할 수 있는 400만 개가 넘는 전자책 중 대다수가 현재 자체 출판된 책이며, 그중 일부는 아마존의 알고리즘 기반 판촉 도구의 도움을 받아 수익을 내고 베스트셀러가 되는 것을 생각해보라. 이제 할리우드는 더 이상 독점적이지 않다. 음악 산업계의 거물인 EMI를 비롯한 음반 회사들은 자신의 노래를 직접 녹음, 제작, 배포, 판매하는 아티스트들과 경쟁한다(나는 오늘날의 음악가들에게 "여러분이 사랑하는 음반사의 배포 시스템은 더 이상 수익금의 75퍼센트를 가져갈 가치가 없으며, 겨우 10달러 정액 요금의 가치만 있을 뿐이다"라고 말하고 싶다. 이는 튠코어 TuneCore 또는 시디 베이비CD Baby 같은 플랫폼에서 노래를 배포하는 데 필요한 금액이다. 실제로 음반사는 고리대금업자처럼 음원 수수료를 떼어가는 낡은 모델이며, 서로 담합해 음악가의 권리에 대해 터무니없이 복잡한 제한을 가한다). 그러나 이러한 경향조차도 우리 사회에서 생산되는 예술의 수량, 품질, 예술적 목소리의 다양성을 정확하게 표현하지 못한다.

예술적 표현은 밈적 표현의 자연스러운 확장이다. 사회가 시대를 통해 보여주듯이 예술은 문화의 성장과 진화를 주도하는 매개체다. 예술적 밈은 그 매개체의 기반이다. 우리는 이제 그 기반에 대한 접근을 기하급수적으로 확장시켰고, 사람들에게 다가갈 수 있는 예술의 힘을 대폭 증가시켰다. 이는 비주얼 노벨visual novel 같은 새로운 예술 장르를 탄생시키는 데 도움을 준다. 비주얼 노벨은 비디오게임 설정의 멀티미디어 기능을 통합해 독자가 줄거리를 진행하면서 캐릭터와 상호작용할 수 있도록 해준다. 비욘세의 비주얼 앨범 '레모네이드'와 같은 새로운 작품도 이와 유사하다. 또한 특정 아티스트나 캐릭터와 관련된 제안을 확장하기 위해 독점 콘텐츠와 '팬 아트'가 점차 통합되면서 예술 창작 과정에 훨씬 더 많은 공동 작업이 이루어진다. 완전히 낯선 사람들이 브랜드화된 예술형식 뒤에 있는 소프트웨어 개발자들과 함께 서로 협력해 네트워크컴퓨터와 특정 예술형식에 대한 공동의 열정으로 결합된 협력적 생태계를 만든다.

이에 대한 놀라운 구현은 '보컬로이드'의 열광적 팬들의 작품에서 발견된다. 그들은 상용화된 음성합성 소프트웨어를 활용해서 특정한 컴퓨터 생성 가상 가수가 특색 있는 목소리로 부르는 노래를 만든 다음, 소프트웨어를 소유한 회사를 포함해서 전 세계에 이 노래를 제공해 함께 듣고 공유한다. 하츠네 미쿠Hatsune Miku가 부른 많은 노래는 이런 공헌에 의해 이루어진 것이다. 하츠네 미쿠는 (영원히) 열여섯 살의 보컬로이드로서 엄청난 인기를 얻고 있으며, 전 세계적으로 매진되는 공연에서 라이브 밴드가 지원하는 홀로그램의 모습으로 열광하는 팬들 앞에 등장한다. 2007년에 '미쿠'를 만든 일본 회사 크립톤Crypton이[7] 발표한 바에 따르면, 이러한 팬 기반의 노력으로 10만 곡 이상의 노래가 정식으로 출시되었고, 17만 개의 유튜브 동영상이 업로드되었으며, 하츠네 미쿠에서 영감을 받은 100만 개의 작품이 탄생했다. 현실의 가수는 하츠네 미쿠가 구현할 수 있는 고음의 목소리, 빠르게 읊조리는 가사, 풍부한 작품을 결코 따라갈 수 없을 것이다. 사실상 하츠네 미쿠는 군집 기반의 홀로닉 생명체이며, 새로운 형태의 녹조류라고 할 수 있다.

이 사례들은 예술 창작 시스템이 수백 년 동안 얼마나 발전했는지를 보여준다. 교회가 하향식 네트워크를 운영했을 때, 허가받은 예술가의 수는 제한되어 있었고, 사용할 수 있는 매체(화가의 캔버스, 작가의 책, 조각가의 대리석)는 예술가의 메시지를 신속하고 광범위하게 배포할 수 있게 설계되지 않았다. 예술은 엘리트만의 전유물이었고, 이는 예술이 문화적 변화에 미치는 영향이 느림을 의미했다. 이후에 인쇄기, 텔레비전과 인터넷 시대 이전의 대중매체가 이런 영향력의 속도를 높였다. 이를 통해 비틀즈는 〈에드 설리번 쇼〉에 출연해 미국 청소년의 패션과 문화에 빠르게 영향을 미칠 수 있었다. 그러나 이 영향력은 여전히 네트워크, 잡지, 신문의 최상위 권력인 게이트키퍼를 통해 통제되었다. 하지만 마침내 예술적 표현의 생산과 전달을 기하급수적으로 확장시킬 소셜미디어가 등장했다.

파트너인 스콧과 나는 전 세계에서 수백 점의 예술 작품을 수집했지만, 이 오래된 '예술 세계'의 안락한 독과점 체제에 대해 본능적인 거부감을 가진다. 우리는 갤러리 현장과 예술을 투자로 보는 군중을 혐오한다. 누군가에게 무엇이 멋있고 예술적인지를 말해주기를 바라는 것은 감동적인 인간성의 표현으로서 예술이라는 개념을 완전히 부정하는 것이다. 많은 사람들이 내게 "어떤 걸 살까요?"라고 묻는다. 나는 "당신을 감동시키는 작품을 사세요"라고 대답한다. 예술적 엘리트주의가 우리의 생각을 왜곡시키는 것은 취향의 속물적인 중재뿐만이 아니다. 그것은 또한 무엇이 '예술'을 구성하는가에 대한 사람들의 정의를 제한한다. 그들은 예술을 독점적인 '산업'의 산물이라고 생각하는 경향이 있다. 특별한 재능을 가진 사람들이 예술가가 아닌 일반인들에게 창의적인 결과물을 제공하는 산업이 예술이라는 것이다. 그러나 소셜미디어에서 '예술가와 일반인'이라는 이분법은 유지되지 않는다. 어떤 면에서 우리 모두는 이제 각자 나름대로의 관점을 가진 예술가다. 이 말은 재능이 균등하게 분배되었다는 뜻이 아니다. (예술, 문학, 음악 세계에서 내가 삼위일체라고 말할 수 있는 건 히에로니무스 보스Hieronymus Bosch, 플래너리 오코너Flannery O'Connor와 토킹 헤드Talking Head 정도뿐이다.) 대중과 직접 대면하는 예술 작품의 총체가 이제는 훨씬 더 넓어졌다는 뜻이다. 포토샵된 밈적 농담, 재미있는 동영상과 자신의 경험에 대한 진심 어린 발언을 게시하면서 우리는 이런 예술의 일부가 되었다. 더욱이 예술가들이 수집가와 관객들과 직접적인 관계를 형성할 기회가 많아지면서 예술 세계는 훨씬 커진다.

'예술' 산업을 정의하는 것이 점점 어려워지면서 '마케팅', '정치' 또는 '뉴스' 산업과의 구별도 어려워진다. 사회 유기체 안에서 이 모든 것을 하나의 혼합된 전체로서 취급하는 경향이 늘어난다. 우리는 사회 유기체의 세포로서, 다른 사람들에게 전달되는 메시지를 결정하는 자율적인 메신저로서 모든 마케팅 노력, 정치적 캠페인과 예술적 표현의 통로가 된다. 우리는 이들 중 하나의 작업을 다른 작업과 구별하지 않는다. 콘텐츠 뒤에 있는 핵심 아이디어가 어떤 식으로든 우리와 공감한다면, 즉 그것이 우리의 자아를 공개적으로 표현하도록 우리가 선택한 방식에 부합한다면, 콘텐츠를 맨 처음 만들었거나 자금을 댄 사람의 목적에 상관없이 우리는 그것과 상호작용하는 걸 선택할 것이다. 우리는 그것에 대해 '좋아요'라고 클릭하거나 다른 사람들과 공유할 수도 있고, 그렇지 않을 수도 있다. 그럼으로써, 우리는 무엇을 분배할지를 결정한다. 분명히 우리 중 일부는 다른 사람들보다 훨씬 큰 영향력을 가진다.

이것은 마케터, 정치인, 저널리스트, 작가, 예술가 모두에게 엄청난 중요성을 갖는 질문을 우리에게 제기한다. 그 질문은 바로 '밈 복제의 통로인 우리는 어떤 콘텐츠가 확산되도록 선택하는가?'이다. 브랜드, 정치인, 예술가는 모두 사회 유기체 세포의 수용체에 접근하기 위해 경쟁하지만, 우리의 두뇌는 더 매력적이거나 적절한 정보를 다루기 위해 필요한 희소한 프로세싱 자원을 낭비하는 정보를 폐기하고, 가능성 있는 밈을 위한 도전을 창출하는 방어막을 구축하면서 진화해왔다. 가장 적절한 성능을 가진 메시지만이 이러한 방어막을 통과해 복제와 전파라는 목표에 도달한다. 그렇다면 밈에 방어막을 통과할 수 있는 가장 좋은 기회를 주는 자질은 무엇일까? 무엇이 메시지를 확산시키는가? 무엇이 전염성 콘텐츠를 정의하는가? 나는 이러한 질문에 대한 답을 모색하면서 비즈니스를 구축해왔다. 나는 그 통찰력을 곧 당신과 공유할 것이다. 그러나 이를 제대로 파악하기 위해서 우리는 우선 세포와 바이러스의 미시적 세계를 여행해야 한다. 그 세계에서 파생된 '바이러스처럼 퍼진다' 또는 '바이러스성 콘텐츠' 같은 표현은 이제 일반화되고 널리 사용되는 문구가 되었다.

바이러스는 독특한 목적을 가진다. 그들은 자기 복제를 위해 숙주 생물 내부의 살아 있는 세포 자원과 유전 물질을 활용한다. 대부분 생물체가 외부 침입에 대한 면역 보호 체계를 진화시켰기 때문에 이러한 적대적 공격자 역할을 수행하는 건 쉽지 않다. 숙주세포를 차지하기 위해 바이러스는 다른 세포로 확산되기 전에 부착, 진입, 복제, 분열이라는 네 가지 단계를 거쳐야 한다. 하지만 바이러스가 각 단계를 통과할 거라는 보장은 없다. 이것은 밈이 성공적으로 복제되고 전파되기 전에 거쳐야 하는 어려운 과정과 매우 유사하다.

바이러스의 생명주기는 캡시드capsids라고 알려진 미시적 운반체 내에서 시작된다. 캡시드는 본질적으로 바이러스의 유전물질을 담는 외부 껍질이다. 캡시드는 생물체에 들어간 다음, 외부 껍질의 특수 수용체를 사용해서 표적 세포의 외막에 있는 민감성 친화 수용체에 결합하기 위해 숙주세포 중 하나에 들러붙으려고 한다. 이는 각 개체 수용체의 단백질 구조에서 호환성이 필요하기 때문에 말처럼 쉽지 않다. 그러나 실제로 그런 일이 일어난다. 우리가 감기에 걸리는 이유가 바로 이 때문이다.

캡시드가 부착되면 바이러스는 자신의 유전물질을 삽입하기 위해 세포로 들어가려고 시도한다. 이를 위해 바이러스는 자신을 영양분 또는 다른 가치를 가진 무해한 분자라고 믿게 만드는 다양한 단백질 기반 신호를 사용해 숙주세포를 속인다. 그런 다음 복제 단계가 시작된다. 이 단계 또한 속임수에 의존한다. 왜냐하면, 바이러스가 숙주세포의 단백질 생산과정('프로그래밍' 기능)을 앞질러서 세포의 유전 암호 대신 바이러스 게놈의 지령을 듣도록 조작하기 때문이다. (이는 해커가 운영체제에 컴퓨터 바이러스를 심을 때와 유사하다. 해커는 속임수를 써서 표적 컴퓨터의 프로그래밍 기능이 원래의 운영체제 코드가 아닌 바이러스의 지령을 따르도록 만든다.) 지휘권을 갖는 바이러스는 자신의 게놈을 여러 번 복제하도록 숙주세포에게 명령한다. 결국 숙주세포는 더 이상 정상적인 기능을 하지 못하고 세포막이 파괴되어 배양된 바이러스의 자손을 유기체의 대사 경로로 퍼트리고, 이들은 새로운 숙주세포를 사냥한다. 그러면 새로운 생명주기가 시작된다. 적어도 점령된 생물체의 면역 체계가 반격을 시작해 침입자를 몰아내기 전까지 이 4단계 과정이 충분히 반복되면서 바이러스는 기하급수적으로 늘어난다.

나중에 우리가 해시태그가 적용된 아이디어와 다른 밈을 추적할 때 볼 수 있듯이, 이들 역시 사람들의 레이더 화면에서 빠르게 벗어나기 전에 비슷한 폭발적인 성장 단계를 거칠 수 있다.

바이러스의 행동과 밈의 행동의 유사점은 그것만이 아니다. 4단계 바이러스 생명주기에 해당하는 밈적 등가물도 있다. 이 생명주기에서 밈은 자신의 숙주(목표 청중의 두뇌)가 자신이 전파되는 걸 돕도록 시도하면서 각 후속 단계로 넘어가기 위해 자연선택 되도록 끊임없이 도전한다.

첫 번째 밈적 등가물은 벨기에 인공 두뇌학자인 프란시스 헤이라이언Francis Heylighen이[8] '동화'라고 부르는 것이다. 우리는 이것을 바이러스의 '부착'과 동등하다고 생각할 수 있다. 여기서 핵심은 밈과 대상 인물의 '친화 수용체affinity receptors' 사이에 일정 수준의 호환성도 필요하다는 점이다. 동화를 달성하기 위해서는 밈의 설계가 숙주 개인의 기존 인식 틀과 일치해야 한다. 두뇌는 빈 공간이 아니기 때문에 숙주의 기존 세계관과 관련 없는 새로운 정보는 쉽게 부착될 수 없다. 따라서 밈은 마음의 패턴인식 능력을 이용한다. 이것은 다른 유형의 단백질을 인식하는 세포의 능력을 이용해서 무의식적인 숙주를 속여 외막을 통해 침투하는 생물학적 바이러스와 유사하다. 또한 패턴인식은 우리 몸이 그러한 공격에 저항하는 중요한 전략이기도 하다. 이른바 인간 세포의 톨-유사 수용체toll-like receptors는 병원체의 패턴을 인식해 이들을 '이물질'로 판단하고 면역 체계에 신호를 보내 방어막을 형성하는 특별한 임무를 수행한다.

소프트웨어 설계에도 유사점이 있다. 패턴인식은 컴퓨터 과학자가 인공지능의 초기 유형을 개발하는 데 사용하는 '기계 학습' 기술의 핵심 요소다. 이러한 인식 기술은 아직 완벽하지는 않지만, 아이러니하게도 흥미롭고 새로운 인공지능 기반의 예술적 기회를 창출한다. 이에 관한 세부 사항은 구글의 '딥 드림즈Deep Dreams' 애플리케이션을 참조하라. 이 인공지능 시스템은 이전에 로딩된 이미지의 사전과 비교해 숙주 이미지의 패턴이라고 '생각'하는 것에 기초한 이미지를 표현함으로써 놀랍고 새로운 시각예술을 창조한다.

이러한 패턴인식에 의한 동화작용은 단지 밈적 과정의 시작일 뿐이다. 우리는 이를 표적 수신자의 '주의를 끄는 것'이라고 부를 수도 있다. 밈의 생존 가능성은 헤이라이언의 명명법을 사용하자면 보존, 표현, 전달의 세 단계로 다시 시험에 들 것이다.[9] 일단 표적의 관심이 나타나고 핵심 아이디어 또는 개념이 동화되면, 표적에 해당하는 사람들이 이 밈을 일종의 메모리에 저장하고 '보존'해야 한다. 다음으로 그들은 적극적으로 그 개념을 '표현'해야 한다. 다시 말하면, 그것에 형태를 부여하고 그것을 명시해야 한다. 마지막으로 그들은 새롭게 표현된 그 개념을 다른 사람들에게 '전달'해야 한다. 그 개념은 소통되어야 한다. 그 시점에 새롭게 복제된 밈은 새롭게 출현한 바이러스 캡시드와 마찬가지로 이 과정을 다시 진행하기 위해 다른 숙주를 찾아갈 수도 있다.

시간이 지남에 따라 (적자생존 알고리즘에 의해) 밈은 표적 청중의 제한된 정보처리 리소스를 획득하기 위해 다른 밈과 지속적으로 경쟁한다. 그러나 아마도 자연계에서 가장 똑똑한 적응체인 바이러스와 마찬가지로, 밈은 돌연변이라는 비장의 무기를 갖는다. 밈의 핵심 아이디어는 생물체의 기본 게놈과 같은 기능을 한다. 즉 그것은 존재의 기본 토대를 제공한다. 그러나 밈은 게놈을 뛰어넘어 한 숙주에서 다른 숙주로 도약할 때 변화할 수 있다. 감기 바이러스도 빠르게 돌연변이되어 매년 제약 업체에 새로운 독감 백신을 개발하도록 강요하지만, 소셜미디어가 밈에 부과하는 급속한 변화에 비할 수는 없다. 우리는 오마이갓Ermahgerd, 성공한 꼬마Success Kid와 기타 소셜미디어 확산형 놀이의 급속히 변화하는 생명력에서 이미 이것을 언급한 바 있다.

저작권 변호사가 그런 변형을 '파생물'이라고 부르는 건 주목할 가치가 있다. 인터넷의 난장판 복제 문화에서 관리가 가능한지 여부에 상관없이 '파생물' 개념은 저작권에 관한 명확한 법적 의미를 지닌다. 그러나 사실 이것은 오히려 건설적인 개념이다. 왜냐하면 아이디어가 확산되고 문화가 반복되는 방식이라는 더 넓은 맥락에서 볼 때, 모방, 차용, 재생산의 과정은 분명히 현실에서 진행되는 밈 복제 과정이기 때문이다. 그것은 지식이 공유되고 개발되는 방법이며, 우리가 사회로서 진화하는 방식이다.

프란시스 헤이라이언은 밈의 복제 가능성(즉 그의 4단계 밈 생명주기를 통과할 가능성)을 높이는 특성의 종류를 분석하고 범주화했다. 그가 동화 단계에서 가치 있는 특성이라고 언급한 것 중에는 명확성과 창의성이 있다. 이는 어떤 콘텐츠(예를 들면 홍보용 트윗)가 객관적으로 다르거나 독특하게 인식되는 방식에 대한 기준이 된다. 그러나 기존 사회 관습에 대한 밈의 순응성conformity이 중요하듯이, 숙주의 기존 인식 틀과 밈의 일관성이 동화와 유지에서 마찬가지로 중요하다는 것을 헤이라이언은 우리에게 상기시킨다. 요약하면 사람들은 새롭고 뚜렷한 아이디어에 주목하는 경향이 있지만, 핵심 아이디어가 이해할 수 있을 정도로 친숙하고 문화적 안전지대에 위치해 있어야 사람들이 그것을 더 잘 흡수하고 보유한다는 것이다.

헤이라이언에 따르면, 밈에 동화되고 유지될 더 좋은 기회를 제공하는 또 다른 특성은 권위다. 다시 말해 정보의 출처는 신뢰할 수 있고 진실하며, 의존할 수 있고 분명히 가치 있는 것으로 인식되어야 한다. 물론 이것이 과학적으로 입증될 필요는 없으며, 충분히 큰 집단의 사람들이 어떤 권위의 느낌을 가지는 것이면 충분하다. 아마도 당신이나 나보다 더 많은 자동차 지식을 가지지는 않겠지만 최고급 람보르기니와 부가티를 수십 대 소유할 경제적 여유가 있는 농구 스타 르브론 제임스LeBron James가 기아차 광고에서 합리적인 가격의 K900 승용차 모델로 등장한 것을 보라. 중요한 것은 중요한 사람에게서 나오는 콘텐츠다.

표현과 전달 단계에서 헤이라이언은 그가 표현력이라고 부르는 특성을 언급한다. 우리는 이 표현력을 밈이나 아이디어가 다른 사람들에게 얼마나 쉽게 전달될 수 있는지를 나타내는 지표로 생각할 수 있다. 기존 경험에 대한 강한 유사성을 가지고 매우 간단한 용어로 표현될 수 있는 새로운 아이디어는 복잡한 개념보다 쉽게 복제될 수 있다. 이런 이유 때문에 진지한 언론인들의 불만에도 불구하고 버즈피드와 허핑턴포스트 같은 사이트는 '클릭 낚시clickbait' 목적의 '목록형 기사listicle' 형식('대학 졸업 후에 입지 말아야 할 18가지 의상', '골든 글로브 시상식에서 27가지 최고의 순간' 등)을 고수하며, 'X라는 사람이 Y라는 일을 한다… 다음에 일어날 일은 당신의 심장을 터트릴 것이다'라는 자극적인 헤드라인을 동영상에 덧붙이는 것이다. 이런 틀에 박힌 문구는 표현하기 쉽고 복제하기 쉽고 예측 가능한 순서의 간단한 패턴을 만든다.*

마지막으로 전달 단계가 있다. 헤이라이언은 밈이 최종 단계로 올라갈 수 있는지의 여부는 홍보에 달려 있다고 말한다. 전통적인 미디어 환경에서 이는 마케팅 관리자가 구매하는 광고 시간과 기사 분량 또는 홍보 담당자의 언론인에 대한 접촉 능력 등으로 해석된다. 그러나 3장에서 논의한 바와 같이, 소셜미디어 시대에 전달 성공 여부는 인적 네트워크에 관한 것이다. 도달 범위는 새로운 밈에 노출된 영향력 있는 사람들의 폭, 연관성, 호소력에 의해 결정된다.

밈이 새 숙주로 전송되면 4단계 복제와 전파 과정이 다시 시작된다. 각각 새로운 표적이 되는 사람들에 대한 목표는 그 사람들의 의

---

* 뉴욕의 벤처 캐피털 회사인 베타웍스Betaworks의 수석 데이터 과학자 길라드 로턴 Gilad Lotan은 버즈피드의 목록형 기사가 얼마나 많이 공유되었는지 조사했다. 평균적으로 볼 때 흥밋거리 목록형 기사의 이상적인 '공유 가능' 횟수는 29번인 것으로 나타났다.

식에 도달해서 같은 방식으로 그들도 밈을 전파해 다른 사람들에 의해 복제되도록 만드는 것이다. 이것은 끝없이 계속되는 차이니즈 위스퍼스Chinese Whispers(귓속말로 전달하기) 게임과 같다. 가장 적합하고 가장 기억에 남는 밈은 각각의 전달을 통해 지속되지만, 가장 허약한 밈은 사람들의 뇌리에 남지 못하고 번역 과정에서 사라지는 것이다.

소셜미디어에서 일하는 마케팅 담당자, 홍보 담당자, 브랜드 관리자에게 가장 어려운 일은 배포 네트워크를 찾는 것이 아니다. 올바른 연결망, 계획과 자금만 있다면 콘텐츠를 대중에게 보급할 수 있는 소셜미디어 배포 네트워크를 구축하는 것은 어렵지 않다. 문제는 최적의 콘텐츠를 찾는 것이다. 메시지가 밈 선택 과정을 통과하고 바이러스성 복제를 달성하는 걸 어떻게 확인할 수 있을까? 디오디언스에서 신규 고객들은 종종 나에게 미완성 동영상을 건네면서 "이 광고를 유행시켜 주세요"라고 말한다. 우리의 광범위한 배포 메커니즘이 자동으로 그런 일을 가능하게 해줄 거라고 착각하는 것이다. 나는 연금술사가 아니다. 콘텐츠가 청중과 공감할 수 있는 올바른 개념 패턴을 갖고 있지 않다면, 나는 그걸 마술처럼 퍼뜨릴 수 없다. 중요한 것은 메시지이며, 밈이 생존하기에 충분한지 여부를 결정하는 내용이다.

그러나 어떻게 밈이 사람들의 마음을 사로잡도록 만들 수 있을까? 어떻게 밈이 대히트를 칠 수 있을까? 이제 우리는 정보를 바라볼 때 실용주의적 사고방식을 뛰어넘어 감성과 맥락이라는 더 불투명한 렌즈를 착용해야 한다. 왜냐하면 소셜미디어에서 일어나는 행동이 그런 특성을 갖기 때문이다. 감성은 밈의 바이러스성을 결정하는 핵심 요소다. 문제는 '어떤 감성이 촉발되는가?'이며, '그것이 밈의 전파에서 어떤 역할을 하는가?'이다.

7000건의《뉴욕 타임스》온라인 기사와《더 타임스》의 이메일 발송 목록에 가장 많이 게재된 기사의 성향에 대한 와튼 스쿨Wharton Business School의 연구 결과에 따르면,[10] 정서적 요소가 결정에 영향을 끼쳐서 두 가지 방식으로 공유되는 것으로 나타났다. 첫째, 독자들은 콘텐츠에 대해 긍정적 또는 부정적이라는 택일적이고 정서적인 가치를 두었으며, 이 정서는 콘텐츠를 공유하려는 그들의 의사에 영향을 미쳤다. 둘째, 유발된 특정 정서가 동기부여 효과를 다양화시키면서 여러 가지 생리적 자극 또는 활성화를 불러일으켰다. 이 경우에는 영감을 얻거나 다른 사람에게 이메일로 그 기사를 보내도록 만들었다.

첫 번째 경우에 'if it bleeds, it leads'(자극적인 기사가 주목받는다)는 저널리즘의 속설과는 달리 와튼 스쿨 교수인 조나 버거Jonah Berger 와 캐서린 밀크먼Katherine Milkman은 콘텐츠가 본질적으로 긍정적이라면 널리 전파될 가능성이 더 높다는 것을 발견했다. 그러나 두 번째 경우에는 서로 다른 감정 유발 요인이 기사가 널리 공유될 확률에 다른 영향을 미쳤고, 그 감정 목록 상단에는 분노라는 부정적 감정이 있음을 발견했다. 170페이지 도표에서 볼 수 있듯이 버거와 밀크먼은 전파 가능성virality을 증가시키는 데 도움이 되는 다른 감정적 요인 중 일부는 긍정적 또는 중립적(경외감, 흥미, 놀라움)이고, 적어도 다른 하나는 부정적(불안)임을 발견했다. 분명히 부정적인 감정인 '슬픔'만이 해당 기사가 이메일 전송 목록에 올라갈 가능성을 낮추는 확실한 요인이었다.

현대의 생화학 덕분에 이러한 아이디어는 사회 유기체의 생물학적 분석틀과 잘 들어맞는다. 정서적 반응은 외부 자극에 의해 유발되지만, 그것이 표출되는 방식은 뇌 내부에서 다른 화학반응의 함수로서 이제는 심리학자와 신경 과학자에 의해 광범위하게 파악될 수 있다. 행복과 다른 긍정적인 감정은 뇌하수체에서 생성되고 뇌의 감정 조절 변연계에 의해 조절되는 도파민, 엔도르핀, 옥시토신, 세로토닌 같은 신경전달물질의 방출에 의해 규율된다. 이런 물질은 고통을 완화시키고 슬픔을 가라앉힐 것이다. 우울증이 세로토닌 생성 저하와 관련이 있는 이유도 이 때문이다. 이러한 화학물질이 과잉과 부족 사이에서 복잡한 균형을 이루면서 우리에게 과도한 행복감을 유발하거나 깊은 불안감에 빠트릴 수 있다.

기쁨과 다른 긍정적인 감정은 특정한 생존 친화적 행동을 촉진하기 위해 나타난 진화적 특성이며, 두려움이나 슬픔과 기타 부정적인 감정은 우리에게 해를 끼치는 걸 방지하기 위해 나타난 진화적 특성이라고 버거와 밀크먼은 주장했다. 그러나 인간이 사회적 맥락에 따라 매우 독특하게 정의되면서, 우리는 이러한 감정과 그에 반대되는 화학반응을 신체 내에서 일으키게 하는 현대의 일상적인 자극에 끊임없이 직면한다. 우리는 '행복 추구'에 대한 제퍼슨의 불후의 명언

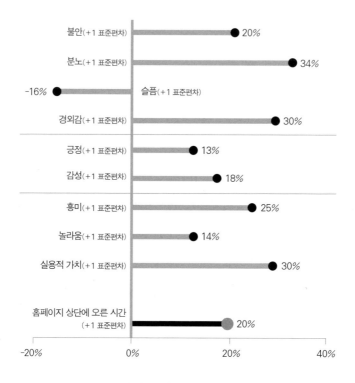

기사 특성에서 평균 이상으로 표준편차를 증가시키는
목록을 만드는 적정 확률의 백분율 변화

- 불안(+1 표준편차) — 20%
- 분노(+1 표준편차) — 34%
- -16% — 슬픔(+1 표준편차)
- 경외감(+1 표준편차) — 30%
- 긍정(+1 표준편차) — 13%
- 감성(+1 표준편차) — 18%
- 흥미(+1 표준편차) — 25%
- 놀라움(+1 표준편차) — 14%
- 실용적 가치(+1 표준편차) — 30%
- 홈페이지 상단에 오른 시간(+1 표준편차) — 20%

-20% 0% 20% 40%

목록을 만드는 적정 확률의 백분율 변화

을 생화학적 관점에서 도파민 분출에 대한 끊임없는 갈망이라는 말
로 바꿀 수 있다.

소셜미디어의 의미는 이러한 화학적으로 민감한 두뇌 10억 개가
이제 거대한 정보 공유 네트워크에 연결되어 있다는 것이며, 각 노
드는 새로운 정보를 처리할 수 있는 능력이 제한적이지만 그와 동시

에 외부 자극을 내부 호르몬 화학작용으로 조절할 수 있는 본능적인 경향이 있다는 것이다. 그런 맥락에서 보면, 예를 들어 밈 농담에 대한 욕구는 긍정적인 호르몬 방출에 대한 사회 유기체의 집단적 욕망을 반영한다. 왜냐하면 웃음과 미소가 이러한 신경전달물질 생성을 유발한다고 과학적으로 증명되었기 때문이다. 귀여운 동물 이미지도 똑같은 효과를 나타낼 수 있다(일본의 연구에 따르면 이러한 이미지에 등장한 동물은[11] 그 이미지에 등장하지 않는 동물보다 생산적으로 작용한다. 재미있는 고양이 동영상을 보는 것이 시간 낭비는 아닌 셈이다).

분노는 어떨까? 왜 사람들은 소셜미디어에서 엄청난 증오를 표출할까? 이렇게 바이러스처럼 퍼져나가는 분노의 버섯구름(핵폭발)은 어디서 온 것일까? 우리는 왜 그토록 파괴적인 것에 본능적으로 이끌리는 것일까? 여기서 우리는 다른 무엇보다 우리의 투쟁-도피 반응 시스템fight or flight response system을 규율하는 뇌의 변연계 내에서 감정적인 삶의 전반적인 관리를 고려할 필요가 있다. 그 기능의 많은 부분은 원시적인 뿌리를 갖는다. 예를 들면 맹수에 맞서 싸우도록 몸을 준비하기 위해 아드레날린 같은 호르몬을 방출하는 시스템이 그에 해당한다. 아드레날린은 중독성이 있으며, 이는 비록 21세기의 도시 생활에서는 거의 무의미해졌지만 원시시대에는 정당한 이유가 있었던 셈이다. 하지만 여전히 우리가 분노에 이끌리는 이유는 분노가 아드레날린을 방출하기 때문이다.

이에 대한 논의는 잠시 미뤄두기로 하자. 그 논의는 다음 장에서 건설적이고 효과적인 방식으로 소셜미디어를 사용하는 방법을 모색할 때 중요한 고려 사항이 될 것이다.

. . .

이 장에서 우리는 문화적으로 유전자와 동등한 전달 단위인 밈의 복제 방식을 토대로 우리가 공유하는 아이디어, 취향, 관습과 예술적 혁신을 구축하는 방법을 논의했다. 우리는 특정 밈이 사회 유기체에서 사람들의 인지도라는 제한된 풀에 접근하는 능력이 다른 밈을 압도하는 이유와 우리 문화의 공유된 구성 요소 중 하나로 선택받는 이유를 알아보았다. 우리는 끊임없이 유입되는 외부 자극이 소셜미디어 콘텐츠의 형태로 우리의 뇌에 들어오고 뇌의 핵심 생화학 작용에 반응하면서 무슨 일이 벌어지는지 살펴보았고, 그 구조에 따라 전달 가능성을 높이거나 낮추는 특정 감정을 어떻게 유발하는지 살펴보았다.

이제 이 장을 마무리하기 전에 실제 세계의 생물학적 바이러스가 시간이 지남에 따라 어떻게 확산되는지 알아보고, 이를 소셜미디어에서 실제 밈의 행동 양상과 비교해보자. 최근에 서아프리카에서 생겨난 끔찍한 에볼라Ebola 바이러스를 떠올려보라. 2013년 12월 기니에서 보고된 첫 감염 사례부터 서아프리카에서 완전 퇴치를 확인한 세계보건기구의 2016년 1월 선언에 이르기까지, 에볼라 발생 건수는 초기에는 단계적으로 증가했지만 라이베리아, 시에라리온, 세네갈, 나이지리아, 말리 등으로 확산되면서 기하급수적으로 늘어났으며, 심지어 미국, 영국, 스페인과 다른 지역에서도 생겨났다가

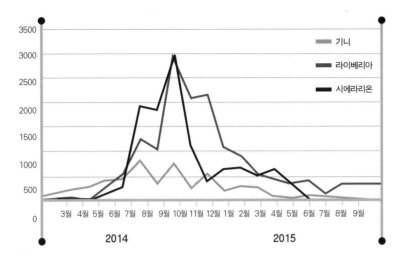

서아프리카 에볼라 사례

2015년 하반기에 급속히 줄어들었다.

이를 해시태그 #OutBoastKanye의 흐름과 비교해보자. 2016년 2월 15일 카니예 웨스트Kanye West가 올린 "사실 나는 부자야. 가족에게 모피와 집도 사줄 수 있어"라는 허세를 부리는 트윗 이후 그 밈은 바이러스처럼 퍼져나갔고, 트위터 사용자들을 풍자의 행렬로 이끌었다. 시작은 미미했지만 #OutBoastKanye 농담은 곧 전염성을 띠었고 그날 자정까지 2만 8227개의 트윗과 리트윗이 이어졌다. 재미있는 것 중에는 "나는 57초 만에 미닛라이스minute rice(1분에 완성된다고 광고하는 인스턴트 쌀밥)를 요리할 수 있어", "나는 요거트 뚜껑을 핥아 먹지 않고 그냥 버려" 같은 트윗도 있었다. 풍자는 2월 16일까지 계속되었고, 이 해시태그의 트윗과 리트윗은 2만 726개로 급증했다. 그러나 에볼라 바이러스와 마찬가지로, 아니 훨씬 더 빨리 이 해시태그 복제는 순식간에 줄어들었다. 다음 날에는 복제가 2152개에 불과했다. 2월 18일에는 591개, 5일째에는 281개로 줄어들었다. 하락세가 계속되어 2월 말까지 #OutBoastKanye의 하루 출현 횟수는 겨우 한 자리 숫자에 불과했다. 여름이 되자 이 해시태그는 이틀에 한 번 정도 가끔 모습을 드러낼 뿐이었다. 왼쪽 페이지에 있는 2016년 2월의 진행 상황을 보라.

이 두 사례는 생물학과 소셜미디어에서 바이러스성 진행 과정의 전형적인 패턴을 따른다. 그러나 이런 생물학적 또는 밈적 형태의 급증 후 소멸 패턴surge-then-burnout pattern을 벗어나는 유난히 독성이 강한 바이러스가 가끔씩 출현하기도 한다. 각각의 사례를 살펴보자. 첫 번째로, 우리는 3500만 명이 넘는 사람의 사망을 초래

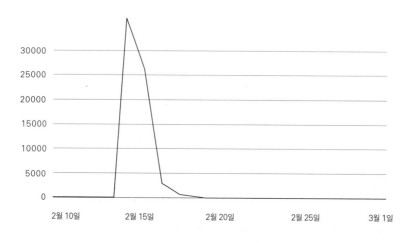

#OutBoastKanye를 언급한 트윗과 리트윗

한 20세기 최강의 슈퍼 바이러스인 HIVhuman immunodeficiency virus(인간 면역 결핍 바이러스)의 차트를 분석할 것이다. 신종 HIV 감염 속도가 느려지는 데에는 오랜 시간이 걸렸으며, 지금도 여전히 새로운 감염 사례가 높게 나타난다.

끈질긴 생명력을 보여주는 소셜미디어 밈도 있다. 우리가 이 책을 시작한 곳으로 돌아가보자. #BlackLivesMatter 해시태그는 2013년 열일곱 살 흑인 소년 트레이본 마틴Trayvon Martin을 살해한 백인 경비원 조지 짐머먼George Zimmerman의 석방에 대한 분노의 표출에서 시작되었지만, 다음 해에 미주리주 퍼거슨에서 마이클 브라운Michael

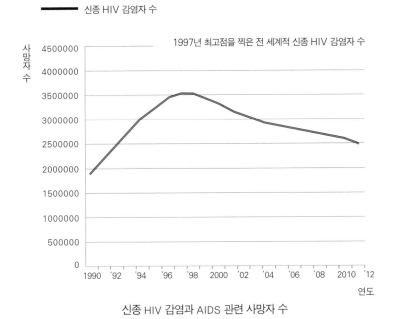

신종 HIV 감염과 AIDS 관련 사망자 수

Brown이 살해되고 뉴욕에서 에릭 가너Eric Garner가 살해되면서 폭발적으로 급증했다. 대규모 거리 시위가 이어지면서 이 해시태그는 숭고한 저항 정신을 일깨웠다. 볼티모어에서 프레디 그레이Freddie Gray의 죽음과 그로 인한 대규모 항의 시위는 2015년 봄에 벌어진 시민운동에 새로운 힘을 주었다. 그 후 미국 대통령 선거 운동이 본격적으로 시작되자 #BlackLivesMatter 운동을 주도한 활동가들이 항의 캠페인과 정치적 지원 유세를 조직화하면서 추진력과 정당성을 얻었다. #BlackLivesMatter 운동의 저명한 지도자인 디레이 맥슨DeRay Mckesson이 분노의 상징적 도시 볼티모어에서 시장이 되기 위해 출마했을 때 해시태그로 탄생한 최초의 정치 후보자라는 미국 민주주의의 이정표를 세웠다. 비슷한 시기에 《타임 매거진Time Magazine》은 2015년 '올해의 인물' 후보로 #BlackLivesMatter 운동을 선정함으로써 소셜미디어 시대의 개인의 정체성이라는 개념을 올바르게 재정립했다.

그 후 2016년 여름, 우리는 루이지애나주 배턴 루지와 미네소타주 팔콘 하이츠에서 알톤 스털링Alton Sterling과 필란도 카스티야 Philando Castile의 비극적인 죽음을 경험했다. 이로 인해 다시 한번 #BlackLivesMatter 운동이 대중의 큰 관심을 끌었다(한편으로는 이에 대한 보복으로 댈러스와 배턴 루지에서 단독범이 경찰관 여덟 명을 연속적으로 살해한 후속 사건 때문에 이 운동을 '테러리즘'으로 호도하는 보수적 목소리가 커지기도 했다). 이 중 많은 부분이 CMSICenter for Media and Social Impact(미디어와 사회 영향 센터)에서 발행한 인상적인 보고서에 담겨 있다. 아메리카대학교, 뉴욕대학교, 노스텍사스대학교의 학자인 이 보고서의 세 명의 저자는 #BlackLivesMatter 운동을 비롯한 소셜미디어 활동의 빈번한 표출 현상(나는 이를 바이러스성 '발병'이라고 부른다)을 심층적으로 탐구했다.●12

이 모든 활동을 시각화하기 위해 우리는 2014년과 2015년의 #BlackLivesMatter 해시태그의 진행 상황을 보여주는 CMSI 보고서의 도표에 MIT '사회 기기 실험실Laboratory for Social Machines'의 소루쉬 보스기Soroush Vosoughi와 뎁 로이Deb Roy가 제공한 2016년 데이터를 추가했다. 그 해시태그는 줄어든 것이 아니라 점점 더 강력한 방식으로 되살아났으며, 2016년 7월에도 하루에 110만 회 이상 트윗되고 리트윗되었다.

이러한 현상을 분석하고 비교할 때, HIV에서 가장 먼저 주의해야 할 것은 바이러스의 행동 방식이다. 바이러스는 질병에 맞서는 신체

● 대부분의 독자는 오해하지 않겠지만, 주제의 민감성을 감안할 때 우리는 #BlackLives Matter를 바이러스에 의해 나타내는 행동 패턴과 비교해서 어떤 종류의 해로운 질병을 암시하는 것이 결코 아님을 강조하고자 한다. 오히려 우리는 이 새로운 시민운동을 문화적 변화를 향한 강력하고 진보적인 힘이라고 본다. 바이러스 비유는 아이디어가 어떻게 전파되는지에 대한 메커니즘만을 다루며, 특정 상황에서 문화적 변화의 매개체가 슈퍼 바이러스와 동일한 종류의 인상적인 인생 사이클을 경험할 수 있음을 보여주기 위한 것이다. 사실 우리의 바람은 #BlackLivesMatter 밈이 미국의 사회구조에 깊이 침투해 그 생명력을 오랫동안 유지하면서 사람들의 정신을 깨어나게 하고 미국에 만연한 불의에 눈을 뜨게 만드는 것이다.

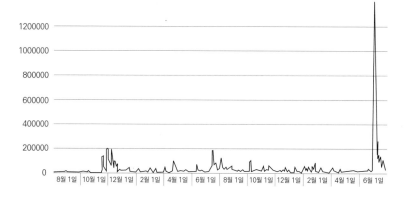

#BlackLivesMatter를 언급한 트윗과 리트윗

방어 시스템에 총공격을 시작한다. HIV는 단순히 복제 목적으로 오래된 숙주세포를 차지하는 것에 만족하지 않고, 외부 침입자에 대응해 우리의 면역계에서 다른 모든 백혈구를 활성화시키는 역할을 하는 T-헬퍼 세포T-helper cell에 위치한 CD4 수용체에 달라붙는다. 이 세포를 차지하는 과정에서 이 바이러스는 HIV에 대한 신체의 방어 기능을 무력화시킬 뿐만 아니라 모든 공격으로부터 방어할 수 있는 면역 체계의 능력을 파괴한다. HIV가 이런 파괴 행위를 완료해 희생자가 AIDS로 신음하면, T-헬퍼 세포를 죽이는 것은 HIV가 아니라 암, 뇌수막염, 폐렴 등이다.

이제 'black lives matter(흑인의 생명도 소중하다)'라는 말을 전체 시스템에 대한 유사한 광범위한 공격으로 생각해보라(여기서의 시스템은 인종차별 없는 포용과 공정이라는 최적의 상태로 진화하지 못한 결함 있고 시대착오적인 시스템을 말한다). 이보다 더 강력하고 근본적인 행동

촉구가 있을 수 있을까? 이 운동과 그에 관련된 밈은 잔혹한 경찰과 젊은 흑인 남성의 충돌에 따른 가난한 흑인 공동체의 공공서비스 접근권 또는 긍정적 조치 촉구라는 좁은 의미의 정치적 아이디어를 중심으로 정의된 것이 아니다. 그것은 특정 문제에 대한 특별한 해결책을 홍보하는 것이 아니다. 그것은 사회 전체가 생명 자체의 기본 원칙을 존중하라는 요구다. 그것은 부조리한 시스템에 대한 전면적인 공격이다. 그 공격은 가장 극적이고 감성을 자극하는 방식으로 이루어진다. 그 공격은 모호하지 않은 단순함과 지속적인 이야기와 이미지(이전 밈)에 내재된 성찰에서 직접적으로 파생되는 단어인 '흑인', '생명', '소중함'의 힘을 통해 이루어진다. 이 밈은 국가의 고통스런 과거에 각인된 기억을 집단적 깨달음으로 승화시켰다.

또 다른 유사점은 돌연변이의 생명주기다. HIV 내의 RNA는 어떤 살아 있는 개체보다도 빠른 속도로 돌연변이를 일으킨다. 즉 HIV의 진화 알고리즘은 제약 회사의 연구개발 팀이 따라잡을 수 없을 만큼 빠르게 진행된다. HIV의 영향을 억제하기 위해, 바이러스 RNA가 감염된 T-헬퍼 세포의 DNA를 지배하는 과정을 차단해서 복제를 억제하는 항 레트로바이러스 약물이 엄청나게 투여되었고, 더 넓은 전달 메커니즘을 차단하기 위해 콘돔과 일회용 주사기 사용에 대한 광범위한 교육 캠페인이 이루어졌다. 그러나 그때조차도 실제적이고 포괄적으로 사용할 수 있는 치료법은 아직 발견되지 않았다. 7장에서 우리는 에이즈 환자가 완치된 단 두 가지 사례 중 하나를 살펴볼 것이다. 이를 소셜미디어에 적용하면 사회의 문화적 질병을 '치유'할 수 있는 교훈을 얻을 수 있을 것이다.

　#BlackLivesMatter를 '돌연변이'시킨 다양한 표현이 출현했지만, 원래의 문구가 지닌 정의로움에 대한 전면적인 요구에 충실했다. 거기서 우리는 거대한 규모로 진화하고 적응할 수 있는 강력한 밈의 힘을 발견한다. 퍼거슨에서 살해당한 마이클 브라운을 추모하는 시위에서는 'Hands Up, Don't Shoot(손들었으니 쏘지 마라)'라는 집단적인 구호과 몸짓이 등장했고(이는 같은 시기에 홍콩의 민주화 시위에서도 하위 밈으로 복제되었다), 에릭 가너를 죽음으로 몰고간 뉴욕 경찰을 겨냥해서 목을 조이는 몸짓과 함께 'I Can't Breathe(숨 쉴 수가 없어)'라는 슬로건이 등장하기도 했다. 이를 통해 #Ferguson, #MikeBrown, #EricGarner 같은 해시태그가 떠올랐다. 또한 '서장'에서 논의했듯이 찰스턴 총기 난사 사건 이후 남부연합 깃발과 관련된 #TakeItDown, #JeSuisBree 같은 해시태그도 주목을 받았다(#BlackLivesMatter 운동에 대한 CMSI 소셜미디어 연구를 집필한 세 연구원은 2014년과 2015년에 걸쳐서 410만 건의 트윗을 분석해 이런 주제에 얼마나 많은 콘텐츠가 생성되었는지 보여주었다). 이 모든 것이 미국 사회에서 아프리카계 미국인이 받는 차별에 대한 분노가 더해지면서 #BlackLivesMatter 핵심 밈에 표현된 가치를 재차 강조했으며, 원래의 메시지에 힘을 주었고 그것을 더 돋보이도록 만들었다.

　2016년 슈퍼볼의 하프타임 쇼에서 흑표범단Black Panther 복장을 입은 백댄서들의 춤을 배경으로 비욘세가 콜드플레이Coldplay에 합류해 신곡 〈포메이션Formation〉을 열창했을 때, #BlackLivesMatter

의 지속적인 힘과 확장력을 분명히 보여주었다. 허리케인 카트리나가 휩쓸고 간 뉴올리언스의 이미지와 인종차별적인 남부 지역의 자신의 뿌리에 대한 언급이 가득한 이 동영상은 미국 최대의 스포츠 행사가 있기 직전 발표되어 소셜미디어에서 폭발적인 반응을 일으켰다. 이 반응은 현재진행형인 #BlackLivesMatter 시민운동을 직접적으로 받아들인 팝 문화의 여왕이자 흑인 여성이 표출한 검은 분노에 대한 찬미였다. NFL(미국 프로미식축구)이 주최한 연중 최대의 TV 이벤트에서 이 공연을 한 것은 더욱 의미심장했다. NFL은 미식축구 팀의 계층구조에서 노골적인 인종차별이 존재함에도 거의 논의되지 않은 문제로 남아 있는 미국의 대표적인 프로스포츠 리그다. 창설 3주년을 맞은 #BlackLivesMatter 운동이 살아 있을 뿐만 아니라 더욱 활력 넘치는 모습으로 그 무대의 중심에 등장한 것이다. HIV가 슈퍼 바이러스라면 #BlackLivesMatter는 분명히 슈퍼 밈이다. 강력한 바이러스와 마찬가지로 슈퍼 밈은 이제 도널드 트럼프 같은 증오 선동가들의 시대착오적인 인종차별 행위에 맞설 수 있는 능력을 갖는다.

모든 사람이 메시지를 통해 우리의 밈 코드에 #BlackLivesMatter와 같은 엄청난 영향을 미칠 수는 없지만, 유전학과 생물학 바이러스의 교훈은 우리 모두에게 소중한 가치가 있다. 우리는 소셜미디어라는 복잡하고 새로운 의사소통 매체에서 어떻게 자신이 말하고자 하는 바를 잘 전달할지 고민한다. 그러나 이러한 교훈은 사회 유기체의 내부 작용에 우리가 알아야 할 모든 것을 다루지는 못했다. 이제 사회 유기체가 어떻게 성장하는지, 사회 유기체의 물질대사가 어떻게 이루어

지는지, 내부 안정성 또는 항상성이 어떻게 유지되는지를 살펴볼 시
간이 되었다. 그것이 바로 생명체의 일곱 가지 특징 중 2, 3, 4번 규
칙이다.

5장

균형 잡힌 식단

사회 유기체에 건강한 콘텐츠를
공급해야 한다

2016년 1월 데이비드 보위David Bowie의 사망은 마이클과 내 나이 세대를 슬픔에 빠뜨렸다. 데이비드 보위가 우리의 젊은 시절에 가져다준 열정을 회상하면서 화려한 음악가이자 배우이자 공연 예술가였던 그에 대한 X세대의 찬사가 페이스북을 통해 쏟아졌다. 오랜 친구이자 온라인 이방인이었던 우리는 향수 어린 포옹과 상심 어린 마음을 공유하는 세계적인 추모 의식에 참여했다. 보위는 비틀즈처럼 압도적인 영향력을 끼친 건 아니었지만, 어떤 면에서 그의 죽음이 우리 세대에 미친 영향은 존 레논의 죽음이 베이비 붐 세대에 미친 영향과 같았다. '음악이 죽은 날'이라는 감정이 우리 모두의 마음속에 무겁게 자리 잡았다.

그가 죽고 나서야 우리는 보위의 진정한 천재성을 이해할 수 있었다. 변화무쌍한 캐릭터, 다중적인 성격, 변덕스러운 이야기로 가득찬 삶의 마지막 장에서 보위는 왜 그가 우리의 삶에 중요한지를 죽음으로 우리에게 보여주었다. 그는 자유롭고 틀에 얽매이지 않는 포스트모던한 개념을 거의 혼자서 받아들이고 주류로 만들었다. 성별, 성적 취향, 피부색 같은 엄격한 구분으로 자신들을 나누려는 세상에 맞추기 위해 고군분투하던 수천만 명의 젊은이에게 보위는 다르다는 것이 괜찮은 것이며, 이상하다는 것이 실제로는 멋진 것일 수 있다는 걸 보여주었다. 보수적인 미국 남부 사회의 엄격한 굴레 속에서 동성애자임을 자각해가는 소년이었던 나에게 그건 강력한 메시지였다. 나는 이제 음악, 성 정체성, 다양한 표현을 포용한 보위를 '돌연변이'로 본다. 그는 우리의 문화에 새로운 DNA를 추가해 우리가 누구인지에 대한 선입견을 새롭게 바꿨다. 그는 우리의 문화적 면역력의 경계선을 다시 세웠고 상상의 날개를 자유롭게 펼치도록 해주었다.

보위의 메시지는 해방일 뿐만 아니라 선견지명이기도 했다. 〈지기 스타더스트Ziggy Stardust〉에서 〈신 화이트 듀크Thin White Duke〉, 〈알라딘 세인Aladdin Sane〉에 이르기까지 다중적 자아와 의도적으로 모호한 성 정체성을 표출한 그의 삶은 새롭고 소셜미디어로 가속화되는 지금 우리 존재의 선도자였다. 그는 스스로를 동성애자, 양성애자, '벽장 속 이성애자'라고 다양하게 묘사했다. 《뉴요커New Yorker》의 만화가 피터 슈타이너Peter Steiner가 '아무도 당신이 개dog라는 걸 모른다'라고 묘사했듯이,[1] 인터넷의 익명성은 인류학자들이 '수행성performativity'이라고 부르는 행동 양식에 대한 강력하고 새로운 출구를 제공했다. 이는 우리가 사회적 맥락에 따라 지속적으로 '자신'의 또 다른 모습을 수행perform한다는 아이디어다. 소셜미디어는 우리 모두의 내면에 잠재된 보위를 일깨웠다.

우리가 새로운 소셜미디어로 주도되는 의사소통 시스템에 대한 생물학적 비유를 구체화한다는 걸 생각해보면, 보위의 끊임없이 변신하는 자아에 적용되는 가장 일반적인 은유가 자연계에서 비롯된 거라고 보는 게 합리적이다. 그는 흔히 카멜레온이라고 불린다. 1979년 호주에서 유일하게 발매된 보위의 편집 앨범(마이클의 LP 음반 컬렉션에 있는 귀중한 아이템) 제목이 '카멜레온'으로 붙여진 건 우연이 아닌 셈이다. 카멜레온은 순식간에 색깔을 바꿀 수 있는 가장 멋지고 다재다능한 동물이다. 카멜레온은 피부에 서로 다른 네 가지 색

소층을 가지기 때문에 밝은 녹색에서 어두운 갈색에 이르기까지 무지개처럼 다양하고 활발하게 피부색의 패턴을 바꿀 수 있다. 카멜레온은 때로는 위장을 위해 색상을 변경하고 환경에 어울리는 색조를 선택하며, 어떤 때는 색깔로 기분이나 짝짓기에 대한 욕망을 표현한다. 이는 마치 카멜레온이 자신을 둘러싼 '사회적' 맥락에 따라 다른 유형의 자아를 표현하는 것처럼 보인다. 이성을 유혹하거나 경쟁 상대인 다른 카멜레온이 희소한 자원을 사용하지 못하도록 기를 꺾는 것이다.

카멜레온은 동물과 식물 세계에서 발견되는 행동의 일종인 미메시스mimesis(모방)의 특히 놀라운 한 가지 사례일 뿐이다(미메시스는 흉내 행위를 묘사한 것으로, 리처드 도킨스가 '밈'이라는 용어를 만들어낸 그리스어 '미메메mimeme'와 같은 어원에서 파생되었다). 모방은 생명의 근본적인 특성이다. '바다의 카멜레온'이라고도 불리는 오징어는 피부색뿐만 아니라 피부의 무늬, 질감, 모양도 바꾸면서 다른 오징어와 신호를 교환하고 자신의 모습을 위장하고 천적을 물리친다. 고양이는 원치 않는 도전자를 물리치기 위해 등을 곧추세우면서 더 크고 위협적인 공격자의 모습을 흉내 낸다. 공작새는 이성을 유혹해서 짝짓기를 하기 위해 뒷날개의 화려한 깃털을 펼치면서 위엄을 과시한다. 중앙아메리카 정글의 두꺼비는 포식자의 눈을 속이기 위해 자신을 숲바닥에 쌓인 나뭇잎처럼 보이도록 만든다. 멕시코 회색 뱀은 독이 없지만, 치명적인 독성을 가진 텍사스 산호 뱀의 특징인 빨간색, 검은색, 흰색 몸통 고리를 흉내 내어 포식자를 움찔하게 만든다. 벼Oryza sativa처럼 보이는 풀의 일종인 논피Echinochloa oryzoides를 포함해서 다양한 종류의 잡초가 농부한테 뽑혀 나가는 걸 모면하기 위해 그들이 기생하는 농작물처럼 보이도록 진화했다. (실제로 호밀은 원래 밀을 흉내 낸 잡초였고, 인간이 원하지 않은 곡물이었다.)

미메시스는 기만의 예술이다. 그것은 마술사가 관객을 속이기 위해 사용하는 것과 같은 속임수에 의존한다. 다른 생명체의 시각적, 청각적, 후각적 능력이 제한되어 있다는 사실을 이용하는 것이다. 살아 있는 생물로서 우리는 패턴인식을 위해 미리 프로그램된 능력을 가진다. 이는 우리의 감각이 외부에 있는 것을 감지하려고 노력한다는 걸 의미한다. 우리는 끊임없이 일정한 질서를 찾으면서 일관되고 예측 가능한 패턴을 인식하려 한다. 그런 방식으로 우리는 환경에서 신호를 이해하고 그에 따라 대응할 수 있다. 그러나 우리는 다르게 배열된 패턴을 보지 않는 경향이 있다(혹은 냄새 맡거나 듣거나 느끼거나 맛보지 않는 경향이 있다). 협소하게 제한된 우리의 인지능력은 유전적으로 물려받은 특성과 (인간 같은 더 정교한 생명체의 경우에는) 진행 중인 학습 과정에서 비롯된다. 따라서 감각 신호가 그 패턴을 벗어날 때, 그럴듯하지만 진짜가 아닌 가짜에 우리의 두뇌가 쉽게 속아 넘어갈 수 있다. 본질적으로 미메시스는 패턴 모방이다. 이런 모방은 우리의 내부 컴퓨터가 주변 환경을 조사할 때 수행하는 판독값을 혼란스럽게 만든다.

자연계에서 이러한 모방 행위를 생각할 수 있는 또 다른 방법은

'이야기story'다. 이야기는 현실의 특정 유형을 나타내는 것으로 결코 허위가 아니며, 어떤 생명체의 인식에 영향을 미치는 세계의 상태에 다른 생명체가 들려주는(또는 더 정확히 말하자면 수행하는) 것이다. 인간만큼 포괄적으로 이 재능을 완성시킨 종은 없다고 말해도 무리가 아니다. 유발 하라리Yuval Harari가 문명의 근원에 대한 광범위한 해설서인《사피엔스Sapiens》에서 지적했듯이[2] 설득, 스토리텔링, 신화 창조라는 인간 예술은 사회조직의 발전과 인류의 지구에 대한 지배력을 강화하기 위해 매우 중요했다. 독창적인 인지능력을 통해 인간은 표현과 묘사의 기술을 새로운 차원으로 끌어올렸으며 그 과정에서 세상을 변화시켰다. 우리는 수백만 명의 다른 이방인을 공격하고 죽이기 위해 수백만 명의 완전히 낯선 사람들이 힘을 합치도록 스스로를 설득하는 사회를 만들었다. 우리가 그렇게 힘을 합친 이유는 '국가'라고 불리는 모호하게 정의된 개념에 대한 소속감의 결과로서 공유하는 '공통의 가치'에 호소하는 내러티브narrative(서술) 때문이다. 종교, 민족, 정치적 동맹, 심지어 학교 친구, 적enemy까지도 우리가 서로에게 들려주는 이야기를 통해 형성된다.

인간은 이야기에 이끌리는 본능적인 성향을 갖는다. 이야기가 없다면 우리의 인생에 목적이 있다고 상상할 수 있을까? 인기 있는 NPR National Public Radio(미국 공영 라디오방송) 프로그램에서[3] 톰 프렌치Tom French는 심각한 조산아로 태어나 인큐베이터 속에서 삶과 죽음의 경계를 오가는 딸에게《해리 포터》이야기를 읽어주었고 그럴 때마다 딸의 생체 신호가 나타남을 확인했다. 그는 이를 자활이 불가능한 인생을 살아가야 하는 커다란 위험이 있더라도 삶의 투쟁을 계속하고 싶으니 인큐베이터를 계속 켜놓아야 달라는 딸의 목소리로 받아들였다. 아빠가 읽어주는 책에 대한 미숙아 딸의 신체 반응이 과학적으로 설명 가능한 것인지 아니면 우연의 일치인지에 상관없이, 중요한 것은 '뭔가'를 수행하기를 간절히 원하는 이 아빠에게 인간의 존재에 대한 핵심적 통찰력이 전달되었다는 점이다. "딸아이는 장chapter이 무엇인지 알지 못했지만, 《해리 포터》의 다음 장을 들려주기를 간절히 원했습니다. 저는 '다음 장에 어떤 일이 일어나는지를 알고 싶어요'라는 신호가 '살고 싶어요'라는 의사를 가장 간절히 표현하는 방법이라고 생각했습니다"라고 톰 프렌치는 한 인터뷰에서 말했다. 미숙아였던 주니퍼Juniper는 이제 걸음마를 배우는 건강한 아기가 되었다.

인터넷 특히 소셜미디어의 등장은 대부분 잠재적 청중을 엄청나게 넓힘으로써 이러한 스토리텔링이 이루어지는 상황을 극적으로 변화시켰다. 소셜미디어를 통해 정보를 제공하는 게시자로서 우리는 모두 모방 행위에 종종 무의식적으로 관련되며 다른 사람들의 행동과 이미지를 모방하고 수용해 우리가 어떤 식으로든 다시 생각해보고 싶은 새로운 아이디어, 개념, 밈을 창조한다. 소셜미디어 사용자들, 특히 젊은 사람들은 아바타와 온라인 닉네임을 자주 바꾼다. 우리는 여러 개의 트위터와 텀블러 계정을 만들고 때로는 대용 아이디로 다른 사람인 척하기도 하며, 그럼으로써 '진짜'와 '가짜' 온라인 정체성 간의 경계를 흐리게 할 수 있다.

항상 존재하면서 우리의 말을 듣는 청중들과 함께, 우리는 이러한 '이야기들'을 반사적으로 촉발시키는 피드백을 경험한다. 나는 이 새로운 스토리텔링 구조를 '문화적 배양소agar(한천)'라고 생각하며, 새로운 아이디어가 생겨나고 시간과 거리에 상관없이 연결되는 '평평한flat' 장소라고 생각한다(한천은 과학자들이 페트리접시에서 박테리아를 배양할 때 사용하는 혼합 물질이다). 오피스 워터 쿨러office water cooler(사무실 냉장고)는 한때 직원들이 모여서 전날 있었던 이런저런 이야기를 나누는 장소를 뜻하는 말이었다. 이제 우리는 장소를 초월해 사람들이 모이는 수백만 개의 가상 워터 쿨러를 갖는 셈이다.

이런 세계적인 미메시스 폭발은 세계를 이해하기 위한 패턴인식 기술의 한계를 드러내면서 혼란스러워질 수 있다. 우리가 생각하는 논쟁의 여지없는 현실 인식이 실제로는 우리의 공유된 경험 패턴에 의해 형성된 주관성에 의존한다는 것을 소셜미디어는 종종 보여준다. 그럴 때면 우리는 눈과 마음이 우리를 속이는 방법에 매료된다. 게시된 사진 속의 드레스가 흰색과 금색 조합인지 파란색과 검정색 조합인지를 두고 전 세계 수백만 인터넷 사용자가 논쟁을 벌였던 #TheDress 이미지 또는 확대시키기 전까지는 숨겨진 양 500마리가 보이지 않는 #FindTheSheep 이미지에 대한 집착을 보라.

이와 같은 '착시 효과'를 일으키는 기발한 사례들보다 더 중요한 것은 문화적 변화에 대한 사회 유기체의 모방 과정이 우리가 사회 질서의 표시라고 이해하는 오랫동안 확립된 패턴에 도전한다는 사실이다. 우리가 전통적으로 사람들을 분류한 성별, 성 정체성과 인종적 구분 기준은 강력하고 장기간 지속되어온 것이지만, 항상 사회적 용어 이상의 것은 아니었다. 개인은 그 범주 밖에 속해 있다고 느끼면서 항상 존재해왔지만, 사회는 (플라톤의 동굴의 비유처럼) 그 개인들이 누구인지를 볼 수 없었다. 그 개인들의 고유한 형태의 자기 확인은 사회가 건설한 것으로부터 벗어나 있었고, 따라서 사회적 정당성이 결여되어 있었다. 그러나 이제 소셜미디어를 통해 그런 개인들이 연대해 그룹을 형성하는 것이 매우 용이해졌다.

중학생과 고등학생 자녀를 둔 아버지인 마이클은 현세대의 많은 LGBT Lesbian Gay Bisexual Transgender (레즈비언 게이 양성애자 성전환자) 청소년들이 이전 세대보다 더 어린 나이에 성 정체성을 인식함을 안다. 부분적으로 이것은 가까운 주변 사람들보다 훨씬 폭넓은 온라인 커뮤니티에서 찾아낸 지원과 격려 때문이다. 이렇게 소셜미디어에서 생겨난 우정은 그들에게 자신이 진정으로 누구인지를 확인하는 자신감을 갖게 한다. 내가 같은 도구를 가졌다면 미시시피에서 내성적인 게이 소년으로 자라난 나의 삶이 어떻게 달라졌을지 상상할 수 있다. 어머니는 내가 학교에 갈 때 절대 청바지를 입지 못하게 하셨고 코듀로이 바지만 입혔으며, 그런 복장의 단순함 때문에 나는 학교에서 왕따가 되었다. 순응하지 않는 것은 악마 같은 괴상한 것으로 여겨졌다. 캐서린 던Katherine Dunn은 자신의 소설《어느 유랑극단 이야기Geek Love》에서 이를 멋지게 풍자한⁴ 괴물들의 서커스 쇼를 등장시킨다. 이 소설은 '특별함specialness'이 구성원에 대한 가치를 규정하는 맥락에서 설정된 이야기다. 우리는 우리 환경의 속박 속에서 자라난다. 그러나 이제는 인터넷의 사회적 연결성 덕분에 우리는 지리적 위치가 아닌 가치 친화성value affinity에 따라 인간관계를 구축할 수 있다.

이 모든 것을 이해하는 한 가지 방법은 우리가 생물 다양성의 사회적 등가물을 성장시킨다는 것이다. 자연은 남아메리카의 작은 분홍색 애기아르마딜로가 미국에서 발견되는 사촌인 아홉 개의 줄무늬 또는 긴 코를 가진 더 일반적인 아르마딜로와 거의 비슷하게 보이는지 여부에 상관하지 않는다. 애기아르마딜로는 부분적으로 쥐, 부분적으로 두더지, 부분적으로(오직 등에 있는 갑옷처럼 보이는 물결무늬 껍질 덕분에) 아르마딜로처럼 보인다. 무엇도 이것이 다른 분홍 애기아르마딜로와 함께 굴을 파고, 먹이를 주고, 짝짓기를 하는 걸 막을 수 없다. 오리너구리는 털 달린 포유동물이지만 알을 낳고 물에서 살며, 오리를 닮은 주둥이를 갖는다. 이 동물은 분류하기 애매하지만 잘 살아간다. 가장 광범위하고 이질적인 수준에서 사회 유기체는 차별 없는 포용과 동등한 수준으로 모든 사람을 대하고 그들을 위한 공간을 허락한다. 이는 도덕적인 고려 사항이 아니며, 유기적이고 홀로닉한 구조의 기능이다. 이 구조는 모든 구성원이 순응해야 하는 '객관적'이고 미리 규정된 질서가 아니라 각 구성원의 이야기 사이의 주관적인 관계에 기초한다.

사회 유기체 안에는 (다음 장에서 논의할 많은 분열을 포함하고 있지만) 예전에는 결코 존재하지 않았던 포용의 기회가 있다. 이런 열린 가능성의 공간에서, 이미지와 텍스트의 거대하고 혼란스럽고 세계적인 교류 속에서 사람들은 개척자였던 데이비드 보위가 그랬듯이 또 다른 자신의 정체성과 자아를 탐구한다. 자아 표현에 대한 이런 실험이 증가하는 것과 동시에 다른 사람들을 인식하는 규칙이 더 이상 우리가 생각한 것처럼 명확하지 않다는 것을 우리는 깨닫는다. 우리가 자신이 누구인지를 결정하는 바로 그 과정이 변한다. 그건 아주 혼란스러울 수 있다. 이를 이해하기 위해 우리는 셰익스피어가 수세기 전에 인식했던 것을 되새겨볼 필요가 있다. 그건 바로 모든 세상은 하나의 무대라는 것이다.

1950년대 사회학자 어빙 고프먼Erving Goffman의 저서로[5] 거슬러 올라가는 수행성 이론performativity theory은 대화, 이미지, 제스처와 기타 도구를 통한 인간의 소통이 정보를 전달하기 위해 수행될 뿐만 아니라 자아의 개념을 구성하기 위해서도 수행된다고 주장한다. 마치 우리가 다른 역할을 수행하는 것처럼 말이다. 고프먼은 청중, 상황, 우리의 말과 행동이 해석될 수 있는 방식으로 정의되는 다른 '프레임워크framework' 또는 맥락에 따라 우리가 이러한 수행을 (이에 따라 우리가 세상에 제시하는 다양한 '자아'를) 조정한다고 주장했다. 이 아이디어는 학교 동창과 술을 마실 때 우리가 수행하는 자아가 침실에서 수행하는 자아 또는 장래 고용주에게 제출하는 이력서에 들어 있는 자아와는 다르다는 것이다. 1990년대에 철학자 주디스 버틀러Judith Butler는 성별이 신체적 차이라는 외견상의 사실이 아니라 소년, 소녀, 남성, 여성이 일반적으로 세계에서 수행하는 역할의 기능이자 구축된 사회적 맥락에 대한 응답이라고 주장하면서 이 이론을 도발적인 방향으로 이끌었다.

이제 트위터, 인스타그램, 페이스북의 시대에 이러한 아이디어가 다시 한번 주목받는다. 이러한 소셜미디어 플랫폼이 청중 구성을 예측할 수 없는 거대한 글로벌 무대를 제공한다는 사실은 완전히 다른 프레임워크를 창출하고 새로운 유형의 실행을 가능케 한다. 청중으로부터의 피드백이 항상 건설적인 건 아니다. 저스틴 비버가 때로는 무모하고 거리낌 없이 행동하는 한 가지 이유는 그의 트윗과 인스타그램 게시물이 즉각적인 '좋아요'를 얻기 때문이라고 나는 생각한다. 그의 팬이 그의 행동을 가능하게 한다. 소셜미디어의 '도덕 경찰morals police'의 지나친 노력의 희생자가 입증하듯이, 어떤 경우에 피드백은 우리 행동에 대한 잔인한 검열이다. 그러나 미메시스와 자기 실행self-performance이 생물학적으로 우리의 기질에 깊이 새겨져 있기 때문에, 우리는 사회 유기체의 신호에 맞춰 앞으로 나아가면서 하던 일을 계속하면 된다.

소셜미디어 영역에서 가장 노골적인 연기 행위는 틀림없이 셀카다. 이런 자기 심취 현상을 어떻게 생각하든, 그 편재성ubiquity(어디에나 존재함)은 세계에 매력적인 얼굴을 제시하려는 인간의 본능적인 욕구를 말해준다. 사용자들의 콘텐츠 전파 욕구에 대한 응답으로 페이스북과 트위터가 '공유' 버튼과 '리트윗' 버튼을 만들었듯이, 정보 통신 기기 산업은 이러한 독특한 형태의 자기표현에 대한 시장의 요구를 만족시키기 위해 진화해왔다. 스마트폰 이전 시대인 2003년 소니 에릭슨Sony Ericsson은 고객들이 타인의 모습을 찍을 후면 카메라뿐만 아니라 자신의 모습을 찍을 전면 카메라를 원할 거라 생각했고, Z1010 휴대폰에 전면 카메라를 장착했다. 곧 셀카는 사람들을 사로잡았다. 패리스 힐튼의 명언처럼[6] 카메라 폰은 '21세기의 사인autograph'이 된 것이다. 그 후 카메라가 더욱 정교해지면서 사람들이 사진을 수정하고 가장 좋아하는 이미지를 선택할 수 있었다. 나르시스스틱Narcisstick(자기도취봉)이라는 약간 냉소적인 명칭으로도 불리는 셀카봉이 엄청난 인기를 얻었다. 사람들은 셀카봉을 들고 주변 환경의 멋진 순간을 포착해 새로운 차원의 자기표현 샷을 찍을 수 있었다. '날 봐요. 나는 타임 스퀘어에 있어요. 나는 여기 에펠탑 앞에 있어요. 나는 비욘세 콘서트를 즐겨요.' 셀카는 예술형식이 되었고, 특정 장르의 규칙에 속했고, 우리 모두가 즉시 인식할 수 있는 밈 코드가 되었다.

우리는 킴 카다시안Kim Kardashian이 아니기 때문에 셀카를 돈 버는 수단으로 만들 수는 없다. 하지만 그렇다고 해서 많은 10대 청소년들이 자신이 좋아하는 소셜미디어 스타나 카다시안처럼 눈길을 끌기 위해 노력하는 걸 멈추게 하지는 않는다. 독특함의 가치(외모 또는 고유성의 표현)는 이제 같은 생각을 가진 팔로워를 모으는 데 매우 중요한 역할을 한다. 그 모든 것을 위한 출발점은 셀카에서 최적의 '얼굴'을 만들어내는 것이다.

우리 모두는 어떤 면에서 카다시안주의자Kardashianist들이다(나는 이 단어를 너무나 사용하고 싶었다). 많은 사람들이 소셜미디어 프로필 이미지를 선택하는데 얼마나 많은 시간을 할애하는지 생각해보라. 분명히 내가 선택한 다양하고 색다른 홍보용 사진은 자기표현의 한 형태다(혀를 내민 사진, 내가 '오-페이스O-face'라고 부르는 입과 콧구멍을 벌린 채 위를 처다보는 사진, 가운뎃손가락을 세운 사진 등). 강도가 좀 약하기는 하지만 마이클의 것도 마찬가지다(딸이 그려줘서 트위터에 올린 만화 같은 얼굴 스케치, 연단에 올라가 연설할 때 필수적인 지적 풍모를 담은 사진, 링크드인과 기타 '직업적인' 상황을 위해 만면에 미소를 띤 상반신 프로필 사진). 우리의 프로필 이미지는 현대인의 자기표현에 필수적인 요소다.

셀카와 프로필 사진은 우리가 소셜미디어에서 수행하는 가장 분명한 방법 중 단지 두 가지일 뿐이다. 우리가 페이스북에 올리는 모든 게시물, 정치적으로 점수를 매기는 모든 트윗, 재치 있는 리포스팅 또는 다른 사람의 게시물에 대한 적절한 댓글을 다는 모든 순간, 우리가 세상에 보여주는 모든 휴일 사진, 가족사진, 애완동물 사진. 이 모두가 자기표현이다. 우리는 하나가 아니라 여러 개의 자아를 표현한다. 디지털 시대는 우리 모두를 카멜레온으로 만들었다.

우리가 이러한 정체성 형성과 재형성의 과정에 열정적으로 나설 때, 온라인 자아의 완전한 통제권은 필연적으로 우리 손에서 벗어날 것이다. 우리는 세상에 우리가 관련짓고 싶은 이미지와 느낌을 제시할 수는 있지만, 세상은 그 자체의 해석을 내놓을 것이다. 자신의 이미지가 인터넷 밈으로 변한 것을 본 사람들로부터 배우는 교훈 (Ermahgerd!를 떠올려보라)은 궁극적으로 우리는 그 과정을 포용하고 소셜미디어 세계가 우리에게 되돌려주는 것을 받아들일 수밖에 없다는 점이다.

레이니 그리너Laney Griner가 2007년에 찍은 그녀의 주먹 쥔 아들 새미Sammy의 사진이 마이스페이스, 레딧과 기타 여러 플랫폼에서 광범위하게(솔직히 유쾌하게) 공유되는 '성공한 꼬마Success Kid' 밈으로 복제되기 시작한 후, 그녀의 첫 반응은 실망감이었다. 그녀는 맨 처음 그 사진을 올렸던 플릭커Flickr 게시물에 대한 댓글에서 이렇게 말했다. "이 사진은 계속 도용되었어요.[7] 제 어린 아들에게 그런 일이 벌어지는 게 너무 싫어요." 그러나 4년 후 같은 게시물에 그녀는 이렇게 적었다. "모두에게 감사드려요! 제 아들이 인터넷 스타가 돼서 행복해요. 그 사진이 돌아다녀도 아무 상관없어요. 많은 분들이 아들 사진을 알아보고 좋아해주셔서 저도 기뻐요. 우리 아들은 너무 멋진 꼬마예요." 3년 후 그녀는 온라인 크라우드펀딩crowdfunding 캠페인에서 남편의 신장 이식 수술에 필요한 10만 달러를 모금하기 위해 그녀의 '꼬마 인터넷 스타'를 활용했고, 얼마 후 이렇게 발표했다. "성공한 꼬마의 아빠인 저스틴 그리너가 일주일 전에 오랫동안 기다려온 신장 이식 수술을 받았어요. 저희 가족의 인생을 변화시키는 너무나 멋지고 반가운 소식이랍니다. 여러분의 성원에 감사드려요. #SuccessKidney."

2015년 말 '메스 커리Meth Curry' 밈에 레온 미첼Leon Mitchell의

사진을 무단으로 사용한 것은 더 큰 문제가 되었다. NBA 농구 스타 스테판 커리Stephen Curry의 얼굴과 뼈만 앙상한 미첼의 얼굴을 합성한 그 밈은 농구선수 커리가 마약에 중독된 모습을 연상시키면서 트위터와 인스타그램에서 웃음을 유발했다. 그러나 일주일 후, 미첼의 인스타그램 게시물이[8] 모든 사람의 얼굴에서 미소를 사라지게 했다. 자신의 마른 얼굴이 수년간의 암 치료 때문이었다고 설명한 후, 그는 이렇게 글을 마무리했다. "우리에게 이런 걸 유행시킬 힘이 있다면, 올바른 일에 그 힘을 써봅시다! 나는 밈 이상의 존재입니다. 나는 아버지, 남편, 생존자, 멘토, 커뮤니티 옹호론자이며 긍정적인 동기부여 연설자입니다. 나는 고통을 견디면서 모든 어려움을 이겨낸 걸 자랑스럽게 생각합니다!!!!" 일주일 만에 그의 게시물에는 9만 개의 '좋아요'가 붙었고 격려와 존경의 말로 가득 찬 7500개의 댓글이 달렸다. 미첼의 인스타그램 계정 팔로워 수는 2만 명으로 증가했다. 원래의 밈을 공유했던 소셜미디어 사용자들은 그에게 연락해서 사과했다. 미첼 사건으로 많은 소셜미디어 사용자들이 경솔한 농담을 하기 전에 다시 한번 생각하게 될지 여부는 아직 알 수 없다. 그러나 이 에피소드가 시작은 사소했지만 인류애에 대한 높은 관심으로 끝났다고 결론을 내리는 건 어렵지 않다.

이런 사례는 소셜미디어의 역동적인 세계에서 끊임없이 변화하는 '자아'(우리의 또 다른 자아에 첨부된 '이야기')의 정의가 두 갈래의 길이라는 것을 일깨워준다. 기본적으로 자아는 우리가 홀로 세상에 제시하는 유일한 자기표현에 의해 만들어지지만, 커뮤니티가 이에 반응해서 되돌려주는 것에도 영향을 받는다. 청중의 피드백이 새로운 아이디어를 전파하는 데 도움을 주는 것이다. 또한 피드백은 온라인 세계에서 매우 강력한 지위status 결정 요인인 구글의 검색 결과에서 페이지의 순위를 지정하는 알고리즘 시스템을 규정한다.

이 양방향 프로세스는 일종의 협상이다. 또는 배우에 비유하자면, 우리 콘텐츠의 소비자는 관객이 아니라 '나'의 역할을 수행하는 동료 배우인 셈이다. 이 연극에서 우리는 주인공이며, 그들은 동정적인 조연일 수도 있고 완전히 적대적인 악역일 수도 있다. 어느 쪽이든, 그들과의 상호작용을 통해 이야기가 완성된다. 그들이 우리의 인상을 완전하게 만드는 것이다.

관객 또는 동료 배우와의 상호작용을 완벽하게 마스터한 대표적인 사람은 신원 미상의 신비스러운 그래피티 예술가 뱅크시Banksy다. 이 작가의 도발적인 작품은 반역적 예술의 다른 어떤 실행자보다 대중의 상상력을 사로잡았다. 뱅크시는 소셜미디어 시대 변신의 아이콘일 뿐만 아니라 자신의 작품 활동을 강조하기 위해 이 기술을 능숙하게 사용했다. 2013년 10월 뉴욕에서 한 달간 '거주'하면서[9] 이 예술가는 30일 연속으로 도시의 여러 지역에서 도발적인 새로운 벽화를 은밀하게 만들어냈다. 또한 의미심장하게도, 불법적인 작품을 밤새도록 완성한 후 매일 아침 그(남성으로 추정된다)는 웹사이트에 작품의 이미지를 게시하고 작품의 관련성을 사회 논평으로 설명하는 (박물관 가이드의 목소리를 모방한) 음성 녹음을 덧붙임으로써 모든 작업을 완료했다. 새로운 뱅크시 작품에 대한 추적은 많은 뉴요 커들에게 강박관념이 되다시피 했다. 일단 그것이 발견되면, 소셜미 디어에 그에 대한 이야기가 퍼지고 많은 사람들이 현장으로 달려갔 다. 그들의 스마트폰 카메라는 혼돈의 연속을 촬영하고 그 경험을 더 넓은 세계로 증폭시켰다. 우리는 이 예술가가 어떻게 생겼는지, 진짜 이름은 무엇인지 알지 못하지만, 그는 소셜미디어의 거대한 청중을 활용해서 '뱅크시'라는 자아를 표현하는 방법을 이해하며, 이를 통해 전설적인 예술가이자 영웅으로 거듭났다.

뱅크시만큼 소셜미디어 군중의 견해를 자신의 필요에 완벽하게 담아내는 능력을 가진 사람은 거의 없다(2016년 선거운동 기간 동안 @RealDonaldTrump 트위터 계정을 효과적으로 활용한 걸 보면 도널드 트 럼프는 그런 재능을 공유하는 것 같다). 우리는 신중해야 한다. 우리는 공 개 도메인에서 자신의 정체성을 표현하는 방법에 주의를 기울여야 하지만, 사회 유기체가 우리의 정체성에 대한 해석을 구성(또는 재구 성)하는 자체적인 작업을 할 거라는 사실을 통제할 수는 없다. 우리 는 그것에 대항하기보다는 그것에 따를 수밖에 없다.

이것은 쉽지도, 공평하지도 않다. 어떤 사람들은 소셜미디어 폭도 pitchfork mob들이 자의적이고 강압적인 방식으로 개인의 캐릭터 를 표적으로 삼아 집단으로 가해하는 행위에 진정으로 상처를 입었 다. 폭도들은 종종 문맥에서 벗어난 정보와 희박한 증거에 기초해 반 사회적 행동에 반응한다. 다음 장에서 우리는 사회가 소셜미디어에 서 폭도와 같은 경향을 관리하는 방식에 논의할 것이다. 지금 기억할 가치가 있는 한 가지 격언은 '소셜미디어에 부정적이 아니라 긍정적으로 참여하라'는 것이다. 왜냐하면 부정적인 참여는 반사적이며, 반발적인 반응을 불러일으키기 때문이다. 이것은 본격적인 악의로 확대될 수 있다.

나는 유명인사 고객들에게 항상 이렇게 말한다. "트롤troll(악성 댓글 작성자)에게 먹이를 주지 마세요." 오직 분노를 일으키기 위해 댓글과 트윗을 작성하는 것처럼 보이는 사람들이 갈구하는 것은 관심이다. 그 관심을 굶주리게 하면 화나게 하는 행동을 멈출 것이다. (나는 항상 트롤이 양자quantum 입자와 같다고 말한다. 양자는 관찰을 통해 인식될 때만 존재한다.) 이 교훈은 2016년 여름 코미디언 레슬리 존스Leslie Jones가 '대안우파alt-right'의 리더인 마일로 이아노풀로스Milo Yiannopoulos와 온라인 논쟁을 벌이면서 매우 고통스럽게 배운 것이다. 여성혐오주의자이자 공개적인 게이고 우익 미디어 평론가이기도 한 이아노풀로스는 자신의 팬들을 폭력적으로 자극해 존스에게 인종차별적이고 성차별적인 공격을 가하도록 만들었다. 공격자들에게 맞서면서 존스는 그들을 광란에 빠지게 했다. 트위터가 이아노풀로스의 계정을 차단했지만 이는 오히려 상황을 악화시켰다. 이아노풀로스는 순교자 취급을 받았고 그의 팬들이 #FreeMilo 운동을 시작하도록 자극한 것이다. 이 저질 팬들 중 일부는 존스의 트위터 계정에 대한 프록시를 해킹해 마치 그녀가 동성애를 혐오하는 편향된 글을 게시한 것처럼 조작했다. 그녀의 홍보 담당자가 조언을 구하기 위해 전화했을 때 나는 트롤에게 관심과 먹이를 주지 말라는 나의 원칙을 알려줬다. 존스는 이틀간 트위터를 중단한 후, 익명의 소셜미디어 철학자의 문구를 인용한 완벽한 응답으로 돌아왔다. "바보들에게 자신을 설명하려고 애쓰지 말라. 당신은 얼간이 조련사가 아니다."

우리는 이 먹이 비유를 반대의 교훈을 위해 사용할 수도 있다. 특정한 사람들 또는 목표로 하는 시장에서 호소력 있는 자아와 긍정적인 인상을 만들고 싶다면, 당신이 그들에게 제공하는 콘텐츠는 그러한 긍정적인 측면을 전달해야 한다. 생명체의 두 번째 규칙에 따라 사회 유기체에는 영양분 공급이 필요하다. 모든 생명체와 마찬가지로 성장하기 위해(새로운 노드와 세포를 창조하기 위해) 사회 유기체의 물질대사는 에너지의 원천을 흡수해 동화시키고 나머지 폐기물을 배출해야 한다. 이 과정이 최적으로 작동하려면 사회 유기체가 건강한 음식을 섭취해야 한다. 더 많은 영양분이 공급될수록 사회 유기체는 더 성장한다.

밈의 장난꾼들이 그녀의 어린 아들에게 부여한 '성공한 꼬마' 이미지를 사회 유기체가 원하는 대로 제공하는 것이 좋다고 레이니 그리너가 배웠던 것처럼, 나는 회사와의 협력을 통해 그와 유사하게 영양분을 공급하는 방법이 소셜미디어에서 그들 자신의 효과적인 정체성(혹은 브랜드)을 개발하는 최선의 방법임을 알았다. 나는 비디오 콘텐츠 스타트업인 레버Revver에서 이것을 처음으로 배웠다. 거기서 우리는 이피버드EepyBird의 괴짜 '과학자'들이 만든 유명한 '다이어트 콜라+멘토스' 동영상을 발견하고 수익을 창출했다.

(그 동영상이 궁금하다면 잠깐 시간을 내서 유튜브를 검색해보라.) 멘토스 박하사탕을 투입한 다이어트 콜라가 분수처럼 용솟음치는 장면은 다양한 플랫폼에서 적어도 5000만 이상의 조회 수를 기록하며 이제는 전설이 되었다. 멘토스는 바이러스처럼 퍼지는 인기 동영상과 제휴할 때 얻을 수 있는 가치를 즉시 확인했고 몇몇 후속 동영상을 후원했다. 즉, 멘토스는 사회 유기체에 영양분을 공급하기로 선택한 것이다. 그 결정을 신속하게 확인하려는 듯 회사의 상징적인 박하 브랜드가 마트 계산대에 곧바로 다시 등장하기 시작했다. 이와는 대조적으로, 코카콜라는 처음에는 그 동영상이 자신의 브랜드 이미지와는 맞지 않는 권위 없는 메시지라고 생각해 큰 관심을 나타내지 않았다. 회사 측 대변인은 《월스트리트 저널》과의 인터뷰에서 "저희는 다이어트 콜라가 실험 재료보다는 사람들이 즐겨 마시는 청량음료이기를 바랍니다.[10] 멘토스 열풍은 다이어트 코크Diet Coke의 브랜드 성격에 맞지 않습니다"라고 말했다. 코카콜라의 공식 입장은 많은 사람들의 관심을 끈 재미있는 현상을 브랜드 인지도 강화 전략으로 채택할 기회를 거부한 것이었다. 하지만 그 현상이 북미 지역에서 다이어트 콜라 판매량을 5퍼센트 이상 끌어올린 것을 본 코카콜라가 입장을 바꿨을 때, 내 판단이 옳았음이 증명되었다. 이 음료 회사는 그 후 이피버드 듀오와 함께 다양한 다이어트 콜라와 제로 콜라 '실험'에 참여했다.

첫 번째 다이어트 콜라와 멘토스 동영상이 등장한 후 10년 동안, 수많은 브랜드가 소셜미디어의 열광을 거부할 게 아니라 거기에 동참하는 게 중요하다는 교훈을 얻었다. 레드 랍스터 같은 고지식하고 보수적인 브랜드조차도 자신의 레스토랑 체인에 대한 짜릿한 외침("그 남자가 날 만족시키면 레드 랍스터에 데려갈 거야")이 담겨 있는 비욘세의 열정적인 노래 〈포메이션Formation〉이 발표되자 (아무리 점잖더라도) 건설적인 뭔가를 해야 한다는 것을 깨달았다. 음악이 발표된 지 약 8시간 만에 소셜미디어에서는 노래 가사가 재미있다는 반응이 넘쳐났고, 레드 랍스터는 자신의 트윗을 날리기 시작했다. 이 트윗은 레드 랍스터의 대표상품인 체다 베이 비스킷Cheddar Bay Biscuit의 중간 단어를 비욘세의 애칭Bey으로 바꾼 거였다. "체다 베이 비스킷Cheddar Bey Biscuit은 입에 착착 붙습니다. 안 그렇습니까? #Formation @Beyonce." 이 트윗은 그리 재치 있는 문장은 아니었고, 트윗 발표까지 오랜 시간이 걸린 걸 보면 요청하지도 않은 노골적인 자신의 브랜드와의 연관성에 어떻게 대응할 것인지를 놓고 마케팅 팀이 한참 고민했음을 보여준다. 그러나 결국 그것은 올바른 반응이었다. ("거부하지 마. 그냥 즐기면 돼.") 소셜미디어의 집단적 천재성과 재치는 수십 년 역사를 가진 레드 랍스터의 브랜드 인지도를 높이는 데 방해가 된 것이 아니라 엄청난 도움이 되었다. 레드 랍스터는 자사의 트위터에 한 시간 만에 4만 2000건의 댓글이 달렸다고 밝히면서, 노래가 발표된 후 주말 매출액이 1년 전보다 33퍼센트 증가했다고 발표했다.

비록 전통적으로 구조화된 회사가 이제는 소셜미디어에 맞서는 것이 아니라 소셜미디어와 협력해야 한다는 것을 이해하면서 자신이 생각하는 브랜드의 정체성을 과도하게 통제하지 않으려고 하더라도, 조직 내부의 기득권이 이러한 유기적인 프로세스에 계속 반대로 작용할 수 있다. 방송 뉴스 제공자들처럼, 그들의 이야기 버전만이 유일하게 제시될 수 있다는 생각이 여전히 우세하다. 때로는 사회 유기체에 영양분을 공급하는 걸 거부하는 사람들이 바로 마케팅 담당자들이다(예를 들면 보행자들이 선셋대로Sunset Boulevard의 광고판에 직접 반응할 수 있는 방법이 없다. 그것이 마케팅 팀이 계속 그 광고판을 사용하는 이유다. 그들은 부정적인 피드백에 단절되어 있다). 사회 유기체를 굶주리게 만드는 또 다른 사람들은 변호사들이다. 몇몇 변호사는 아마도 독점적인 이익을 보호하기 위해 법적 조치를 취하면서, 사회 유기체의 물질대사 경로를 완전히 차단하고 역동적인 흐름을 파괴한다. 이것은 생명체 두 번째 규칙의 전체적인 측면을 말해준다. 생물체가 기능을 잘 발휘하려면, 음식을 섭취해 에너지로 변환시켜야 하며 신체가 성장하고 물질대사를 조절하는 데 필요한 화학반응이 일어나야 한다. 즉 콘텐츠 복제와 모방의 밈적 과정이 방해받지 않아야 한다. 과도한 상표권이나 저작권 통제를 위한 검열은 산소와 영양소를 순환시키는 몸속의 동맥을 차단하는 것과 같다. 사회 유기체에서, 독점적인 소유권 변호사는 포화 지방과 같다. 그들의 행동은 나쁜 콜레스테롤의 축적으로 이어지고 건강한 혈액 순환을 방해한다.

디오디언스에서 우리는 의도적으로 독점 자료에 대한 엄격한 기업 통제를 피했다. 이는 메시지가 전파되는 것을 방해할 수 있는 장시간의 승인 프로세스를 피하면서 빠르게 움직일 수 있음을 의미했다. 그러나 그때조차도 우리는 종종 어찌할 수 없는 기업 변호사와 부딪혔다.

사례를 들어보자. 우리는 체인스모커스Chainsmokers의 〈#셀피〉 히트곡과 동영상을 제작해 출시했고, 46명의 영향력 있는 사람과 접촉해서 이를 네트워크에 올리고 그들의 막강한 팔로워들을 활용하도록 했다. 이 전략은 우리가 적극적으로 장려했던 밈적 돌연변이 때문에 크게 성공했다. 우리는 바우어Baauer의 〈할렘 셰이크Harlem Shake〉의 우발적인 성공을 통해 많은 걸 배웠고, 그 무료 콘텐츠의 폭발적인 인기에서 관찰된 모든 복제 기법을 사용했다. 우리는 음악 사이트인 사운드클라우드SoundCloud에 6초, 15초, 31초짜리 〈#셀피〉 동영상을 미리 로딩해 사람들이 이 시드seed를 사용해서 자신의 노래를 만들 수 있도록 했다. 우리는 이러한 현상을 적극적으로 전파했고, 사례를 제시했고, 영향력 있는 사람들의 힘을 분배 도구로 사용했다. 결과는 "but first, lemme take a selfie(잠깐만, 셀카 먼저 찍을게)"라는 핵심 후렴의 다양한 반복 구절로 나타났고, "but first, lemme drink a protein(잠깐만, 단백질 먼저 마실게)" 또는 "but first, let me take a dick pic(잠깐만, 거시기 사진 먼저 찍을게)" 같은 멋진 변주도 포함되어 있었다. 원곡의 입장에서 이런 변주는 엄청난 호응이었고, 10개국에서 플래티넘이 될 수 있도록 도와준 것이었다. 그러나 이 열풍은 갑자기 끝나버렸다. 체인스모커스로부터 이 노래를 사들인 유니버설은 즉시 모바일상의 모든 유튜브 파생물을 차단했고 14개 국가의 비보VEVO로 비디오 재생을 제한하는 엄격한 정책을 취했다. 즉시 상승세가 꺾였다. 노래의 새로운 소유자는 사회 유기체의 밈 복제를 줄였으며, 결국 그것을 굶겨 죽였다.

앞에서 살펴본 것처럼 사회 유기체를 성장시키려면 영향력을 행사하는 여러 사람에게 메시지를 전달하는 것만으로는 충분하지 않다. 사회적 영향을 극대화하도록 사회 유기체의 글로벌 분배 시스템을 활용하려면 메시지에도 올바른 내용이 있어야 한다. 우리는 역사를 통해 강력한 밈이 되는 예술 작품은 사람들의 깊은 감성을 어루만지는 것임을 안다. 베토벤의 〈환희의 송가Ode to Joy〉에서의 열정적인 축하, "나는 꿈이 있습니다"라는 마틴 루터 킹의 뜨거운 연설, 미국인들이 제2차 세계대전 이오지마섬의 깃발 게양 이미지에서 발견한 애국심의 고취, 알베르토 코르다Alberto Korda가 그린 미래의 혁명가들에게 영감을 불어넣은 체 게바라 초상화의 단호한 표정 등이 바로 그것이다. 이제 소셜미디어 시대에 정서를 자극하는 능력은 모든 콘텐츠의 성공만큼이나 중요해졌다.

사람들이 소셜미디어에서 뉴스 기사를 공유하려는 성향에 다양한 감성적 요인이 미치는 영향을 분석한 와튼 비즈니스 스쿨의 연구를 기억하는가? 이 연구는 온라인 콘텐츠에 대한 우리의 반응이 그 콘텐츠가 이끌어내는 감정의 유형에 따라 변동될 것이라는 것을 보여주었다. 또한 이 연구는 우리의 반응이 생성된 감정의 이원론적인 질문(그것이 정서적으로 긍정적인지 또는 부정적인지를 묻는 질문)에 의해 첫 번째로 결정되고, 생성된 특정 감정이 행동에 동기를 부여할 가능성이 있는가라는 더욱 미묘한 문제에 의해 두 번째로 결정됨을 보여주었다. 그러나 이 반응을 결정하는 세 번째 요소가 있다. 그건 바로 '우리가 어떤 종류의 반응을 생성하기를 원하는가?'라는 것이다. 이미지나 텍스트가 공유된다고 해서 그것이 우리가 만들어내기를 원하는 긍정적 이미지, 자아 또는 브랜드 관리를 자동으로 승인한다는 의미는 아니다. 우리는 특정한 자신의 바람직한 버전을 '표현'한다고 생각할 수 있지만, 관객도 그렇게 보게 될 거라는 보장은 없다. 우리의 표현에 대한 그들의 반응, 그것을 묘사하는 방법에 대한 그들의 선택은 우리가 자신의 자아를 결정할 수 있는 것처럼 이 상호작용에서 나타나는 공적인 자아를 결정하는 데 많은 도움을 줄 수 있다. 이런 의미에서도 소셜미디어의 청중은 '당신'의 공연에 참여하는 배우가 되는 것이다.

생물학적 비유로 돌아가보자. 생물학자가 다양한 영양분을 섭취하는 효과를 연구하듯이 우리가 다양한 유형의 감성 유발 콘텐츠를 조사할 경우, 우리는 게시된 다양한 유형의 메시지를 다양한 음식 유형으로 생각할 수 있다. 각각은 사회 유기체의 건강에 독특하고 분명한 영향을 미칠 것이다. 사회 유기체의 물질대사가 필요로 하는 것은 균형 잡힌 식단이다. 따라서 아드레날린 방출을 유발하는 화난 어조의 메시지는 누군가가 리트윗 버튼을 누르는 데 특히 강한 동기가 될 수 있지만, 장기간 건강을 유지하게 해주는 영양분은 아니다. 그것은 더 넓은 범위에서 부정적 효과를 낳으며, 이는 와튼 스쿨의 연구에서 나타난 것처럼 장기적으로 사람들의 콘텐츠 공유 욕구를 줄임으로써 모순적인 영향을 주는 경향이 있다. 빅맥Big Mac과 마찬가지로 분노는 일시적인 만족감을 주는 엔돌핀을 방출한다. 그러나 우리 대부분은 햄버거 섭취를 줄여야 한다는 걸 안다.

소셜미디어 아키텍처에서 성공하는 콘텐츠 유형은 공포, 슬픔 또는 분노에 기초하지 않는다. 거기서 작용하는 것은 적절하고 긍정적이고 정서적인 울림이다. 디오디언스에서 우리는 그것이 무엇인지 알아내는 일을 목표로 삼았다. 영향력 있는 사람과 노드의 네트워크에 어떤 콘텐츠를 공개할지를 결정하기 전에 우리는 최적의 정서적인 뉘앙스를 결정해야 했다. 콘텐츠는 엄청나게 다양했으며 각 메시지의 분위기는 여러 뉘앙스를 포함했다. 그러나 우리는 항상 긍정적인 쪽으로 갔다. 우리는 스스로에게 질문했다. 이 콘텐츠가 사람들에게 영감을 줄까? 사람들을 뜨겁게 만들까? 사람들을 즐겁게 해줄까? 우리의 콘텐츠는 긍정적인 감성의 리트머스 시험지를 통과해야 했던 것이다.

이러한 최적의 정서적인 반응을 일으키기 위해서는 음식을 적절히 포장해야 한다. 특히 콘텐츠는 비선형 객체 기반 서술 형식 nonlinear object-based narrative form으로 전달되어야 하며, 이는 (수천 년간 인간 커뮤니케이션과 스토리텔링에 기반을 두고 있음에도) 우리 세계의 기존의 마케팅 관리자들에게 결여된 것으로 보이는 교훈이다. 전통적으로 이야기는 공식을 따랐다. 패턴인식(유입되는 정보와 우리 두뇌의 수용체가 연결되는 밈적 코딩 구조)를 기억하는가? 내러티브가 익숙한 패턴을 따르는 경우, 정보 수용자의 두뇌가 이를 처리할 수 있다. 그런 방식으로 콘텐츠는 두뇌의 방어막을 통과해 자신을 복제하기 시작한다. 그것은 밈이 된다.

. . .

나는 픽사Pixar의 존 래스터John Lasseter에게 배운 다음과 같은 충고를 고객에게 전달하고 싶다. 의도된 메시지를 성공적으로 전달하는 이야기를 쓰려면, 관객을 긴장시키면서도 일련의 규칙에 따라 살아가는 사랑스러운 주인공의 이야기가 필요하다. 그러나 사회 유기체에서 가장 훌륭한 대본은 우리가 완전히 통제할 수 없는, 살아 숨 쉬고 순환하는 이야기다. 이 대본은 사회 유기체에 의해 어떻게 수용되느냐에 따라 달라진다.

이를 올바로 파악하는 것은 과학만큼이나 기술적이다. 소셜미디어는 여전히 유아기적 단계에 머문다. 나는 이야기를 사진, 이미지, 동영상으로 분리하고, 여러 채널을 통해 최대한 넓게 확산시킨 다음, 해시태그와 검색엔진을 사용해 이야기의 스레드로 다시 묶는 예를 사용한다. 콘텐츠가 어떻게 수용되고 받아들여질지를 예측하기는 어렵다. 무해하고 개방적인 메시지처럼 보이는 것이 종종 예기치 않게 부정적인 반발을 불러올 수 있다. 그러나 이것은 배울 수 있는 기술이다. 부주의로 브랜드에 부정적 영향을 끼치지 않는 방법을 찾기 위한 출발점은 소셜미디어가 살아 숨 쉬는 생명체라는 걸 이해하는 것이다. 이것은 정적이고 일방적인 분산 메커니즘의 정반대이며, 콘텐츠 제작자가 제한된 통제권을 갖는 복잡하고 다중적인 대화 dialogue다.

J. P. 모건 체이스의 소셜미디어 전략가들이[11] 해시태그 #AskJPM (J. P. 모건에게 물어보세요)을 사용해 트위터 사용자들을 투자은행 부문의 새로운 미래 리더와 함께하는 온라인 Q&A 세션에 초청하기로 결정했을 때 이에 대한 뼈저린 교훈을 얻었다. 이 형편없이 잘못된 금융기관은 트위터가 회사의 고객을 위한 비밀 상담 전화가 아니라는 사실을 잊어버린 것처럼 보였다. 트위터는 참여자가 타인의 콘텐츠를 가져와서 자기표현과 정체성 실행을 위해 선택한 방식으로 재해석하고 변경하는 공개 포럼이다. 이 거대한 금융기관의 홍보 전문가가 잊어버린 또 한 가지는 당시가 2013년 11월이라는 점이었다. 이는 과거 80년 중 최악의 금융 위기를 겪은 지 5년밖에 안 된 시점이었으며, 수백만 명의 일자리가 사라지고 수백만 명이 집을 잃고 J. P. 모건 같은 회사의 고위 은행가의 탐욕과 무모함에 대한 비난이 쏟아지던 시점이었다. 두 달 전 이 은행은 악성 모기지론mortgage loan(부동산 담보 대출) 판매 혐의로 법무부로부터 130억 달러의 과징금을 부과받았고 파생상품 시장을 조작한 런던 증권거래업자와 공모한 혐의로 9억 2000만 달러의 벌금을 부과받은 상황이었다.

트위터가 #AskJPM 초대장을 발송했을 때, 즉시 다음과 같은 질문이 쏟아졌다.

"몇 명의 인생을 망쳐놓아야 당신의 비즈니스 모델이 성공할 거라고 예상했습니까?"

"가난하고 힘없는 사람들로부터 여전히 이익을 착취할 계획과 포부를 말씀해주십시오."

"CEO 제이미 디먼Jamie Dimon은 서민들 살점을 뜯어먹을 때 피가 뚝 뚝 떨어지는 레어rare로 주문하겠지요? 미디엄레어midium-rare 이상은 아마추어나 하는 짓이니까요."

몇 시간 후 1000개가 넘는 리트윗이 쏟아지자 @jpmorgan 계정 에 이런 트윗이 게시되었다. "내일로 예정된 질의응답은 취소합니 다." 이제 #AskJPM은 잘못된 소셜미디어 홍보 결정의 대명사가 되 었고 은행에 대한 반감을 유도하려는 활동가에 의해 활용된다. 이는 해시태그 실패의 대표적인 사례다. 위기 이후 운영되는 회사의 트위 터 상황을 감안할 때 J. P. 모건이 소셜미디어를 대중으로부터 공개 적인 질문을 받아들이는 도구로 사용할 수 있을 거라고 상상하기는 어렵다. 회사 자신이 감당해야 할 상대방의 분노를 제대로 파악했다 면, 아마도 홍보 담당자들은 처음부터 그런 시도를 해서는 안 된다고 결론을 내렸을 것이다.

대부분 회사들은 J. P. 모건처럼 부정적 여론에 무너지지 않는다. 회사가 일부 통제를 포기할 의사가 있다면 소셜미디어는 대중에게 다가가 브랜드를 긍정적으로 표현할 수 있는 대단히 효과적인 방법이 될 수 있다. 그러나 우리가 소셜미디어를 영양분을 필요로 하는 살아 있는 생명체로 인식하면 어떤 먹이를 줄 것인지를 선택할 때 행동 규범(해야 할 것과 하지 말아야 할 것)이 명확히 존재한다. 여기에 하나의 경험칙이 있다. '사회 생물체가 스스로 생각하도록 하라.'

나는 디즈니의 소셜미디어 전략을 맡기 위해 고용된 후 처음으로 이러한 교훈을 배웠다. 2010년에 나는 영화〈토이 스토리 3〉를 홍보하라는 임무를 부여받았다. 〈토이 스토리 2〉 이후 11년 만이었다. 장난감 캐릭터인 버즈 라이트이어Buzz Lightyear와 우디Woody와 처음 두 편에서 사랑에 빠졌던 여섯, 일곱, 여덟 살 아이들이 이제는 고등학생과 대학생이 되어 있었다. TV 광고주들은 (언제나처럼 여성과 어린아이들에게 초점을 잘못 맞춘 채) 이들 밀레니얼 세대를 무시했다. 밀레니얼 세대는 페이스북이라는 독특하고 새로운 형태의 엔터테인먼트를 발견했기 때문에 TV를 별로 보지 않았다. 그래서 이 젊은 성인들이 세 번째 회전목마도 올라타도록 소통하라는 도전 과제에 직면했을 때, 우리는 페이스북이 올바른 매체라는 결론을 내렸다. (우리는 그들을 앤디티즈Andy-ites라고 불렀다. 물론 앤디Andy는 타깃 관객처럼 〈토이 스토리 3〉에서 대학에 진학하는 주인공 소년 캐릭터이기도 하고 오래된 장난감을 어떻게 해야 할지 결정해야 한다.)

내가 마케팅 팀에 들어가자 직원들은 이렇게 말했다. "환영합니다. 이게 우리의 새로운 영화 포스터예요. 잘 홍보해주세요." 포스터에는 두 가지 문제가 있었다. ① 검은색 바탕에 노란색으로 3이라고 써진 단순한 포스터와 ② 내가 사용한 문구 "얘들아, 이게 새로운 〈토이 스토리 3〉 포스터야. 근사하지 않니?"였다. 이를 페이스북에 올리자 5분 만에 500개의 댓글이 달렸는데, 그중 대부분은 '지랄fuck'이라는 단어를 다양한 용도로 사용했다. "지랄한다. 검정색 배경에 3이 뭐냐." 또는 "지랄을 해라. 디즈니야. 내 어린 시절을 망쳐버렸구나"라는 정말로 정곡을 찌르는 반응도 있었다. 나는 포스터를 만든 직원에게 가서 왜 이 친구들이 그걸 그토록 싫어한다고 생각하느냐고 묻자, 그는 이렇게 답했다. "올리버, 그들이 싫어하는 건 포스터가 아니에요, 당신의 말투예요. 당신은 과장된 목소리로 그들에게 당신의 생각을 강요해요." 그래서 우리는 "새로운 〈토이 스토리 3〉 포스터를 소개합니다"라는 간단한 문장으로 바꿔 다시 올려놓았다. 반응은 100퍼센트 긍정적이었다. 나는 여론이 이처럼 180도 바뀌는 걸 본 적이 없었다. 소셜미디어에서 당신은 사람들에게 당신의 생각을 강요할 수 없다. 독단은 부정적인 반응을 부른다.

이 사례는 하지 말아야 할 것에 대한 경고의 이야기다. 그러나 정서적인 콘텐츠를 보다 건설적으로 사용하는 건 어떨까? 〈토이 스토리 3〉 마케팅 활동의 후속 경험을 통해 나는 소셜미디어에서 올바르게 정서적인 자극을 가하면 엄청난 잠재 고객에게 다가갈 수 있고 기존의 홍보 매체를 통해 달성할 수 있었던 것보다 훨씬 많은 영향력을 행사할 수 있다는 걸 배웠다. 첫 번째 영화 포스터가 페이스북을 통해 공개되고 몇 개월 후에 나는 픽사의 풍부한 작품 보관소에 접근할 수 있었다. 기록 보관 담당자들은 원작 스토리보드에서 버즈

Buzz와 우디Woody가 팔짱을 끼는 멋진 수채화 그림을 발견했다. 우리는 페이스북에 "난 너의 영원한 친구야You've Got a Friend in Me"라는 문구와 함께 이 그림을 게시했다. 이는 1편과 2편에 등장했던 랜디 뉴먼Randy Newman의 인기 사운드트랙 제목이기도 했다. 나는 그 문장이 갖는 위력을 전혀 생각지도 못했다. 그 게시물은 25만 번 공유되었는데, 이는 페이스북의 친구 네트워크의 영향력을 고려하면 약 2억 명의 뉴스 피드에 등장했다는 걸 의미했다.

2010년 6월 12일 〈토이 스토리 3〉가 개봉했을 때, 놀랍게도 단 하루 만에 4100만 달러를 벌어들였다. 2014년 〈겨울왕국〉이 기록을 깨트리기 전까지 〈토이 스토리 3〉는 애니메이션 영화 역사상 최고 기록인 10억 달러 이상의 총수익을 기록했다. 무엇이 이토록 많은 사람을 극장으로 불러 모은 것일까? 시장 조사에 따르면 광고 대행사가 믿고 싶지 않을 사실이 밝혀졌다. 영화를 본 관객들 중 42퍼센트가 비용이 많이 드는 TV 광고나 친구들 간의 입소문을 통해서가 아니라 비용은 거의 들지 않는 디즈니의 페이스북을 통해서 관람 동기를 부여받았다고 밝힌 것이다. 이것은 영화 마케팅의 근본적인 변화였다. 이는 우리의 목표 관객에게 정서적 영향을 미칠 수 있는 '난 너의 영원한 친구야'라는 밈의 고유한 힘에 의해 이루어졌다. 한 문장의 소셜미디어 마법을 통해 〈토이 스토리 3〉는 대성공을 거둔 것이다. 향수, 따뜻함, 진정한 우정과 같은 긍정적인 감성을 전달함으로써 우리는 18~24세 밀레니얼 세대를 우디, 버즈, 앤디의 이야기와 사랑에 빠지도록 만들었다.

나는 그 교훈을 디오디언스에서 되새겼고, 그곳에서 사랑과 따뜻함이라는 감정을 자극하는 것이 소셜미디어에서 메시지를 전파하는 가장 효과적인 방법임을 입증하는 사례를 여러 번 보았다. 예를 들면 가수 어셔Usher의 홍보 캠페인을 위해 소셜미디어 조사를 진행하면서 우리는 이 팝스타의 대외적 자아를 가장 잘 묘사할 수 있는 다양한 이미지의 공감도를 테스트했다. 우리의 옵션에는 즉각적으로 인식할 수 있는 어셔의 이미지인 섹시함, 상반신 노출, 신사다움, 자선사업 등이 포함되어 있었지만, 가장 많은 '좋아요'를 얻으면서 공유된 이미지는 귀여운 두 아이들과 함께 있는 어셔였다. 나중에 '훈남아빠Daddy Swag'라고 명명된 이 이미지는 이제는 성숙한 중년의 엄마가 된 어셔의 팬들과 공감하면서 자연스럽게 연결되었다. 부성애가 넘치는 어셔의 이미지가 최고의 화제가 된 것이다.

디오디언스에서 내가 가장 좋아했던 홍보 캠페인 중 하나는 피부와 모발 관리 제품 제조사인 도브Dove에 대한 것이었다. 도브는 많은 화장품 회사들이 여성들이 외모에 대한 불안감을 자극해 자신들의 제품을 구입하도록 유도하는 홍보 전략에 반대하는 입장을 취했다. 도브가 만든 '리얼 뷰티 스케치스Real Beauty Sketches' 동영상은 지금까지 가장 많은 사람들이 시청한 온라인 동영상 광고가 되었다. (최근까지 유튜브에서 6670만 번의 조회 수를 기록했다.) 동영상에서 전문적인 초상화 아티스트는 장막에 가려 보이지 않는 여성(A)이 설명하는 자신(A)의 얼굴 특징에 기초해 스케치를 한다. 나중에 아티스트는 방금 만난 다른 여성(B)의 설명을 토대로 같은 여성(A)의 얼굴을 그린다. 그림의 대상이 두 가지 버전으로 표시될 때 마법 같은 일이 일어난다. 다른 여성(B)들이 자신(A)이 묘사한 것보다 더 긍정적인 언어로 일관되게 자신(A)을 묘사함을 발견하는 것이다. '리얼 뷰티 스케치스' 프로젝트를 위해 우리는 17개 언어로 1000개가 넘는 후속 동영상 콘텐츠를 제작했으며, 각각의 콘텐츠는 여성의 삶에서 독특한 순간에 연결되어 있었다. 이 광고는 칸에서 여러 부문의 황금사자상을 수상했다. 나중에 우리는 도브의 후속편 '뷰티 패치스 Beauty Patches' 캠페인도 제작했다. 이 광고에 자발적으로 출연한 여성들은 자신의 외모를 돋보이게 해준다고 생각한 과학적 'RB 패치'가 활성 성분이 전혀 없다는 사실을 들은 후에 눈물을 흘리며 긍정적인 반응을 보였다. 그것은 아름다움이란 마음의 상태임을 나타내기 위해 고안된 플라시보(위약) 효과였다. 이 동영상은 최근까지 2100만 명이 시청했다.

나는 당신이 무슨 생각을 하는지 안다. 소셜미디어가 사랑과 온기가 넘치는 삶에 대한 확신의 메시지에 너무 잘 반응함에도 왜 그렇게 수많은 증오로 가득 차 있을까? 이런 모순처럼 보이는 상황에 어떻게 대응할 수 있을까? 인체와 마찬가지로 사회 유기체는 그와 같은 부정적인 침입자와 위험을 막아낼 수 있는 면역 체계를 갖는다. 우리는 그 면역 체계를 잘 유지해야 한다. 이것이 다음 장의 주제다.

6장

면역 시스템

소셜미디어는 원치 않는 위협에
어떻게 대응하는가

한밤중에 세 살짜리 딸의 침대가 텅 비어 있는 것을 발견한 후 다시는 딸을 보지 못하는 부모의 심정보다 더 큰 슬픔을 상상하기는 어렵다. 그러나 상황은 더 악화될 수 있다. 소셜미디어 트롤들은 게리 맥캔Gerry McCann과 케이트 맥캔Kate McCann의 실제 악몽이 2007년 포르투갈 호텔 객실에서 납치된 그들의 딸 매들린Madeleine을 찾을 수 없다는 고통에 국한되지 않는다는 걸 분명히 보여줬다. 이 디지털 악성 댓글 패거리는 현재 심하게 결함이 있는 것으로 밝혀진 최초의 법의학 보고서의 초기 파장에서 생겨난 음모론을 부활시켰다. 맥캔 부부가 딸을 죽였거나 또는 사고로 사망케 했으며 처벌이 두려워 시체를 감췄다는 음모론을 최초로 제기한 영국의 타블로이드 언론은 이미 명예 훼손으로 배상금을 지불하고 사과하도록 강제된 상태였기 때문에 잠잠했다. 그러나 소셜미디어에서는 (새로운 조사가 첫 번째 조사의 심각한 결함을 밝혀냈고 납치설을 강력하게 뒷받침했음에도) 비난의 목소리가 점점 커져갔다. 그 후 몇 년 동안 수백만 명의 시청자와 트롤들은 (유죄의 증거임을 암시하는 듯이) 웃는 이들 중산층 영국인 부부의 사진을 담은 유튜브 게시물에 이끌렸고, 게리 맥캔 박사의 정치인에 대한 분명한 접근에 불평했으며, 진정한 '진실'에 관한 탁상공론식 탐정 놀이에 빠져들었다. 매들린이 실종되기 1년 전 개설된 트위터가 잔인한 비난의 국제적 광장으로 진화하면서 집단적 괴롭힘의 목소리가 커졌다. 결국 트롤들의 '악성 댓글'을 견디지 못한 가족들은 2015년 @FindMadeleine 공식 계정을 폐쇄하기에 이르렀다.

그러나 맥캔 부부는 소셜미디어가 부추기는 듯한 이 마녀재판의 유일한 희생자가 아니었다. 어떤 측면에서는 트롤들도 고통을 겪었다. 아마도 그들 자신의 본능을 억제하지 못한 것은 비난의 대상이지만, 그럼에도 그들도 희생자다. 2001년 그리스 코스섬에서 생후 21개월 만에 실종된 벤 니드햄Ben Needham의 엄마 케리 니드햄Kerry Needham의 사례를 보자.[1] 노동자 집안에서 태어난 그녀는 편중된 대중의 관심과 맥캔 사건에만 쏠린 영국 정부의 지원을 크게 비판했고, 자신의 주장을 소셜미디어를 통해 알렸다. 맥캔 부부가 @FindBenNeedham(벤 니드햄을 찾아주세요) 트위터 계정을 게시하지 못하도록 차단했기 때문에 케리 니드햄은 이들 부부가 자신을 '악성' 댓글 집단에 부당하게 연관시켰다고 느꼈고 공개적으로 그렇게 말했다. 슬픔에 잠긴 두 가족은 이제 고전적인 영국 계급 전쟁에 해당하는 방식으로 서로를 비난했다. 트위터 계정 @sweepyface의 소유자인 브렌다 레이랜드Brenda Leyland 사건이 일어났다. 그녀는 맥캔 부부에게 "휘발유를 줄테니 지옥에서 타죽어라"라는 트윗을 게시했다. 2014년 10월, 게리 맥캔이 @sweepyface 같은 '비열한' 트롤에 경찰 수사를 요청하자 〈스카이 뉴스Sky News〉는 레이랜드를 해당 트위터 계정 소유자라고 폭로했고 레스터셔Leicestershire에 있는 집 근처에서 그녀와 대면해 언쟁을 벌인 후 이를 방송으로 내보냈다. 일주일 후, 이 63세의 여성은 자살했다.[2] 《텔레그래프The Telegraph》의 칼럼니스트 엠마 바넷Emma Barnett은 "이 모든 비극적인 일이 모든 사람에게 '경종'을 울려야 하며, 현실의 삶과 온라인 세계의 삶 사이의 이런 불편한 이분법에 맞서도록 하는 교훈이 되어야 한다"라고 썼다.

어떻게 이런 일이 벌어진 것일까? 왜 레딧 스레드와 트위터 트롤의 계정에서 공포, 분노, 복수심이 가차 없이 표출되는 것일까? 왜 가상 세계에서 그토록 많은 도끼를 든 폭도들이 낯선 사람의 잘못을 공격하고, 원래의 '범죄'를 능가하는 인격을 파괴할 정도의 '처벌'을 가하는 것일까? 왜 ISIS와 같은 극단주의 조직이 소셜미디어를 이용해 젊은이들을 야만적인 도구로 이용하고 서양인들의 마음에 두려움을 불어넣는데 성공하는 것일까?

소셜미디어의 추악한 일면에만 초점을 맞추는 것은 나무만 보고 숲은 보지 못하는 우를 범하는 거라고 나는 생각한다. 가장 놀랍고 부정적인 게시글이 시선을 잘 끌고, 대다수의 조용하고 합리적인 사람들을 물에 빠뜨리며, 긍정적인 변화의 전반적인 모습을 왜곡시키는 경향을 갖는다는 것이 문제점이라고 할 수 있다. 하지만 나는 소셜미디어의 강력하고 발전적인 측면에 주목하라고 말하고 싶다. '아랍의 봄'을 도와준 소셜미디어의 역할, 천재지변 발생 시 핵심 정보를 신속하게 전파할 수 있는 소셜미디어의 능력, 2015년 11월 ISIS의 테러 속에서 파리 시민들이 소셜미디어를 통해 안전한 주택에 대한 보안 정보를 공유했던 방법 등이 그런 측면이다. 그러나 이런 대답은 만족스럽지 않다. 사실 소셜미디어는 사회적으로 해를 끼치는 데 매우 효과적인 도구가 될 수 있다. 이는 특히 앞에서 설명한 사실상의 모방 개념 때문이다. 익명의 아바타와 대용 온라인 아이디 뒤에 숨어 있는 사람들은 타인들이 자신의 정체를 알 때보다 증오와 욕설에 대한 죄의식을 덜 느낀다. 그들의 행동을 막을 부정적인 피드백 메커니즘이 없는 것이다.

이론적으로 사회 유기체는 본질적으로 포용을 요구하는 시장을 창조해야 하는 광범위한 휴머니즘을 포괄한다. 문제는 네트워크의 가장 중요한 다양성이 고립된 동질성의 집단으로 쪼개진다는 것이다. 강력한 소셜미디어 플랫폼은 우리가 (또는 그들이) 원하는 콘텐츠에 맞게 뉴스 피드를 조정할 수 있는 도구를 제공한다. 우리는 이 커다란 다양성의 세계를 같은 생각을 가진 '친구'와 '팔로워'라는 좁은 하위 그룹으로 축소시켰고, 우리의 창의력을 동종적 사고라는 좀먹는 영향력에 복종시키는 자기만의 방을 형성했다. 사회학자들이 '동종애homophile'라고 부르는 이 유유상종의 본능은 새로운 것이 아니다. 그러나 소셜미디어는 그 과정을 증폭시킨다. 또한 이런 현상은 플랫폼 관리자가 고객이 주로 읽는 게시물 성향을 분석하는 알고리즘을 사용해 유사한 관심을 가진 사람들의 목표 시장을 광고주와 정치꾼political pitchman들에게 패키지로 제공하면서 더욱 심화되었다. 〔2016년 선거운동 기간 동안 페이스북이 보수 진영과 진보 진영의 동종애 경험을 어떻게 증폭시켰는지를 놀랄 만큼 분명히 보여주는 최근《월스트리트 저널》의 온라인 기사 '블루 피드, 레드 피드 Blue Feed, Red Feed(공화당 기사, 민주당 기사)'를 확인해보라.[3]〕이렇게 분열된 많은 집단이 지금도 끊임없이 서로를 공격한다. 물론 인간은 수세기 동안 그러한 전쟁을 벌여왔다. 그러나 이제 이 전쟁은 분리된 뉴스 피드를 통한 끊임없는 언쟁으로 진행된다.

5장에서 나는 사회 유기체가 사랑과 따뜻함의 감정을 이끌어내는 콘텐츠에 긍정적으로 반응한다는 것을 보여주었다. 그러나 한 그룹이 '사랑하는 것'은 다른 그룹에는 정반대로 인식될 수 있다. 어떤 사람의 관점에서는 테러리스트가 다른 사람의 관점에서는 자유를 향한 투사가 되는 것이다. 1930년대 히틀러는 수백만 독일인의 사랑을 한 몸에 받았다. 그들의 마음은 나치 십자가와 독일군의 행진으로 상징되는 게르만 민족의 자존심으로 가득 차 있었다. 나머지 인류의 입장에서 그는 결코 사랑할 수 없는 존재였지만 말이다.

사람들이 친애하는 지도자에 느끼는 '사랑'을 이제는 버튼 클릭만으로 표현할 수 있다는 것도 중요하다. 소셜미디어 플랫폼에서 독자들에게 제공되는 '좋아요' 버튼과 이모티콘 응답 옵션은 거의 항상 긍정적인 표현으로 제한되어 있다. 오랫동안 페이스북 게시물에 '좋아요' 이외의 의사 표현은 불가능했다. 이제는 다양한 응답 옵션이 있지만 여전히 '싫어요' 버튼은 없다. 만화풍의 얼굴로 분노, 웃음, 경외감, 슬픔을 표현할 수는 있지만, 비평보다는 게시자의 관점에 대한 공감에 더 가깝다. 물론 우리는 반대 의견을 표명할 수 있지만, 소셜미디어의 기본 구조는 공감만을 증진시키는 경향이 있다.

소셜미디어에서의 분리Segregation는 결코 민주적이지 않다. 디지털 교육 접근권의 불균형, 소셜미디어 플랫폼의 검열 구조(이는 이 책에서 뒷부분에서 자세히 다룰 예정이다), 실제 세계에서 가져온 기존의 편견과 불평등 때문에 일부 온라인 그룹은 다른 그룹보다 영향력이 더 크다. 심지어 그들의 생각이 더 넓은 인류에 대한 저주일 때조차 도 말이다. 이는 당신의 목소리가 얼마나 큰지, 얼마나 많은 영향력 을 행사할 수 있는지에 대한 질문일 수 있다.

2014~2015년의 #Gamergate 스캔들은 이러한 현상을 살펴보 는 데 도움이 된다. 이 사건의 경우, 익명성 뒤에 숨어 있던 온라인 게 임 커뮤니티의 남성들이 조이 퀸Zoe Quinn 같은 여성 게임 개발자 들을 공격한 것은 게임 문화를 남성성의 요새로서 수호하려는 단합 된 노력처럼 보였다. 그것은 21세기 첨단 기술 환경에 적용된 19세 기 사고방식이었다. 그러나 그들의 목소리가 커지면서, 트롤들의 공 격의 파도는 퀸과 그녀의 지지자들을 압도했으며, 그중 일부는 강 간과 살해 위협 때문에 숨어 있어야 했다. 1년 후, 더 많은 사회에서 #Gamergate가 이끌어낸 여성 혐오감에도 불구하고 여성혐오주의 자들이 이겼다는 결론을 내리기는 힘들었다. 남성 중심의 온라인 게 임 하위문화에서는 가장 반사회적인 목소리가 충분히 넘쳐났고, 기 술에 정통한 여성혐오론자들이 논쟁을 왜곡하면서 이 점을 활용했 다. 이것은 온라인 기술이 포용을 낳을 거라는 실리콘밸리의 장밋빛 전망에 대한 거센 도전이었다.

때때로 전쟁 중인 소셜미디어 파벌들은 어느 쪽도 승리하지 못하 는 일종의 균형에 도달할 것이며, 건설적인 대화의 여지가 없는 독설 의 불협화음을 남길 것이다. 보수파와 진보파가 거의 영구적으로 치고받는 교착상태에 빠진 미국 정치권을 생각해보라. 트위터 피드, 뉴스 사이트의 논평 섹션, 페이스북의 토론 그룹은 공화당과 민주당이 타협하지 않는 세계를 보여준다. 이 교착상태는 의회의 정책 난맥상에서 직접적으로 드러나며, 1980년대 케이블 TV의 방송 뉴스 중단에 뿌리를 둔다. 소통과 협상의 실패를 초래한 초창기 원인은 CNN의 크로스파이어 쇼Crossfire Show였다. 이 프로그램의 제작진은 정치적 분열의 양측에 있는 두 명의 자기주장이 강한 인물이 테이블을 가로질러 서로 소리를 질러대면 '객관성'에 대한 국민의 관심이 어떻게든 충족될 거라고 판단했다. 지금도 우리는 두 정치 정당 내에서 일어나는 똑같은 성격의 공격과 낮 뜨거운 싸움을 본다. 2016년 공화당 예비선거에서 텔레비전 토론에 나온 도널드 트럼프가 자신의 성기 크기를 자랑할 때 '그럴 수도 있지'라는 대수롭지 않은 반응이 대부분일 정도로 수준이 떨어져 있다.

영원한 갈등으로 향하는 이런 경향이 실망스러울 수 있지만, 그럼에도 이것은 사회 유기체가 스트레스에 어떻게 대처하는지를 이해하는 데 유용한 기초가 된다. 이러한 이해는 사람들로 하여금 분노와 미움을 줄이고, 그 대신 동정심과 사랑을 증진시키는 메시지와 메커니즘을 설계하는 데 도움이 될 것이다. 우리는 평형에 대한 이러한 경향이 자연의 작용 방식과 일치한다는 걸 발견했고, 이는 그리 놀랍지 않다. 생명체의 네 번째 규칙에서 보았듯이 모든 생명체는 내부 환경의 항상성 또는 균형을 유지하기 위해 끊임없이 노력한다. 그들은 엔트로피가 아닌 안정성이 필요하다. 종종 그것은 두 경쟁자가 서로를 압도할 수 없는 지점을 찾는 것을 의미한다.

유튜브 활동가 그레이C. G. P. Grey는 '이 동영상은 당신을 화나게 할 거야'라는 제목으로[4] 소셜미디어의 기능장애에 대한 설명을 제공했다(그레이의 실명은 콜린 그레고리 팔머 그레이Colin Gregory Palmer Grey로 추정된다). 그레이는 아드레날린 분출의 원인인 분노가 비슷한 생각을 가진 사람들에게 바이러스성 영향을 미칠 수 있는 방법을 설명하기 위해 생물학적 유추를 많이 사용했다. 그는 소셜미디어에 게시된 아이디어를 '생각 세균thought germ'으로 묘사하는 것으로 시작했다(그 자신은 인식하지 못했을 수도 있지만, 그는 밈에 대해 이야기했다). 이 세균은 아이디어에 공감하는 사람들(세포들)의 수용체에 고정되어 있다. 가장 강력한 생각 세균은 '분노 세균anger germ'이라고 그는 주장한다. 왜냐하면, 와튼 스쿨의 연구가 보여주었듯이, 분노를 불러일으키는 아이디어는 소셜미디어에서 그 분노를 공유할 수 있는 동조자를 특별히 자극할 수 있기 때문이다. 이러한 분노 세균이 같은 생각을 가진 새로운 사람들의 집단을 만나면 복제된 분노의 바이러스처럼 폭발한다. 하지만 소셜미디어에서 벌어지는 이 격렬한 분노는 반대 견해를 가진 사람들의 집단에 의해 발견되고 동등하게 화를 내는 맞대응을 유발한다. 각 집단은 지속적으로 강화되는 피드백 루프에 영향을 받으면서 격렬한 경쟁에 돌입한다. 그레이는 이렇게 덧붙인다. "각 집단은 다른 집단에 생각 세균을 번식시키고, 가장 정확한 세균이 아니라 가장 격렬한 세균이 가장 빠르게 퍼집니다. 종종 이런 경쟁 과정은 '공생symbiosis'으로 끝나며, 매우 성공적으로 공생하는 분노 세균 한 쌍이 생태적 안정성에 도달하는 지점으로 귀결됩니다." 이것은 항상성의 한 유형이다.

하지만 분노를 유발하는 모든 아이디어가 소셜미디어상에서 반대 의견과의 균형에 도달하는 건 아니다. 일부 아이디어는 상호 간의 현재 상황에서 너무나 받아들일 수 없기 때문에 사회 유기체가 신속하게 반응해 그것을 해체하거나 중성화시킨다. 이런 아이디어는 외부 세계에서 사회 유기체로 들어온 침입자로 여겨지며, 사회 유기체가 스스로 정의하는 자신의 정상 상태에 대한 위협이 된다. 이런 의미에서 우리는 이 정상 상태를 수용 가능한 행동 규범의 문화적 기준으로 정의할 수 있다. 허용 범위를 벗어나는 아이디어는 질병을 일으키는 박테리아나 기생충 같은 위협 요소로 취급되며, 사회 유기체의 세포가 방어 반응을 일으키도록 자극한다. 여기서 생명체의 다섯 번째 규칙이 소셜미디어에 적용되는 방식을 볼 수 있다. 즉 사회 유기체는 외부 자극에 반응해 적응하고 스스로를 보호한다.

우리는 2015년 이를 확인했다. 미니애폴리스 치과 의사인 월터 팔머Walter Palmer가 짐바브웨 황게 국립공원에서 많은 사람의 사랑을 받으며 살던 사자 세실Cecil을 사살했다는 소식에 사회 유기체가 반응한 것이다. 사람들은 소셜미디어를 통해 그가 저지른 짓에 비난을 쏟아냈고, 이는 곧 그의 오프라인 생활마저 휩쓸어버리는 효과를 발휘했다. 팔머의 휴양지 별장에는 '사자 도살꾼'이라는 단어가 스프레이로 뿌려졌다.[5] 소비자 리뷰 사이트 옐프Yelp가 치과가 아닌 정치적 목적으로 이루어진 수백 개의 평가를 삭제했음에도 팔머의 치과 진료 평가용 옐프 페이지에는 지속적으로[6] 별표 하나짜리의 부정적 평가가 넘쳐났다. 특히 미국과 다른 나라의 여러 항공사는[7] 동물 사냥으로 획득한 전리품을 수송하는 것을 금지함으로써 이에 동참했다.

기생충, 박테리아 또는 다른 이물질에 의해 운반된 항원antigen이 인류의 진화와 과거 경험을 통해 구축된 방어용 항체antibody에 포착될 때 우리 몸의 면역 시스템이 작동한다. 이는 마치 사회 유기체가 월터 팔머의 행동을 유해한 이물질(인종차별주의자의 남부연합 깃발과 비슷한 추방해야 할 위협)로 인식한 것과 같다. 인체의 모든 면역 시스템과 마찬가지로, 사회 유기체는 문화적 규범의 현상 유지를 위해 잠재의식 속에 집단적으로 진화된 네트워크 시스템을 가진다. 유독하고 대립적인 아이디어에 포함된 항원이 사회 유기체를 구성하는 인간 두뇌의 수용체로 침투하면 우리 문화에서 불쾌감을 주는 개념에 반응하는 문화적 '항체'와 싸운다. 이 환영받지 못하는 기생충들은 그들과 관련된 인간 세포와 함께 신속하게 거부되고 제거된다.

하지만 소셜미디어에서 이런 종류의 치안 유지 활동이 언제나 우리 사회의 지배적인 기준을 따르는 건 아니다. 월터 팔머의 행동은 (사자를 살해하는 행위가 이제는 많은 사람의 눈살을 찌푸리게 함에도) 그러한 기준 규범의 범위를 벗어나지는 않았지만 소셜미디어에 존재하는 특정 항상성의 균형을 깨트리는 것이었다. #Gamergate의 여성혐오주의자들이 양성평등에 대한 서양적 사고의 현재 상황을 나타내는 건 아니지만, 당시에는 소셜미디어와 그 역동적인 힘의 진화 속에서 논쟁을 통제하기에 충분한 인원수를 가졌다. 유사하게 잘 조직되고, 강하게 동기부여된 강경파 사냥꾼 커뮤니티가 소셜미디어에서 팔머를 전방위적으로 방어했다면, 그의 사례는 매우 다르게 진행되었을 수도 있다. 사회 유기체의 면역 시스템은 자신의 문화적 규범을 중재하는 역할을 하지만, 사회 전체의 면역 체계를 완전히 포착하지는 못한다. 소셜미디어는 여전히 성장해야 할 부분이 많다. 우리는 미국의 총기 규제 문제에서 소셜미디어가 열정적으로 활용되는 걸 본다. 매일같이 새로운 대량 학살이 일어나지만, 언젠가는 미국 사회가 수정 헌법 제2조에 대한 NRANational Rifle Association(미국총기협회의) 무분별한 해석을 거부할 것이고, 우리 문화에서 이러한 독소적 영향을 제거할 것이다.

50명의 게이 남성이 사망한 올랜도 대학살에 관한 논쟁은 여전히 뜨겁다. 권리를 박탈당한 정신병자, 자기 비하적인 동성애 혐오자, ISIS 조직원, 이슬람 테러리스트 등 너무 많은 상징이 이 살인 사건에 뒤섞여 있다. 소셜미디어 전문가와 활동가의 각 그룹은 자신들의 의제에 대한 이야기의 틀에 고정되어 있다.

소셜미디어 정화 프로세스는 도를 벗어날 수 있다. 언론인 존 론슨Jon Ronson은 《So You've Been Publicly Shamed(그렇게 당신은 공공연히 비난당했다)》라는 제목의 책에서[8] 소셜미디어 사용자들의 집단이 누군가의 행동이나 발언을 맥락에서 벗어나도록 왜곡하고 공격해 끔찍한 결과로 이어지는 많은 사례를 상세히 설명했다. 저스틴 사코Justine Sacco의 사례를 살펴보자. 그녀는 런던 히드로공항에서 비행기에 탑승했고 트위터에 다음과 같은 (자기 말로는) 비꼬는 농담을 올리는 치명적인 실수를 저질렀다. "아프리카로 가는 중. AIDS에 걸리지 말아야 할 텐데. 농담이야. 나는 백인이라구!" 그녀는 과거에도 여러 번 인종차별적인 고정관념을 드러내는 트윗을 보냈고, 전체적으로 보면 그것은 인종차별주의자들과 아마도 그녀 자신의 특권적인 위치를 조롱하는 것처럼 보였다. 그러나 소셜미디어는 풍자를 잘 다루지 못한다. 그녀가 비행기에 타고 있는 동안, 그녀의 트윗에는 비난이 폭주했다. 수만 건의 분노한 댓글이 그녀에게 쏟아졌고 그녀를 인종차별주의자, 정신 나간 사람이라고 불렀다. 그녀가 공중에 있는 동안, #HasJustineLandedYet(저스틴 아직 안 내렸냐)은 가장 인기 있는 해시태그 중 하나가 되었다. 케이프타운에 도착하자 그녀는 폭발 직전의 트위터 계정과 자신의 도착을 촬영하기 위해 기다리던 전문 언론인과 아마추어 언론인의 행렬을 마주했다. 몇 시간 후 그녀는 직장에서 해고당했고, 그녀의 경력은 누더기가 되었다. 사코의 농담은 분명히 잘못되었고 사회 유기체를 무시한 발언이었다. 하지만 그녀가 그 모든 고통을 감당해야 마땅했을까?

노벨상을 수상한 생화학자이자 분자 생리학자(나의 전공 분야)인 팀 헌트Tim Hunt에 대해서도 같은 질문을 할 수 있다. 그는 서울에서 열린 학술 모임에서 "실험실에 여성들이 있을 때 생기는 문제는 그들이 당신과 사랑에 빠지고 당신이 비판할 때 운다는 점이다"라는 농담을 한 후, 런던대학교의 명예 교수직에서 해고당한 걸로 유명해졌다. 이 사건에 대한 전직 영국 국회의원 루이스 멘쉬Louise Mensch의 포괄적인 분석 결과에 따르면,[9] 헌트의 발언을 기사화해 소셜미디어에서 격렬한 분노와 조롱을 촉발시킨 기자가 헌트의 발언에 담긴 풍자적이고 자조적인 명백한 뉘앙스를 간과한 사실이 드러났다. 그는 여성 과학자와 여성 언론인들 앞에서 연설했다. 이것은 그런 상황에 놓인 사람이 풍자적이지 않았다면 그토록 노골적인 성차별적 발언을 할 수 없는 분위기임이 거의 분명했다. 한 달 후에 공개된 사건의 녹음테이프에는 그의 농담에 웃음을 터뜨리는 청중의 반응이 드러났다. 이는 그의 발언에 청중이 싸늘해졌다는 기자의 주장과 모순된 것이었으며, 완벽하지 않은 자신의 외모와 연애 생활에 그저 농담을 던진 거라는 헌트의 항변을 확인시켜주는 것이었다. 결국 런던대학교의 과민 반응이 대학에 대한 반발을 불러일으켰기 때문에 그는 복직되었다. 그러나 이미 그가 받은 정신적 고통은 회복되지 않았다.

이런 폭력적인 과잉 반응을 유추해볼 수 있는 한 가지 방법은 우리의 생물학적 면역 시스템의 실패를 고려하는 것인데, 이 또한 도를 지나칠 수 있다. 알레르기를 가진 사람은 봄이 두려워진다. 우리 몸의 면역 체계가 무해한 꽃가루를 유해한 항원 신호로 잘못 읽고 이를 제거하기 위해 점액을 생성하고 눈물샘을 자극하는 것이다. 결국 항원은 몸이 학습해서 인식해온 또 다른 '패턴'일 뿐이며, 몸은 이러한 패턴을 오해할 수 있다. 면역 체계가 이런 방식으로 과민 반응을 일으키도록 판단하는 것이 유전자의 기능이다. 똑같은 원칙이 사회 유기체에 대한 밈의 기능에도 적용될 수 있다. 우리는 보다 정교한 밈 코드를 진화시킬 필요가 있다. 이를 통해 타인의 의견이 소셜미디어에 등장할 때 이를 맥락에 맞게 해석하고 자신의 조건반사적인 응답이 지나친 해를 가할 수 있음을 인식할 수 있을 것이다. 이 기술과 그 주변에 구축된 온라인 사회는 아직 어리고 덜 성숙된 상태다.

뉘앙스는 종종 무시된다. 아마도 해결책은 우리의 소셜미디어 경험 속에서 보다 다양화된 세계일 것이다. 가상현실 기술이 결국 우리를 이 세계로 인도할 것이다. 하지만 당분간, 우리는 불완전한 진화 상태와 씨름해야 한다. 우리는 건강하고 진보적인 진화를 장려하는 방법을 찾아야 한다.

소셜미디어 내에서 긴장의 또 다른 예는 위협을 신속하게 제거하고 항상성을 추구하는 것과는 별로 관련이 없으며, 시간이 지남에 따라 대세를 형성하는 사회 유기체 전쟁에서 밈의 경쟁 방식과 더 관련이 있다. 그러나 이 경우에도 반응과 대응 방식은 면역계의 행동과 매우 흡사하다. #BlackLivesMatter 운동이 소셜미디어를 통해 조율하는 거리 시위와 집단행동은 인종차별적인 생각과 단체를 제거하려는 공동의 노력으로 보인다. #BlackLivesMatter 반대 세력으로부터 거센 저항에 직면하기 때문에, 그 운동은 즉각적으로 제거에 성공하지는 못한다. 예를 들면, 이와 같은 경찰에 의한 야만적 사건에서 일부 경찰이 살인 혐의로 기소되었지만, 유죄판결을 받은 경찰은 거의 없다. 그럼에도 우리가 상술한 바와 같이 #BlackLivesMatter와 다른 소셜미디어 주도 활동가 운동의 행동 축적은 사회 유기체 내에서 진화적 변화를 이끈다. 시간이 지남에 따라, 그들은 인구의 많은 저변에서 더욱 폭넓은 지지를 얻는다. 조만간 그들이 전체 사회 유기체를 더 나은 방향으로 변화시킬 거라고 나는 믿는다.

#BlackLivesMatter 해시태그는 외부에서 유기체 내부로 주입된 건설적인 아이디어였다. 그러나 파괴적인 밈도 증오와 고통의 씨앗을 뿌리기 위해 유기체의 세포 구조와 대사 경로를 사용해 같은 방식으로 진입할 수 있다. 앞에서 ISIS를 언급했지만, 우리가 염려해야 할 다른 것들도 많이 있다.

이방인이나 테니스 스타 세레나 윌리엄스Serena Williams 같은 유명인의 외모를 비하하는 일부 사람들의 냉혹함을 생각해보라. 소셜미디어에서 세레나 윌리엄스는 근육질 체형 때문에 인종차별적이고 성차별적인 발언을 자주 들었다. 이런 경우는 동정심이 가장 결여된 인간 행동의 사례다.

나는 이런 증오의 광풍을 사회적 암cancer이라고 생각한다. 암과 마찬가지로 그들은 사회 유기체의 자체 시스템을 사용해 정상적인 세포의 성장을 능가하는 비정상적인 악성종양을 만들어낸다. 일반적으로 우리의 면역계는 발암물질이 종양을 유발하는 것을 충분히 막을 수 있다. 어떤 경우에는 동일한 시스템이 종양의 출현을 막지 못할 수도 있지만 성장을 억제하고 전이를 방해할 것이다. 그러나 종종 암이 승리하며, 전 세계 의학자들의 연구 과제에 이 카테고리에 속하는 다양한 질병을 포함시킬 필요가 있다. 화학요법이나 방사선이 성공적으로 투여되지 않으면, 악성종양은 건강한 정상 세포에서 영양분을 가로채어 환자를 죽음으로 몰고간다(여기서도 실패한 패턴인식에 책임이 있다. 가장 치명적인 암은 면역계가 돌연변이된 세포 성장을 침입자로 인식하지 못하도록 위장된 암이다). 우리는 사회 유기체의 더 넓고 포용적인 신체에 해를 끼치는 밈에 대해서도 비슷하게 생각할 수 있다. 나는 사회 유기체가 언젠가는 이러한 질병을 극복하는 데 필요한 방어 장치를 갖게 될 거라고 믿지만, 그 질병들은 분명히 소셜미디어의 건설적인 가치에 반하는 행동을 한다.

이 암을 어떻게 막을 수 있을까? 해결책은 인간 생물학 연구, 특히 암 치료법에 대한 연구에서 찾아보아야 한다. 여기서 핵심 단어는 '돌연변이원mutagen(돌연변이 유발 물질)'이다. 의사들은 이 단어를 방사선 또는 유전 변이를 일으키는 화학물질과 같은 매개체를 기술하는 데 사용한다. 담배 연기의 화학물질 같은 많은 돌연변이원은 우리의 DNA를 변화시킴으로써 암세포의 성장을 유발할 수 있기 때문에 환영받지 못한다. 그러나 돌연변이원은 암에 맞서는 무기로도 활용될 수 있다. 방사선요법과 화학요법은 서로 다른 유형의 암의 기본적인 세포 구조를 변화시키고 그 성장을 멈추거나 되돌리는데 사용된다.

이와 관련된 접근법은 새로운 의료 분야인 면역요법immunotherapy이다. 알레르기로 고통받는 디오디언스의 내 파트너 숀 파커는 이 요법에 적극적으로 6억 달러의 기금을 지원했다. 면역요법은 숀의 몸이 위협으로 오인하는 땅콩과 조개류 같은 물질이 아니라 암과 같은 진정한 적과 싸울 수 있는 방법을 몸에 익히는 것을 목표로 한다. 돌연변이원 전략은 유전적 돌연변이 프로세스를 변화시키는 것이지만, 면역요법은 면역 시스템이 정보를 해석하도록 가르치는 것이다. 그러나 우리는 두 경우 모두에서 '리코딩recoding'이 일어나는 것을 보며, 그 개념은 사회 유기체의 증오 방어력을 강화하는 열쇠가 될 수 있다.

우리가 처음부터 말했듯이, 소셜미디어로 대표되는 새로운 의사소통 시스템을 과거로 되돌릴 수는 없다. 따라서 우리가 이 새로운 시스템의 긍정적인 특징을 더욱 활용하고 추하고 부정적 측면을 줄이려면, 보다 포용적이고 공감하는 사회를 육성하기 위한 새로운 전략을 모색해야 한다. 사회 관습과 문화의 근본적인 변화를 촉진하고 혐오스러운 의사소통의 질병에 대한 저항력을 높이기 위해 우리는 사회 유기체의 밈 코드의 일부를 돌연변이 시키거나 재작성rewrite하는 방법을 생각할 필요가 있다.

어떻게 의도적으로 밈 코드를 변경할 수 있을까? 우리는 건강한 밈을 가진 밈 풀을 단순히 확장함으로써 시작할 수 있다. 생명체의 치유력이 강력한 긍정적 유전자에 의해 뒷받침되고 질병에 취약한 유전자에 의해 훼손되는 것처럼, 사회 유기체의 건강도 밈의 올바른 조합에 의해 결정된다. 보다 건강하고 긍정적인 경향을 갖는 소셜미디어 환경을 구축하는 한 가지 쉬운 방법은 정서적으로 긍정적이고 행복감을 주는 콘텐츠를 풍부하게 하도록 격려하는 것이다. 우리는 인간의 정신(휴머니티)을 축복하고 증진해야 한다. 연민, 공감, 존경을 장려하고, 관용과 포용의 다리를 건설하고, 예술과 문화에 지속 가능성을 제공하고, 반대자들 간의 화해와 타협을 추구해야 한다.

이것은 당연한 말처럼 들릴지도 모른다. 예술가와 종교인들은 수세기 동안 더 많은 공감대를 추구해왔다. 소셜미디어 이전의 의사소통 역사의 관점에서는 이것이 약간 순진하고 이상주의적으로 보일수도 있다. 그러나 이제 새로운 통신 기술의 시대에 우리는 선의를 전파하기 위한 다양한 전략의 효과를 시험하고 측정할 수 있는 데이터를 보유한다. 소셜미디어는 매핑mapping되고, 연구되고, 계량화될 수 있다. 즉, 소셜미디어는 살아 있는 실험실이며, 강력한 컴퓨터가 분석할 수 있는 수백만 개의 상호 연결된 노드인 것이다. 확실히 트위터 같은 소셜미디어 플랫폼의 핵심 데이터에 액세스하기 위해 필요한 천문학적 비용 때문에 현재로서는 소셜미디어로부터 배우는 우리의 능력이 제한될 것이다(이것이 내가 개인 또는 회사가 소유하지 않는 분산형 소셜미디어 시스템을 개발하려는 이유이며, 8장에서 우리가 다룰 아이디어다). 그럼에도 이 모든 복잡한 데이터에 대한 올바른 접근법을 통해 보다 정확한 과학으로서의 사회적 상호작용을 연구할 수 있다. 이것의 실천 사례 중 한 가지는 카블리 재단Kavli Foundation의 휴먼 프로젝트HUMAN Project에서 나온다. 이 프로젝트는 뉴욕 시민 1만 명의 행동에서 수집된 수십 년 동안의 막대한 양의 데이터를 다각적으로 분석한 것이다. 카블리의 말에 따르면, 이 분석은 '인간에 대한 전통적 연구를 통해서는 얻을 수 없는 새로운 이론, 치료법과 정책 권고안의 개발을 가능하게 하는 것'을 목표로 한다.

디오디언스에서 우리 작업의 대부분은 카블리보다 덜 엄격한 방식으로 인간 사회화를 연구하는 것이었다. 건설적인 메시지를 만드는 고객이 이익을 얻을 수 있도록 돕기 위해, 우리는 선의를 전파할 올바른 방법론을 찾을 수 있는 데이터를 조사했다. 최근 우리는 빅데이터, 기계 학습과 정교한 분석을 통해 소셜미디어 세계에서 다양한 전략이 실행되는 방법에 대한 효과를 유사하게 측정할 수 있었고, 이 과정을 통해 더 친근감 있고 건강한 사회 유기체를 건설하도록 도울 수 있었다.

부정적인 콘텐츠가 유해한 피드백 루프를 어떻게 형성하는지 연구하는 대신에, 소셜미디어가 관용과 포용을 증진시키는 데 성공한 곳을 우선적으로 조사하는 것이 더 유용할 수 있다. 많은 블로거들이 긍정적이고 희망을 주는 감성을 키울 수 있는 상당한 능력을 이미 보여준다. 5장에서 나는 삶에 대한 긍정적인 내용을 담은 광고를 통해 디오디언스에서 대중적인 성공을 거둔 방법을 소개했다. 똑같은 상황이 저널리즘과 비상업적이고 창조적인 콘텐츠의 새로운 형태에서도 일어난다. 이들이 우리가 사회 유기체에서 암적인 냉소주의를 제거하는 데 도움을 줄 것이다.

브랜든 스탠튼Brandon Stanton의 HONY Humans of New York (뉴욕 사람들) 블로그와 페이스북 페이지(1700만 팔로워)는 무해한 소셜미디어를 활용해 공감과 연민을 북돋는 방법에 대한 빛나는 사례다. 희망과 두려움을 포착하는 평범한 사람의 일상 사진과 문구를 결합하는 스탠튼의 단순한 공식은 독자들로부터 진심 어린 고마움이 담긴 댓글을 정기적으로 이끌어낸다. 사진이 항상 특별한 건 아니다. 댓글도 마찬가지다. 그러나 매일매일 이 게시물을 접하는 사람들에게 긍정적인 효과를 줄 수 있는 독창적이고 인간미가 넘치는 이야기를 형성한다. 스탠튼의 글은 전 세계 수백만 명이 공유하는 강력한 밈이 된다. '호니HONY'에 게시된 가난한 브루클린 지역 출신의 한 어린이 사진은 모금 운동에 영감을 불어넣어 아이의 학교에 140만 달러가 넘는 기부금을 이끌어냈고, 사진가와 학생, 학교장이 백악관의 초대까지 받았다.

일부 비평가들은 HONY의 게시물이 진정한 관계나 지식이라기보다는 피상적이며 감성만을 자극한다고 주장한다. 그러나 내가 볼 때, 사회 유기체의 진화와 그 안에서의 교감을 바탕으로 사람들 사이에 긍정적인 분위기를 만들어내는 것은 사회에 가치 있는 공헌이다. 나는 HONY를 공감의 발전소라고 생각하고 싶다. 우리는 그런 발전소를 더 많이 만들어야 한다. 활동가, 정책 입안자, 교육자, 언론인, 기업 브랜드에 이르기까지 긍정적인 차이를 만들고 싶은 사람은 누구나 이 모델을 따를 수 있다. 그것은 사회 유기체의 암을 예방하기 위해 꼭 필요한 건강한 삶의 일종이다. 왜냐하면 그것이 이 세상에서 서로의 존재를 축복하도록 우리를 고무시키기 때문이다. 이는 MIT 미디어랩Media Lab의 미디어 이론가 에단 주커만Ethan Zuckerman이 '디지털 세계시민주의digital cosmopolitanism'라고 부르는,[10] 동종애 포화 상태의 뉴스 피드로부터 우리를 해방시키고 존중과 공감으로 다른 사람들의 견해를 다루는 포용적 모델을 보여주는 사례다.

긍정적인 접근 방식을 취하는 콘텐츠 제공자의 또 다른 예로는 업워디Upworthy가 있다. 소셜미디어를 통한 업워디의 게시물은 긍정적이고 인본주의적인 메시지와 동영상을 결합시킨다. 2013년 3월에 시작된 이 서비스의 게시물은 수개월 만에 페이스북에서 가장 많이 공유되고 좋아하는 항목 중 3위를 차지했고, 2013년 11월까지 1400만 조회 수를 기록했다. 업워디의 성공으로 Distractify.com, ViraNova.com, Liftbump.com, FaithIt.com을 비롯한 다수의 모방 사이트가 생겨났다. 냉소적인 사람들은 이들 사이트가 모두 '조회 수만 높이려는 낚시꾼clickbait'이라고 비난할 것이고, 그건 사실일 수도 있다. 그러나 긍정을 장려하는 낚시꾼이라면 환영받지 못할 이유가 없다.

소셜미디어는 오프라인 세계에서 사람들이 수행하는 영감을 불러일으키는 행동을 전 세계적 바이러스성 충격파로 바꾸어놓을 수도 있다. 메이크어위시 재단Make-A-Wish Foundation이 고담Gotham(실제로는 샌프란시스코시)을 구하는 '배트키드BatKid' 역할을 하고 싶다는 다섯 살 암 환자 마일스 스콧Miles Scott의 희망을 전하자 도시 곳곳에서 전문 배우, 시장mayor의 도움을 받은 정교한 공연을 펼쳤고, 심지어 오바마 대통령의 격려 메시지를 담은 바인 루프도 등장했다. 그러나 거대한 군중에게 환호하는 관중으로 참가할 수 있다는 걸 알리고, 전 세계 수백만 시청자에게 이 이벤트를 방송해 국제적인 행사로 만든 것은 무엇보다 소셜미디어의 힘이었다.

뉴저지 식당의 웨이트리스인 리즈 우드워드Liz Woodward의 사례도 있다.[11] 그녀는 두 명의 소방관 고객에게 지역사회 헌신에 대한 감사의 표시로 아침 식사 비용을 개인적으로 지불했다는 내용의 메모를 남겼다. 소방관 중 한 명인 팀 영Tim Young이 페이스북에 그 메모의 사진을 올리면서 친구들에게 그 식당을 자주 이용하고 '팁tip(봉사료)' 좀 많이 주라고 요청했을 때, 그녀의 사려 깊은 행동에 관한 팀 영의 게시물은 바이러스처럼 퍼져나갔다. 이 게시물을 본 로레인 해쳐Lorraine Hatcher는 우드워드가 장애를 가진 아버지를 위해 휠체어 탑승자용 밴을 사려고 돈을 모으려 애쓴다는 메시지를 팀 영에게 보냈다. 그러자 소방관들은 우드워드 가족의 온라인 고우펀드미GoFundMe 캠페인을 지원하기 위한 그들의 캠페인을 시작했고, 모든 상황을 더 커다란 훈훈한 미담으로 만들었다. 기부금이 전 세계에서 쇄도하기 시작했고, 짧은 기간 내에 밴을 사기에 충분한 8만 6000달러에 도달했다. 이 이야기는 NBC 〈엘렌 드제너러스 쇼Ellen DeGeneres Show〉에 등장하는 등 전국적으로 퍼져나갔고, 우드워드 자신의 희망을 전파하는 페이스북 페이지에서 수개월 동안 지속되었다. 그녀는 자신의 인생이 가져온 긍정적인 방향에 글을 올렸고, 선행이 선행을 낳는다는 걸 보면서 자신의 세계관을 재확인했다. 우드워드는 한 게시물에서 이렇게 썼다. "살펴보면 마음을 전할 기회는 어디에나 있어요. 당신도 차이를 만들 수 있어요. 거창한 노력을 기울일 필요는 없어요. 가장 큰 영향을 미치는 건 언제나 작은 일이랍니다."

이러한 종류의 바람직한 정서적 전염은 소셜미디어가 탄생하기 전에는 불가능했다.

그럼에도 인간의 잔인성에 대한 기사의 끊임없는 흐름에 맞서고, 우울하게 만드는 낚시성 헤드라인(예를 들면 '정말 끔찍한 15가지 무도회 드레스')에 직면했을 때, 지겨운 관점을 취하지 않는 건 어렵다. 위에 언급된 기분 좋은 이야기는 압도적인 우울함의 홍수에 맞선 형식적인 것처럼 보일 수 있다.

마이클과 나는 소셜미디어가 긍정적인 변화에 크게 기여할 거라고 믿는다. 모든 기술과 마찬가지로 거기에도 부작용은 있다. 하지만 소셜미디어는 우리가 이미 당연시하는 많은 측면에서 우리를 돕고 일상생활에 편의와 안전을 가져다준다. 우리는 지식을 집단지성화할 수 있고, 페이스북 그룹이나 공통의 관심사를 가진 사람들의 포럼에 질문을 올리면 짧은 시간 내에 답변을 얻을 수 있다. 네트워크의 각 노드가 시스템의 전반적인 이익에 원활하게 기여하는 정보 공유 앱app은 구글의 교통정보 서비스 웨이즈Waze에 의해 예시된 것처럼 도시의 모습을 변화시키며, 트위터 분석은 지진, 질병 발생, 시장 행동 등 모든 문제에 대한 조기 경보 신호를 보내는 데 사용된다.

그러나 그것은 단순한 유틸리티Utility(실용적 도구) 이상이다. 이 기술이 중요한 이유는 개인이 우리의 공유된 인류애에 대한 강력한 메시지를 전파할 수 있는 가능성 때문이다. 2015년 파리에서 테러가 일어난 다음 날,[12] 눈을 가린 한 남자가 레퓌블리크 광장에서 다음과 같은 표지판을 들고 서 있었다. "저는 무슬림이지만, 테러리스트라는 말을 듣습니다. 저는 당신을 믿습니다. 당신은 저를 믿습니까? 그렇다면 저를 안아주세요." 사람들이 끊임없이 그를 안아주면서 소셜미디어에 함께 참여하자는 의견이 퍼졌고, 포옹하는 동영상과 사진이 전 세계 사람들에게 공유되었으며, 종종 그 당시 파리 시민들이 느끼는 연대감을 표현한 해시태그 #JeSuisParis가 사용되었다. 행위 예술이 화해에 대한 강력한 기여자가 된 것이다.

다음 장에서 자세히 논의하겠지만, 인터넷과 소셜미디어의 등장으로 사회가 더 관대하고 덜 폭력적이 된다는 강력한 증거가 있다. 정반대처럼 보이지만 말이다. 우리가 이 기술을 잘 사용한다면 사회적 분열을 극복하고 새로운 디지털 사회를 보다 포용적인 미래로 이끌어가는 데 도움이 될 것이다. 모든 직업, 문화, 종교와 정치적 관점에서 10억 명이 넘는 사람이 페이스북, 트위터, 텀블러 같은 플랫폼을 사용한다. 그것의 홀로닉 구조 때문에 어떤 이익 집단도 진정으로 다른 모든 집단을 억누르는 권력을 행사할 수 없다. 우리는 공통 관심사를 가진 집단 속으로 숨을 수도 있지만, 단 한 번의 마우스 클릭으로 이러한 구분을 뛰어넘을 수 있고 다른 배경을 가진 누군가와 공통적인 인류의 가치를 찾을 수 있다.

물론 우리는 이것을 망칠 수 있는 능력도 있다. 멀리 볼 필요도 없이 2016년 선거운동 기간 동안 도널드 트럼프가 이 기술을 사용해 난데없이 인종차별주의와 외국인 혐오증을 이끌어낸 방법을 보면 된다. 우리는 위에서 언급한 문화 변화의 긍정적인 힘이 이렇게 우려스러운 배제와 독단으로의 퇴행을 거부하는 자기 교정 효과를 갖기를 희망한다. 그러나 이것이 자체적으로 가능할 거라는 보장은 없다. 분명히 진화는 우리가 미세 조정할 수 있는 것이 아니다. 그 대신 우리가 할 수 있는 건 긍정적이고 진보적인 진화를 장려하는 것이고, 더 중요한 건 사회 유기체의 진화론적 방향을 고약하게 몰아가는 걸 차단하는 올바른 전제 조건을 수립하는 것이다. 우리는 목화 바구미를 독약으로 멸종시키려 한 목화 농부들처럼 되는 걸 원하지 않는다. 그들은 더 독성에 강한 저항성 변종을 만들어냈을 뿐이다. 그 사례를 계속 유추해보면서, 나는 정부와 소셜미디어 플랫폼 자체의 검열이 남부 면화 농장에 DDT를 퍼부은 USDA(미국 농무부) 과학자들의 행위와 동일하다고 생각한다.

영국에서의 페미니스트 행동에 대한 반응으로 캐롤라인 크리아도 페레즈Caroline Criado-Perez가 트위터에서 당했던 일종의 성희롱을 보았을 때,[13] 그런 증오스러운 표현을 억제하는 규칙을 만들어야 한다는 본능이 우리에게 솟구쳤다. 그러나 그 충동만큼이나 이해해야 하는 것은 그러한 엄격한 반응의 2차적 영향이 시간이 지남에 따라 항상 더 해롭다는 점이다. 그것이 페이스북이나 트위터 같은 소셜미디어 플랫폼이 증오 발언을 검열하도록 강제하려는 2016년 유럽연합의 움직임에 내가 우려하는 이유다. 한 줄의 문장은 애매하거나 매우 빠르게 퍼질 수 있으며, 그러한 검열은 형편없는 재량에 따라 자의적으로 남용될 수 있다.

한 가지 큰 문제는 검열이 정보 게이트키퍼(정부, 전통적인 언론 매체 또는 소셜미디어 플랫폼 기업의 소유주)에게 사실상의 면허를 부여함으로써, 이러한 허가된 발언 통제권을 사용해 자신의 이익을 추구하고 보호하는 선례를 만든다는 점이다. 다음 페이지에서 우리는 소셜미디어 플랫폼에 특정 소프트웨어 알고리즘을 삽입해 사람들이 긍정적인 언어로 참여하도록 만드는 인센티브를 창출할 수 있는 전망을 논의할 것이다. 이는 당근과 같은 유화적 접근법이며, 성공할지 실패할지 또는 반갑지 않은 왜곡이 생성될지 여부는 아직 알 수 없다. 그러나 나는 이 분야에서 수년 간의 경험을 통해 채찍과 같은 강경책이 효과가 없다는 걸 분명히 안다. 그런 사람들은 여전히 골칫거리가 될 것이다.

우리가 다음 장에서 논의할 또 다른 큰 문제는, 가장 혐오스러운 발언일지라도 그에 대한 접근을 명시적으로 제한하는 건 우리 문화에 긍정적인 영향을 미치는 방식으로 진화하는 사회 유기체의 능력을 제약한다는 것이다. 우리가 절대로 하지 말아야 할 일은 소셜미디어의 증오 선동꾼들을 멸종시킬 수 없는 슈퍼-돌연변이 목화 바구미로 만드는 것이다.

7장

병원체에 맞서다

문화적 면역 시스템 강화

생명체의 진화와 마찬가지로, 사회 유기체의 진화는 고통과 투쟁 없이는 불가능하다. 예를 들면, 유럽의 계속되는 난민 위기는 외국인 혐오증을 촉발했고 최악의 비인간적인 반응을 불러일으켰다. 소셜미디어는 다시 한번 전쟁터가 되었다. 이것은 2015년 영국에서 등장한 #WeAreFull(여기는 꽉 찼다) 해시태그로 요약되었다. 이 해시태그는 엄격한 난민 정책과 관련해 호주에서 출현한 더 모욕적인 밈 #FOWF 'Fuck off, we're full'(꺼져라, 여기는 꽉 찼다)의 변종이었다. 이것은 나중에 영국에서 크게 성공한 #Brexit(유럽연합 탈퇴) 캠페인으로 이어졌다. 그러나 이러한 독설 속에서 가슴 아픈 사진 한 장이 대중의 논쟁에 극적인 경각심을 불러일으켰다. 해변에 얼굴을 묻은 채 쓰러진 세 살짜리 시리아 소년 아이런 쿠르디Iylan Kurdi의 시신을 찍은 닐루퍼 드미르Nilufur Demir의 사진이 페이스북과 트위터에 퍼져나간 것이다.

다음 날부터 수십 명이 모로코 해변에서 퍼포먼스를 펼쳤다. 거기서 그들은 소년과 같은 색의 옷을 입고 모래 속 소년의 생명 없는 몸짓을 취했다. 가자 지구와 인도에서는 거대한 모래성이 아이런의 시신 모습과 피부색으로 건설되어[1] 소년에게 애도를 표했고 난민에 대한 사람들의 동정심을 호소했다. 전 세계의 예술가들은 이를 시적으로 표현하기 시작해 거의 영적인 지위를 부여했다. 여기에는 유럽 중앙은행 본부 근처 프랑크푸르트의 마인강을 따라 그려진 거대한 벽화가 포함되어 있었다. 이제 소년은 그 벽화에 그려진 네이팜탄을 피해 달아나는 벌거벗은 베트남 소녀, 이오지마섬에 성조기를 게양하

는 미군 등 역사상 상징적인 이미지 대열에 합류한 의미심장한 밈이 되었다.

대중의 담론에 분명하고 눈에 띄는 변화가 있었기 때문에, 그 이미지의 힘에 대한 가장 큰 조치가 바로 뒤를 이었다. 스코틀랜드의 한 타블로이드 신문은 #WeHaveRoom(우리는 열려 있습니다)이라는 해시태그로 이어지는 캠페인을 시작했다.[2] 정부가 헝가리 난민들에게 국경을 개방하기로 결정한 독일에서는 난민들을 격려하고 환영하기 위해 국경 진입로에 수천 명이 운집했다. 독일 축구 팬들은 환영 현수막을 내걸었다. 이는 훌리건으로 악명 높은 그들에게 예상하기 어려운 행동이었다. 경기장에 내걸린 '난민 여러분 환영합니다!Refugees Welcome!'라는 문장의 이미지가 소셜미디어에 퍼지면서, 몇몇 브랜드는 자신의 사회적 양심을 보여줄 수 있는 기회를 가졌다. 바이에른 뮌헨 구단은 난민들에게 보내는 100만 유로의 기부금을 신속히 발표했으며,[3] 영국 구단들은 연대의 날을 만들어 이에 호응했다. 파리 테러 이후 프랑스의 마린 르 펜 같은 극우파의 외국인 반대 목소리가 여전히 사람들의 공포심에 편승했지만, 이전에는 동정을 거부했던 사람들이 마음의 문을 열었다는 걸 의미했다. 어떤 믿음이 생존에 적합한지를 놓고 반대 견해가 부딪히는 지속적인 문화적 투쟁 속에서 이것은 우리의 사회적 DNA에 지속적이고 긍정적인 돌연변이를 일으키는 강력한 힘이 되었다.

우리가 긍정적인 사회적 돌연변이의 의미를 이해하려면, 먼저 긍정적인 생물학적 돌연변이의 예를 살펴보는 게 필요하다. 주목할 만한 생물학적 돌연변이의 수혜자는 '베를린 환자'로 유명한 티모시 레이 브라운Timothy Ray Brown이다.[4] 그는 AIDS/HIV로부터 기능적으로 완치된 유일한 사람으로, 값비싼 항바이러스 약물 치료를 통해 몸속에 지닌 바이러스를 휴면 상태로 유지시키는 다른 천만 명의 환자와 구별된다.

2007년 백혈병 치료를 받았을 때, 브라운은 CCR5 델타-32Delta-32 변종으로 알려진 독특한 유전적 특성을 지닌 줄기세포를 이식받았다. 이는 보인자의 T-세포 수용체 상에 보호 밀봉해 HIV가 숙주세포로의 진입 지점을 찾지 못하도록 하는 기능을 수행하는 것이었다. 유럽인 조상을 가진 사람들 중 약 10퍼센트가 이 유전적 기능을 공유한다고 추정되지만, 다른 개체군에서는 매우 드물다.

델타-32 돌연변이는 수세기에 걸쳐 전해 내려왔으며, 과학자들은 인류의 유전적 역사를 분석함으로써 그 기원을 연구한다. 최초의 델타-32 돌연변이는 전염병의 생존자로부터 시작된 것으로 보인다. 이제 과학자들은 기원전 5세기 로마의 유럽 정복, 기원전 430년 아테네의 대규모 전염병, 18세기까지 특정 유럽 개체군이 보여준 천연두에 대한 저항성 등 2000년 동안 중요한 전염병 사례의 통합에 초점을 맞춘다. 우리가 분명히 알게 된 것은 유럽 역사에서 민족 혼합이 이 귀중한 유전적 특성을 전파하는 데 도움이 되었으며, 치명적인 질병이 자연선택 과정을 증폭시킬 때마다 이 특성이 유전적 상속 계보에서 더 큰 존재감을 나타냈다는 사실이다. 과학적으로 진보한 시대인 지금에서야 우리는 도움이 되는 돌연변이를 복제해 그것을 필요로 하는 누구에게나 제공할 수 있는 잠재력을 가졌다.

HIV, 천연두와 에볼라 발병에 긍정적인 점을 상상하기는 어렵지만, 이제 과학자들은 이러한 바이러스가 진화에 중요한 역할을 한다는 걸 안다. 이들 질병은 유전자에 돌연변이를 일으켜, 델타-32 변종이 티모시 브라운에게 준 것과 유사한 저항성을 제공한다. 실제로 인간 게놈은 우리 조상을 감염시킨 바이러스에서 나온 유전물질로 가득 차 있다. 예를 들면 HIV로 인해 면역 체계가 망가진 에이즈 환자의 혈액을 검사한 결과,[5] 인간과 침팬지가 처음으로 계통 분리된 시점인 600만 년 전까지 거슬러 올라가는 재발성 바이러스의 흔적이 발견되었다. 소프트웨어 엔지니어가 완벽하지 않은 컴퓨터 코드를 '버그'라고 부르는 것처럼 우리는 인간 DNA에서도 똑같이 말할 수 있다.

바이러스 변종과 인간 진화의 관계에 대한 지식을 넓히고, 항원과 항체가 어떻게 나란히 발전하고 진화하는지에 대한 지식을 넓히면서, 우리는 면역요법 같은 유망한 새로운 질병 치료법을 만들어낸다.

유전자와 바이러스 돌연변이의 원인과 패턴을 결정함으로써, 의사들은 우리의 면역 체계를 새롭게 인식해 우리의 건강을 보다 효과적으로 방어할 수 있도록 바꾼다. 이 과정에는 사회 유기체가 어떻게 밈 코드에서 돌연변이를 통해 문화적 진화를 겪는지를 이해하는 교훈도 담겨 있다. '모든 생물은 적응하고 진화한다'는 일곱 번째 규칙을 기억하자. 사회가 성장하길 원하고, 소셜미디어를 인간 존재를 개선하기 위한 건설적인 포럼으로 바꾸고 싶다면, 우리 문화에서 끈질기게 계속되는 증오, 불관용, 위협이라는 '질병'에 자신을 드러내야 한다. 그것은 검열에 반대하는 강력한 사례를 만든다.

다양한 지표들이 1990년대 초반 인터넷과 소셜미디어가 부상한 후로 인간의 사회화 경향이 크게 개선되었음을 보여준다. 우리는 기

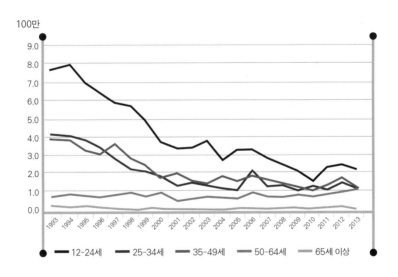

폭력 범죄 희생자의 연령별 인원수

술이 이러한 개선의 원인임을 명확히 증명할 수는 없지만, 이 지표들은 소셜미디어가 사회에 큰 해를 끼친다는 견해를 설득력 있게 부정한다. 비평가들은 사람들이 소셜미디어 이전의 세계보다 훨씬 더 지저분하고 세계화된 현재의 미디어 환경에서 24시간 365일 내내 인간 갈등의 현장에 노출되었다고 불평한다. 그러나 그건 사회가 더 가혹해졌다고 말하는 것과는 다르다. 증거에 따르면 그 반대 상황이 일어났다.

범죄 통계가 이를 잘 보여준다. 경찰 데이터와 병원 데이터는 모두 인터넷이 처음으로 주류 사회로 진입한 1993년 이후에 폭력 범죄의 감소가 가속화되었음을 보여준다. 가장 놀랍게도, 미국의 데이터에 따르면[6] (전통적으로 폭력 때문에 가장 큰 고통을 겪는 연령대인) 12세에서 24세의 사람들을 대상으로 한 폭력 범죄는 그 후 20년 동안 절반 이하로 줄어들었다. 물론 이 연령대는 폭넓은 온라인 활동으로 정의되는 생활 방식을 가진 최초의 디지털 세대라고 할 수 있다.

우리는 인종, 종교, 성별과 성적 취향을 둘러싼 미국인의 견해에서 비슷하게 놀라운 증거를 볼 수 있다. 결혼에 대한 태도가 좋은 척도다. 퓨 리서치 센터Pew Research Center의 동성 결혼에 관한 중립적 연구에 따르면[7] 미국인들의 동성 결혼 찬성 비율은 2001년 불과 35퍼센트에서 2015년에는 55퍼센트 이상으로 늘어났다. 그런 맥락에서 볼 때, 같은 해에 대법원이 동성 결혼을 전국적으로 합법화한 판결을 내린 건 사회의 변화에 보조를 맞춘 것이었다. 마찬가지로, 타

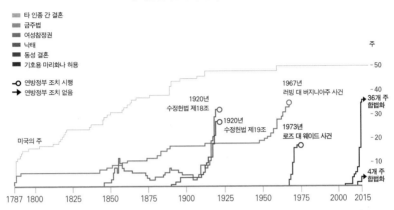

우리 문화는 더욱 빠른 속도로 진화하며,
우리가 생각하기에 이러한 가속 현상은 처음에는 인터넷에서,
이제는 더 많은 곳에서 생각과 밈을 혼합하는 기능을 한다.

인종 간 결혼에 대한 찬성도 급속히 확대되었다.[8] 퓨 리서치 센터의
조사 결과에 따르면, 2012년 미국인의 3분의 2가 자신의 가족이 다
른 인종과 결혼해도 '괜찮다'고 답했다. 1986년의 찬성 비율은 겨우
33퍼센트에 불과했다. 보다 최근의 연구에서 밀레니얼 세대 10명 중
9명이 가족이 타 인종과 결혼하면 환영할 거라고 응답함으로써 훨씬
더 높은 찬성률을 보여주었다.

위에서 언급한 문제에 대한 법적 태도도 빠른 속도로 변한다.
2015년 블룸버그 그래픽은 다섯 가지 중요한[9] 사회적 문제(타 인종
간 결혼, 금주법, 여성참정권, 낙태, 동성 결혼)의 합법화에서 첫 번째 주법
의 개정과 대법원의 최종 판결 사이에 걸린 시간이 시대의 변화에

따라 급격히 단축되었음을 보여주었다. 이 기사는 기호용 마리화나 사용의 합법화 찬성에도 이와 비슷한 급속한 변화가 일어나려 한다고 보도했다.

우리의 문화는 더욱 빠른 속도로 진화하며, 우리가 생각하기에 이러한 가속 현상은 (처음에는 일반적인 인터넷에서, 이제는 더 구체적으로 소셜미디어에서) 생각과 밈을 혼합하는 기능을 한다. 소셜미디어에서 벌어지는 편 가르기 싸움이 주는 인상에도 불구하고 우리는 더욱 관용적이고 포용적이 되었다.

우리는 더 큰 사회적 포용으로 향하는 이런 경향을 사회 유기체의 밈 코드에 대한 돌연변이 속도가 빨라지는 것으로 볼 수 있다. HIV에 내성을 갖는 CCR5 델타-32 변종을 일부 유럽 개체군에 심어놓은 유전적 혼합과 마찬가지로, 이런 문화적 변화는 사회 유기체를 관통하는 밈 복제를 통해 아이디어를 교환함으로써 활성화된다. HIV에 내성을 갖는 유전적 특성의 확산이 불완전한 것처럼, 이 과정 역시 불완전하다. 그러나 전염병과 질병 발생이 수행한 역할과 마찬가지로 우리는 이것을 전염병이 만연했던 시기에 촉진된 진화론적 추세라고 생각할 수 있다. 이는 고도로 진화된 포용적 아이디어가 소셜미디어 시스템을 통해 엄격히 테스트되고 승격promote되는 시점이다. 우리는 가장 강한 유전자만이 그런 스트레스 테스트에서 생존한다는 걸 안다. 이와 마찬가지로 사회 유기체의 밈도 가장 강한 것만이 살아남는다. 사회 유기체의 이질적이고 홀라키적인 특징의 성장과 발전을 가장 잘 증진시키는 밈이 복제될 것이고 그에 따라 돋보이게 떠오를 것이다. 증거가 암시하듯이 궁극적으로 이 과정은 사회적 통합을 증진시키는 아이디어를 선호한다.

이러한 변화를 긍정적인 발전으로 보는 우리의 사회-진보적인 해석에, 일부 독자들, 특히 보수적인 정치 성향을 가진 사람들은 반박할 수도 있다. 종교 단체는 성적 취향 자기결정권right around sexual preferences의 확대를 퇴행적 단계로 못마땅하게 볼 것이다. 우리는 (이 책의 시작 부분에서 언급한) 대중문화에서 남부연합 깃발의 출현이 감소하는 상황을 진화적 발전으로 보지만, 그 깃발을 남부 자존심의 상징으로 여기는 사람들은 그 상황을 역행으로 보게 될 것이다.

우리가 강조한 바와 같이, 진화는 도덕적 관점으로 정의할 수 없다. 진화가 반드시 '더 나은 것'은 아니다. 그러나 일반적으로 진화는 위협에 저항하는 힘이 강해지는 걸 의미한다. 이런 관점에서 우리는 문화적 진화가 더 큰 포용을 지향한다는 주장이 과학적이라고 생각한다. 우리는 시간에 따른 생물학적 진화의 알고리즘을 규정하는 물리학과 생태학의 법칙을 통해 이를 설명할 수 있다. 예를 들면 유전자 풀을 넓히거나 일련의 분자 반응에서 가능한 변수의 수를 늘림으로써, 적자생존 경쟁을 통해 더 강하고 탄력 있는 유형의 출현 가능성을 높일 수 있다. 마찬가지로 사회 유기체에 입력되는 문화적 관습과 아이디어의 배열을 확장하면(즉 '밈의 풀'을 넓히면), 문화를 더 강하고 탄력 있게 만들 수 있다. 거기에 성장하고 확장하려는 사회 유기체의 자연적인 본능을 더하면, 포용을 요구하는 일종의 수학적 논리를 얻는다. 포용의 반대인 배제는 이런 본능에 정면으로 반한다. 이 때문에 도널드 트럼프, 르 펜, 브렉시트 같은 배제적 움직임의 부상 rise을 보는 것은 매우 놀랍다. 이는 모두 장벽을 세우는 것이다. 그들의 접근 방식은 아이디어 풀을 좁힐 것이다.

이는 봉건 유럽의 절대군주제에서 계몽주의, 독립 선언문을 거쳐 시민권 운동에 이르는 역사를 개인의 자유 확장을 향한 진보적 발걸음으로 정의하는 오랫동안 유지된 자유주의 지적 전통에 부합한다. 우리는 이 일련의 새로운 자유의 확립을 점진적으로 차이를 받아들이는 사회의 기록으로 볼 수 있다. 그것은 기술 발전과 사회 변혁에 의해 압력을 받은 권력이 어떻게 포용의 경계를 넓혔는지를 보여주는 연대기다. 이 과정에는 역행적 상황(어떤 사람들은 인터넷 시대에 만연한 국가의 감시가 이 상황을 대표한다고 주장할지도 모른다)도 존재하지만, 인류의 근현대사는 분명히 개방성과 수용성이라는 큰 틀을 따라 이동했다. 각 단계마다 신구 세력 간의 투쟁이 있었다. 무료 점심은 없다(즉 공짜로 얻을 수 있는 건 없다). 오늘날에는 변화를 강요하기 위한 폭력적인 혁명은 불필요하겠지만, 우리가 진화하고 싶다면 다듬어지지 않은 콘텐츠의 노출에 따라 생겨나는 갈등은 불가피하다.

소셜미디어는 우리가 당면한 갈등에 분명히 주목하도록 압력을 가하기 때문에 포용을 향한 이 발걸음을 용이하게 한다. 언제 어디서나 연결된 미디어 환경에 스스로를 개방함으로써 우리는 더욱더 많은 항원에 우리의 문화를 노출시킨다. 스팸 메일, 증오 메시지, 트롤의 출몰 등 반사회적 의견의 흐름도 우리의 면역 시스템을 강화하는 필요악이다. 우리는 이 새로운 현실의 초기에 있기 때문에 문화적 진화 과정에서 가장 어려운 시기를 겪는 것이다. 우리는 사회 유기체가 갑자기 생소한 '질병'의 발진rash에 노출되는, 인간 사회화의 역사에서 전례가 없는 순간에 접어들었다.

이 질병의 가장 무서운 측면 중 하나는 새로운 유형의 선동적 파시즘의 등장이었다. 이 경우 보다 진보적인 정치 성향을 가진 독자들은 소셜미디어가 보다 포용적인 사회를 창조한다는 우리의 주장에 반대하는 경향이 있다. 2016년 선거운동 기간 동안 도널드 트럼프는 반이민, 반이슬람 수사법을 사용해 공화당 후보가 되는 데 성공했고, 열렬한 지지자들을 폭력으로 얼룩진 소란스러운 집회에 끌어모았다. 이것은 '진보'라고 볼 수 없다. 그러나 미국의 민주주의에 대한 우려를 불러일으킨 트럼프 지지자들과 반대자들 사이의 시카고 충돌 이후 다트머스대학의 브렌든 니한Brendan Nyhan 교수가 19개의 '트윗폭풍tweetstorm'에서 지적했듯이,[10] 타인에 대한 미국인의 태도에 관한 통계는 (우리가 앞에서 인용한 것처럼) 자기중심적인 실패한 사업가(트럼프)의 인기가 인종적 증오의 전반적인 확산을 반영한다는 개념을 지지하지 않는다. 오히려 니한의 주장에 따르면, 트럼프 현상은 기존의 정치집단이 효과적인 거버넌스governance(다양한 기관이 국정운영에 참여하는 통치 방식)를 수행하지 못하고, 거대하지만 권력을 빼앗긴 소외된 집단에서 항상 근거를 찾는 파괴적이고 배타적인 아이디어를 균형 잡지 못한 데서 비롯된 것이다.

기업, 정부, 대중매체의 낡은 수직적 권력 구조는 특정한 지도자가 없고 홀로닉한 구조를 가진 우리의 새로운 의사소통 패러다임에 의해 철저히 분열되었다. 결과적으로 그들의 권력 장악력은 약화되었고, 이것이 트럼프처럼 감정을 자극하는 인물에 대한 열광에 그들이 무력해진 이유다. 또한 그것은 2016년 6월 23일에 무모하게 도입한 유럽연합 탈퇴 여부를 결정하는 '브렉시트' 국민투표에서 영국의 정치 엘리트들이 자국민의 과반수를 외국인 혐오감의 기조가 깔린 '탈퇴Leave' 캠페인에 투표하지 않도록 설득하는 데 실패한 이유이기도 하다. 실패한 제도를 대체할 새로운 중재 시스템을 만들기 위해, 사회가 워싱턴 정치권의 규칙보다 생물학의 규칙을 따르는 새로운 미디어 아키텍처를 사용할 수 있을지 여부가 주목할 부분이다. 우리는 그렇게 될 수 있다고 생각한다. 그런 방식의 메커니즘은 사회 유기체의 진화 알고리즘을 통해 이루어질 것이다. 더 안정적이고 조화로운 미래로 나아가는 과정에는 약간의 험로도 있기 마련이며, 사회적 시민 행동과 함께하는 사려 깊고 개방적인 정책 결정이 필요할 것이다.

이러한 소셜미디어의 시대적 현상이 흑사병 또는 CCR5 Delta-32 변종을 일으킨 주요 역사적 전염병의 문화적 동등물일까? 아마도 그럴 것이다. 나는 고통과 불화의 이 시기가 전례 없는 세계적인 밈 교환에 의해 움직이기 시작한 돌연변이의 가속도에 의해 비교적 빨리 지나가기를 희망한다. 이미 사람들은 소셜미디어에서 해야 할 일과 하지 말아야 할 일을 학습하고 있다.

사회 유기체는 스스로 살아남기 위해 필요한 항체를 개발한다. 어린 시절 더 많은 박테리아와 바이러스에 노출되면 우리 몸은 더 강하게 자란다. 마이클과 내가 자랄 때, 학교의 누군가가 수두(주로 아이들을 일주일 정도 가려움증에 시달리게 만드는 전염성이 강한 질병)에 걸렸다는 소식이 들리면 부모님들은 일부러 자기 자녀를 아픈 아이의 집에 데리고 가서 수두에 노출되도록 했다. 이것은 아이가 나중에 다시 질병에 걸리는 걸 막기 위해 미리 항체를 만들 수 있게 하려는 아이디어였다. 자녀의 건강을 위험에 빠트릴 수 있는 이런 행동은 겉으로 보기에는 무모해 보이지만, 폐렴이나 뇌염과 같은 심각한 합병증의 위험이 훨씬 높은 10대 사춘기나 성인기보다 유년기에 이 질병에 걸리는 것이 훨씬 안전하다는 걸 고려하면 합리적인 추론에 의한 것이었다. 1995년에 항체를 만드는 훨씬 더 안전한 방법을 제공하는 완벽한 수두 백신이 만들어졌다. 그러나 위협적인 바이러스나 박테리아의 DNA에서 파생된 백신의 개념은 동일한 핵심 아이디어에 기반을 둔다. 우리에게 외면적으로 해가 되는 것에 노출되는 게 우리를 더 강하게 만든다는 점이 우리의 유전적 특징이다.

항체가 있는 면역 시스템을 구축해 자체적으로 질병과 싸울 수 있는 백신이나 면역요법과는 달리 항생제는 고용된 용병 군대와 같다. 그들은 우리를 대신해서 감염을 유발하는 박테리아를 직접 공격해 이러한 단일 세포 미생물을 죽이고 번식과 성장을 예방한다. 그러나 이 용병들은 임무를 마치면 떠난다. 그들은 점령에서 해방된 영토의 주민들을 스스로 싸울 수 있도록 훈련시키지 않는다. 더욱이 일반적인 항생제는 박테리아보다 훨씬 작고 살아 있는 생명체의 모든 특징을 갖지 않은 바이러스와는 싸울 수 없었다. (바이러스는 본질적으로 살아 있는 유기체의 세포로 들어가서 내부 생식기관을 가로챔으로써 자신을 복제할 수 있는 분자 내부에 있는 유전물질의 조각(RNA 또는 DNA)일 뿐임을 기억하라.) 엄격히 말하자면, 살아 있지도 않은 것을 '죽일' 수는 없는 셈이다. 따라서 감기 같은 바이러스를 물리치는 유일한 방법은 우리의 면역 체계가 이러한 지속적인 변이를 일으키는 질병을 진압하는 방법을 찾기를 기다리는 것뿐이다. 그러나 이는 항생제의 남용이 공중 보건에 위협이 되는 이유를 설명해준다. 모든 살아 있는 유기체와 마찬가지로 박테리아도 적응하고 진화한다. 이는 많은 사람들이 항생제에 내성을 갖게 됨을 의미하며, WHO(세계보건기구)와 CDC Centers for Disease Control and Prevention(미국 질병통제예방센터)는 이를 심각하게 우려한다. 루이 파스퇴르가 페니실린을 발견한 이래 항생제가 생명을 구하는 데 중요한 역할을 했지만, (바이러스는 물론이고) 병균을 퇴치하기 위해서는 외부 물질에 의존하는 것보다 우리 내부의 면역 시스템에 싸우는 방법을 가르치는 것이 훨씬 낫다는 사실이 밝혀지고 있다.

반사회적 발언을 줄이거나 검열하는 규정을 트위터와 페이스북에 도입하도록 요구하는 것은 항생제와 같은 질병 퇴치 용병 서비스를 도입하는 것과 유사한 전략으로 생각할 수 있다. 그것은 병균의 특정 발현을 억제할 수는 있지만, 근본적인 DNA를 파괴하지는 못하며 사회 유기체가 스스로 퇴치하는 법을 배우는 것도 아니다. 공격적인 사고방식의 핵심 요소(예를 들면 #Gamergate 광신도들의 본질적인 여성혐오주의)는 계속 살아남을 것이며, 그것이 지배하는 세포들(그 사고방식 지지자들)의 도움을 받아 외부 공격에 맞서 싸울 것이다. 그 지지자들은 언제나 그랬듯이 이를 자유 언론에 대한 공격으로 받아들일 것이며, 불행하게도 그들의 주장이 옳을 것이다.

• • •

우리가 누구이며 어떻게 상호작용하는지를 정의하는 문화적 규범인 모든 사회 관습은 이러한 종류의 갈등으로부터 나왔다.

스티븐 핑커Steven Pinker는 자신의 저서 《우리 본성의 선한 천사: 인간은 폭력성과 어떻게 싸워왔는가The Better Angels of Our Nature: Why Violence Has Declined》에서[11] '문명화 과정'에 관한 사회학자 노르베르트 엘리아스Norbert Elias의 이론을 인용했다. '문명화 과정'이란 유럽 사회가 어떻게 더 평화로워졌는지를 설명하기 위해 중세 시대부터 나타난 사회적 은혜와 예절의 발전을 다룬 것이다. 과거에는 연회에 초대를 받으면, 적을 죽이고 음식을 먹는 데 사용된 도구인 칼을 가지고 가는 것이 일반적인 일이었다. 음식 주위에 모여서, 그 칼로 동물 사체에서 한 조각을 잘라내고 같은 칼에 그 조각을 꽂아 입으로 가져갔다. 이 날카로운 칼의 주변에 있는 문제점은 의견이 다른 누군가가 칼에 찔릴 위험이 항상 존재한다는 것이다. 이는 주인이나 손님 모두에게 편안한 상황은 아니었지만 초기 중세 사회에서는 폭력이 일상생활의 일부였다. 그것에 대해 무엇을 할 수 있었겠는가?

해결책은 테이블 매너의 진화였다. 결국에는 개인 칼을 사용해 음식을 먹는 것이 용인될 수 없었고, 식사용 날붙이류(포크와 나이프)의 아이디어가 도입되었다. 포크가 발명되었고 특수하고 덜 치명적인 나이프가 식탁에 배치되어 손님이 다른 사람들 앞에서 자신의 칼을 칼집에서 꺼낼 필요가 없도록 했다. 식탁용 날붙이류의 적절한 사용에 관한 예절이 등장했다. '나이프를 입으로 가져가지 마십시오', '나이프로 음식을 휘젓지 마십시오' 같은 주로 테이블 나이프로 하지 말아야 할 행동에 관련된 것이었다.

칼싸움을 유발하는 위험에 대한 실용적인 해결책으로 시작된 예절은 갈등을 막기 위한 일련의 체득되는 문화 규칙으로 발전했다. 시간이 지남에 따라 이러한 종류의 미묘한 변화는 점점 더 많은 영역에서 폭력을 용인할 수 없는 행동으로 인식하는 가치 체계가 발전하도록 도왔다. 스티븐 핑커의 말에 따르면, 노르베르트 엘리아스의 연구는 '유럽인들이 점점 더 충동을 억제하고, 행동의 장기적인 결과를 예상하고, 다른 사람들의 생각과 감정을 고려하는 과정과 (복수를 당연시하는) 명예의 문화가 존엄성의 문화로 나아가는 과정'을 보여주었다. 이것은 도덕적 진화 과정이었다.

서로의 상호작용이 변화하고 디지털 공간으로 이동함에 따라 우리는 규범을 재평가해야 한다는 압력을 받는다. 사회는 항상 해왔던 일을 한다. 그것은 대부분 금지 사항을 전달하고 범죄자를 응징함으로써 용인할 수 없는 새로운 행동을 '감시'하는 일이다. 이러한 반응은 한 사람의 행동을 바꾸는 것을 목표로 했을 뿐만 아니라, 이것이 새로운 법규임을 다른 사람들에게 각인시킨다. 나는 이를 새롭게 진화한 면역반응이라고 생각한다. 일단 새로운 항체가 면역계의 경찰력에 추가되면, 경찰력은 이질적인 침입자를 물리치고 미래의 침입에 대한 보호 장치를 마련하기 위해 자신이 가할 수 있는 만큼의 반격으로 반응한다.

소셜미디어를 통해 우리는 이러한 종류의 가치 충돌 가능성을 근본적으로 확장시켰고, 결과적으로 문화 변화의 전환기가 크게 단축되었다. 이 새롭고 경계 없는 전 세계적 소통 구조에서 우리는 이전에는 불가능했던 교차-문화적 상호작용cross-cultural interaction의 폭발적 증가를 경험한다. 이것은 처음에는 갈등을 자극한다. 이 갈등은 수용 가능성의 경계를 재설정하는 일종의 집단적·문화적 변화가 있을 때에만 해결될 수 있다. 마찬가지로 중요한 것은 새로운 관습이 확립되면 소셜미디어는 사회의 면역 체계가 경찰 업무를 수행할 수 있는 방대하고 개방된 새로운 플랫폼을 제공한다는 사실이다. 이 새로운 온라인 인간 소통을 수억 명의 손님이 상호작용하는 거대한 식탁이라고 생각해보라. 이를 위해서는 새로운 에티켓(예절)을 만들어야 한다. 우리가 서로를 '죽이는' 걸 피하기 위해서는 극적이고 빈번한 가치의 변화가 필요하다. 이 새롭게 설립된 문화 질서의 위반은 사회 유기체의 면역 체계가 가동됨에 따라 매우 강력한 충격과도 같은 반응을 일으킬 수 있다.

찰스턴 학살 사건이든 사자 세실 사살 사건이든, 소셜미디어 기반의 정화 반응은 10대 실험실광이었던 나를 매료시킨 혈액응고의 생화학적 반응에 들어 있는 응고 연쇄 작용을 연상시킨다. 조직이 손상되고 혈액이 새어나올 때, 상처 부위로 이어지는 아라키돈산의 경로를 따라 효소와 대사 요소가 동기화되어 춤을 추는 듯한 현상이 일어난다. 이것은 작은 혈소판 집단을 서로 묶이도록 유도해 출혈을 억제하도록 수축시킨다. 진화하는 문화와 함께하는 사회 유기체의 몸에서, 사회적 조화의 균열은 유사한 대응을 요구하는 깊은 상처처럼 보일 수 있다.

문화 진화가 가속화되는 또 다른 이유가 있다. 우리는 지금 사실상 우리의 관습을 크라우드소싱(집단지성화)한다. 과거에는 에티켓과 가치가 위에서 지시되었다. 중세 시대에는 귀족이 식사 예절을 주도했고, 교회가 사람들에게 믿어야 할 것과 믿지 말아야 할 것을 말해주었다. 20세기에 들어와서도 소셜미디어 이전의 미국에서는, 언론과 정치계 밖의 사람들이 사회적 가치의 개혁을 주장하는 건 그리 쉽지 않았다. 집회에 참석하고, 파업에 돌입하고, 출판사 인맥과 글솜씨가 있다면 설득력 있는 논문을 쓸 수 있는 정도였다. 19세기 미국보다는 훨씬 좋았지만, 지금처럼 '좋아요' 또는 '리트윗' 버튼을 클릭하는 것만으로도 거의 모든 사람이 우리 문화가 진화하는 데 도움이 되는 운동에 참여할 수 있는 상황이 전혀 아니었다. 이제 우리가 서로를 향해 행동해야 하는 방식을 결정하는 주체는 종교나 CEO의 독점적인 의견이 아니라 사회의 집단적 아이디어 풀이다. 집단 지성은 때로는 불협화음을 내기도 하고, 때로는 진보적인 변화에 영감을 불어넣기도 한다.

대부분 사람들은 이것이 어떻게 일어나는지 파악하지 못한다. 그들은 소셜미디어를 우리 문화의 외부에 있는 것으로 본다. 우리 삶의 나머지에서 분리된 현상이자 독특한 기술로 보는 것이다. 그들은 이를 문화적 변혁의 주요 엔진이나, 우리를 안에서부터 변화시키는 패러다임 전환의 원동력으로 보지 못한다. 해시태그 밈은 우리가 잠재의식적으로 오프라인 세계로 끌고 간다 하더라도, 소셜미디어에만 의존하는 표현 방식으로 여겨진다. 하지만 실제로 이 밈과 그것에 담겨 있는 이야기는 온라인이든 오프라인이든 일반적으로 우리 사회에 심오하고 광범위하게 영향을 미친다.

내가 면역요법의 한 형태로 생각하는 #BlackLivesMatter 운동을 다시 한번 생각해보자. 이 운동은 흑인들에게 미묘하지만 실제적인 장벽을 부과하는 잠재적이고 제도화된 인종차별로 '봐야 하는' 패턴인식을 개발하도록 사회를 훈련시킨다. 이 운동은 우리에게 이 장벽이 기본적 인권 문제라는 걸 인식하게 만든다. 이 운동은 패턴인식을 잘못 형성한 사람들로부터 불가피한 반발을 일으켰다. 흑인 미국인의 삶의 현실을 이해할 수 있는 능력을 차단하는 이런 잘못된 패턴인식은 그들이 보편적인 경험으로 오인하는 백인의 특권적 삶에 의해 형성되었다. 첫 번째 그룹은 자신이 생각하기에 거의 차별화되지 않은 시스템을 본다. 두 번째 그룹은 무장 경찰의 형태로 국가가 백인 피부로 감싸인 몸보다 그들의 몸에 이동의 자유를 체계적으로 적게 부여한다는 것을 안다. 이 반발은 #BlackLivesMatter와 같은 리더 없는 운동이 통제할 수 없는 예기치 못한 방식으로 충돌을 야기한다. 우리는 2016년 여름 배턴루지, 댈러스, 미네소타 팔콘 하이츠

등의 도시에서 벌어진 흑인과 경찰 생명의 무의미한 희생을 야기한 충돌에서 이를 목격했다. 그러나 이 갈등이 진행되는 동안 우리의 문화적 면역 시스템도 진화한다. #BlackLivesMatter는 실제로 현실에 안주하던 많은 백인을 놀라게 한다. 그것은 우리 모두에게 다른 사람들의 삶의 현실을 돌아보게 하면서 지금까지 너무나 부족했던 공감 능력을 창조한다.

이런 맥락에서 공감이란 단어가 의미하는 바를 분명히 하는 게 중요하다. 그건 바로 사회 유기체의 기능에서 핵심적인 정서적 특징이다. 과학자들의 추정에 따르면, 개인에게 공감이란 학습된 행동인 동시에 유전적으로 결정되는 것이다(자기애적 성격장애를 가진 사람들은 공감 유전자가 부족한 것으로 추정된다). 또한 공감은 사회 유기체의 공유된 문화에서 공통 요소다. 이 경우, 목표는 점차적으로 우리의 밈 코드를 업데이트하고 더 넓은 삶의 반경을 가로질러 문화의 공감대를 넓히는 것이다. 유전적인 공감과 학습된 공감 사이의 구별은 중요하지 않다. 우리는 문화에 공감하는 능력을 끊임없이 '가르치고' 강화시켜야 한다. 여기에 면역요법의 비유가 적용된다.

사람들이 공통의 인류애를 인식하게 하는 데 근본적인 역할을 해온 예술은 공감을 장려하기 위한 이런 노력에서 그 어느 때보다 중요하다. 나는 2016년 런던의 '유미범범트레인You Me Bum Bum Train' 공연장을 방문해 그런 잠재력을 확인했다. 이 공연은 500명이 넘는 자원봉사자가 수행하는 일련의 즉흥 장면에서 유일한 청중인 당신이 중심적인 초점(주인공)이 되는 독특한 연극 경험이다. 죽음, 성공,

기쁨, 굴욕, 슬픔, 웃음, 기분 전환 장면에서 창조자(배우들)는 인간의 깊은 공감 능력을 드러내기 위한 기이한 여행으로 당신을 인도한다. 그것은 정말로 내게 있어 인생을 바꾸는 경험이었다. 물론 사회적 효과는 특권을 부여받은 일인칭 관객으로 제한된다. 예술가가 직면하는 도전(그리고 기회)은 거대하고 전 세계적인 시청자에게 소셜미디어라는 도구를 사용해 이러한 종류의 영향을 미치게 하는 것이다.

소셜미디어가 공감을 확대하는 데 어떻게 도움이 되는지를 상상하는 건 어렵지 않다. 소셜미디어는 콘텐츠 제공자가 매일 수백만 타인의 눈을 통해 사람들이 세상을 보는 걸 도와주는 강력한 도구를 제공한다. 실제로, 가상현실virtual reality(VR)도구가 발전하면, 'VR 공감 생성기'라고 부를 수 있는 장치를 만들어낼 것이고 문화적 면역요법이 더욱 강력해질 거라고 나는 생각한다. 고통이나 기쁨의 순간에 소셜미디어를 통해 낯선 사람들과 생생하게 연결된 카메라와 소형 고글을 장착한 사람들을 상상해보라. 이것은 과거에는 할 수 없었거나 하려고 하지 않았던 일이며, 일종의 모든 이를 위한 '유미범범트레인'인 셈이다. 우리는 아직 거기까지 도달하지는 못했지만, 그 방향으로 나아가고 있다. 경찰에 의해 학대당하는 흑인 남녀를 촬영한 스마트폰 동영상의 엄청난 사회적 영향력은 이러한 잠재력의 초기 징후다.

'시민 저널리즘'의 순간 포착에 의한(과거에는 백인 미국인에게 숨겨졌던) 불의injustice에 대한 강력한 증거는 #BlackLivesMatter를 광범위한 사회운동으로 전환시키는 데 도움이 되었다. 복제된 메시지가 영향력 있는 인적 네트워크를 통해 광범위하고 빠르게 이동함에 따라, 해시태그 밈(그것이 이끌어내는 사회운동)은 사회 유기체의 전반적인 밈 구조를 바꾸는 권한을 부여받았다. #BlackLivesMatter는 어디에나 존재하는 구호가 되어 우리의 집단의식 속에 자리 잡았다. 거기서부터 이 모델은 오프라인 세계를 포함한 더 넓은 사회로 옮겨졌고, 따라서 면역요법의 치료 효과가 확장되었다. 인종차별은 언제나 가장 끈질기고 해로운 질병 중 하나였다. BlackLivesMatter는 우리의 면역계에 충격을 주어 인종차별을 인식하고 거기에 맞서 싸우게 만든다.

#BLM 운동은 지도자를 발굴하고 임명할 필요가 있는 급속한 성장을 경험했다. 2016년 7월 현재 미국과 캐나다에 38개의 지부가 있다. 실제로 결정적으로 현실 세계의 조직 구조는 처음에는 유기적이고 자발적인 정의에 대한 요구에서 나왔다. 과거의 정치조직보다 훨씬 더 수평적이고 분권화되고 홀라키적인 구조이기는 하지만 말이다. 이렇게 변화하는 시대에 'Company(회사, 함께하는 것)'라고 부르는 것의 의미에 대한 원대한 정의에서, 패스트컴퍼니Fast Company는 2016년 50대 혁신 기업 목록에서 #BlackLivesMatter를 9위에 선정했다.[12] #BLM의 주요 활동가 중 일부를 분석한《CNN 인터랙티브CNN Interactive》의 기사 제목은[13] 그들을 묘사하기 위해 '편견의 파괴자들'이라는 실리콘밸리 같은 어구를 사용했다.

이전 장에서 우리는 새로운 데이터 수집 기술을 사용해 사회 유기체에서 어떤 종류의 콘텐츠가 즉각적인 반응을 일으키는지를 매평하고 배울 수 있는 방법을 이야기했다. 비슷한 맥락에서 우리는 그 사회 유기체가 진화하는 방법을 매핑하고 연구할 수 있을까? 달리 말하자면, 우리는 인간의 밈 코드를 서열 분석sequence할 수 있을까? 사람들이 그렇게 하려고 시도한 것은 처음이 아닐 것이다.

2003년 기업가이자 벤처 캐피털리스트이자 빅 데이터, 인공지능, 웹 의미론Web semantics의 최고 사상가인 노바 스피백Nova Spivack은[14] '휴먼 메놈 프로젝트The Human Menome Project'를 시작했다. (이 이름은 공공 기금으로 조성된 휴먼 게놈 프로젝트Human Genome Project(HGP)에서 따온 것이 분명하다. HGP는 같은 해인 2003년에 인체 게놈의 시퀀싱(염기 서열 분석)을 완료했다. 이는 크레이그 벤터Craig Venter의 셀레라 코퍼레이션Celera Corporation이 진행한 민간 주도 사업보다 3년 뒤진 것이었다.) 자신의 블로그에서 스피백은 이렇게 주장했다. "'인류애의 메놈Menome of humanity'을 실시간으로 계산하려면, 웹에서 명사구를 탐색한 후 이 구문이 다양한 인구통계학적, 지리적, 주제별 공간을 통과할 때의 시공간 역학을 측정해야 합니다. 최종 결과는 '현재 전 세계에서 가장 영향력 있는 밈의 집합'과 '개별적 사회, 인구통계학적 그룹, 지역공동체 등의 메놈'의 기록이 될 것입니다."

휴먼 메몸 프로젝트Human Memome Project('m'이 붙어 있음)라고 불리는 또 다른 연구가 몇 년 후에 '나선형 동역학spiral dynamics'의 창시자 돈 에드워드 벡Don Edward Beck이 이끄는 휴먼 이머전스 센터Human Emergence Center에서[15] 시작되었다. '나선형 동역학'이란 대규모 인간 심리학의 진화 발전을 연구하기 위한 복잡한 모델링 방법이다. 자신의 방법론을 '모든 것을 설명하는 이론'이라고 규정하는 벡은 자신에게 영향을 준 사람으로 리처드 도킨스와 발달 심리학자인 클레어 그레이브스Clare W. Graves를 꼽는다. 휴먼 메몸 프로젝트 웹사이트에는 그 목표가 다음과 같이 서술되어 있다. '혼란과 질서의 파동, 변화와 안정의 파동, 진보와 회귀의 파동을 우리의 집단적 자아 안에서 최고 수준으로 모니터링하도록 설계된 정교한 전자 지도를 생성하기 위해, 문화 변혁, 사회적 변화, 갈등의 본질, 갈등 예방의 형태와 개발에 대한 다양한 관점의 종합체를 창출한다.'

이 프로젝트들의 결과는 아직 분명하지 않지만, 빅데이터 기술이 복잡한 시스템의 진화에 대한 우리의 이해를 넓혀주면서 사람들은 사회적 존재로서의 자신의 '본질essence'을 점점 더 확인하려고 노력할 것이다. 이는 우리의 생물학적 자아의 거의 확실한 청사진으로 여겨지는 게놈의 문화적 등가물을 찾으려는 과학적 의지이며, 인간의 영혼을 찾기 위해 슈퍼컴퓨터를 가동시키는 것과 같다.

우리가 휴먼 게놈 프로젝트의 등가물을 완성하고 메놈을 시퀀싱하면 무엇을 발견할 수 있을까?* 우리 사회의 과거에서 '질병'과의 대립이 우리 문화가 사회 분열에 대한 항체를 구축하는 데 어떤 도움이 되었을까? 우리 중 많은 사람들(희망적으로는 우리 중 대부분)이

---

* 우리는 휴먼 이머전스 센터의 용어인 '메몸memome'보다 스피백의 용어인 '메놈 menome'을 선호한다.

독단적인 요즘 정치인의 파시스트적 신호를 인식하고 저항하는 역량이 1930년대와 1940년대의 고통스런 유럽 충돌의 기원을 따라가는 것일까? 우리 사회가 진화하는 데 도움이 된 수없이 많은 고통스러운 '전염병 에피소드' 중에는 다음과 같은 것들이 있다. 시민권을 지원하기 위해 흑인 동포들에게 합류하도록 백인 미국인들의 마음을 움직인 1960년대 유린당하고 폭격당한 교회의 이미지. 한때 공통적이었던 '정의로운 나의 조국'이라는 정서에 사람들이 의문을 갖게 만든 베트남전쟁의 참상. 억압받는 게이 청소년들의 고독한 투쟁에 대한 공감을 불러일으킨 와이오밍주 라라미에서 매튜 셰퍼드 Matthew Shepard의 잔혹한 죽음. 또한 우리는 옳은 것을 위해 일어서도록 용기를 북돋워주는 오랫동안 기억에 남을 만한 밈을 만들어낸 긍정적인 순간을 발견할 수 있다. 마틴 루터 킹의 연설, 안네 프랑크 같은 불의에 저항한 용기 있는 인물의 이야기, 9월 11일에 수천 명을 구하는 과정에서 사망한 소방관 같은 전쟁과 비극의 영웅들, 모차르트의 레퀴엠requiem(진혼곡)이나 라이트형제의 키티 호크 비행기 같은 예술과 과학의 천재성이 번쩍였던 환희의 순간 등이 바로 그것이다. 예를 들어 '인간을 위한 작은 발걸음, 인류를 위한 커다란 도약'이라는 문구가 인간의 잠재력에 대한 우리의 집단정신에 얼마나 깊이 흐르는지 생각해보라. 실패와 승리의 모든 순간은 인간적 교감을 나눈다는 것이 무엇을 의미하는지를 우리의 감성에 알려준다. 이 순간이 우리 모두가 이끌리는 공감의 집단적인 풀을 형성하는 것이다.

그래서 다음과 같은 질문이 제기된다. 우리가 그 밈들을 차단했다면 어떻게 되었을까? 히틀러의 인종 말살 행위가 외부 세계에 드러나지 않았다면 어떻게 되었을까? 마틴 루터 킹이 링컨기념관의 계단에 자신의 연단을 마련하는 걸 금지당해서 '나에게는 꿈이 있습니다'라는 연설을 그의 가까운 친구들만 들었다면 어떻게 되었을까? 두말할 필요도 없이 우리의 문화는 그만큼 발전하지 못했을 것이다. 항체를 개발하지 않았다면, 우리는 현재보다 더 인종차별주의와 불관용에 취약해졌을 것이다. 그것은 우리를 도덕적으로도 경제적으로도 지체시켰을 것이다.

이것은 모두 그 자체만으로도 매우 훌륭하지만, 이 지식으로 우리는 무엇을 해야 할까? 소셜미디어의 진화를 거부할 수 없다면, 사회 구조를 더 건강한 상태로 이끌기 위해 그 시스템을 어떻게 활용할 수 있을까? 나는 아마도 우리가 훌륭한 아이디어를 찾아낼 수 있을 거라고 생각한다. 다음 장에서 이를 알아보자.

8장

토머스와 테디

사회 유기체의 개방적 헌법

수백 년 동안 정부는 이른바 '우리'라는 개념이 무엇인지를 확인하는 매우 중요한 임무를 맡아왔다. 정부는 출생증명서, 운전 면허증, 신분증, 여권 등 오랫동안 신원을 확인하는 기준이 된 주요 문서를 발행한다. 최근 몇 년 동안 세계 5대신원 관리자는 중국, 인도, 미국, 인도네시아, 브라질 5개국 정부였다. 지금도 중국과 인도 정부는 여전히 상위 다섯 번째 안에 들지만, 신원 관리 사업의 새로운 강자인 15억 명의 정체성을 관리하는 페이스북에 뒤처져 있으며, 구글(5억 명)과 트위터(2억 2000만 명)라는 신예에게 추격당한다. 여러 개의 아이디와 암호를 관리하는 데 불편함을 느낀 많은 사람들은 이들 플랫폼이 제공하는 제3의 웹사이트에 대한 SSOSingle Sign-On(사용자 단일 인증) 서비스의 편리성을 수용한다. 하지만 나는 이런 집중화된 신원 인증 방식이 위험하다고 생각한다. 은행 계좌 개설, 여행, 계약 체결, 심지어는 건물에 들어가기 위해 자신의 신원을 증명해야 하는 자본주의 체제에서 이 소수의 민간기업은 이제 우리 모두에게 막강한 힘을 행사한다.

페이스북의 광대한 네트워크 확장이 가능했던 이유는 사용자로 하여금 자신의 '진짜' 본성에 최대한 가까운 디지털 자아를 제시하도록 유도한 최초의 온라인 소셜미디어 플랫폼이었기 때문이다. 그것이 페이스북에 모든 것을 포괄하는 우려할 만한 힘을 주었다. 전 세계적으로 10억 명이 넘는 사람에게 중요한 정보의 일상적 원천이 되는 뉴스 피드를 페이스북이 어떻게 통제하고 조작하는지 생각해보라. 과거에는 게시물의 순서가 시간 순으로 배열되었지만, 이제는 바이러스성 전파 확률이 높고 광고주의 요구에 부응하는 게시물을 강조하도록 사전에 결정된 소프트웨어 알고리즘에 의해 의도적으로 조정된다. 이와 같은 알고리즘이 우리에게 원치 않는 '추억'을 제공할 것이며, 이전에 게시한 사진 앨범을 자의적으로 판단해 '페이스북 기념일'을 함께하고자 하는 친구와 다시 연결시키며, 어떤 경우에는 이미 사망한 친구나 가족을 함께 묶기도 한다. 또한 첨부된 유튜브 동영상이나 다른 동영상의 링크를 사용자가 클릭하지 못하게 함으로써 원본 동영상을 페이스북에만 업로드하도록 강제한다. 이는 소셜미디어 플랫폼 간의 상호 교류를 제한하고, 사회 유기체의 역동적 흐름을 방해하며, 콘텐츠 제작자가 자신의 작품에서 수익을 창출하지 못하게 만든다.

최악의 경우 페이스북은 공격적인 자료처럼 보이는 것에 게슈타포(비밀경찰) 같은 방식으로 접근한다. 개인적인 메시지로 친구에게 보낸 농담 때문에 갑자기 계정을 정지당했을 때 나는 이를 분명히 깨달았다. 페이스북의 사상 감시 경찰은 나의 사적인 대화를 들여다보면서, 내가 47세의 아이슬란드인 친구에게 보낸 '마이크로 페니스 micro penis'라는 이미지(구글의 의학 자료에서 검색한 사진이었다)를 용납할 수 없다고 판단했다. 확실히 우리의 농담은 야했지만, 아무에게도 해를 끼치지 않았고, 매일 평범한 친구들 사이에서 이루어지는 수백만 건의 대화 중 하나에 불과했다. 핵심은 그것이 '개인적인' 대화였다는 점이다. 결국 나는 '국제 아동 포르노' 혐의로 기소되었고, 나의 계정은 '당신은 이 계정으로 어떤 일도 할 수 없고 누구와도 접촉

할 수 없습니다'라는 메시지와 함께 즉시 차단되었다.

페이스북이 SSO 식별자로서의 강력한 역할을 통해 나의 모든 로그인을 관리했기 때문에, 그 차단 조치로 스포티파이Spotify 스트리밍 서비스를 중단해야 했고, 우버Uber도 사용할 수 없었으며, 사운드클라우드SoundCloud도 차단되었기 때문에 모든 사이트에 일일이 신원을 증명하는 절차를 다시 거쳐야 했다. 사실상 내 ID는 정지되었고, 나는 한동안 투명인간이 될 수밖에 없었다.

견제받지 않는 권력과도 같은 중앙 통제 프로그램을 통해 페이스북은 자의적이고 주관적인 진실을 만든다. 이는 우리가 따르도록 페이스북이 설계한 삶의 이상적인 그림일 뿐이다. 오랫동안 사용자가 마우스 클릭으로 페이스북 게시물에 대한 의견을 표현할 수 있는 유일한 방법은 엄지손가락을 치켜올리는 '좋아요like' 버튼뿐이었다. 이 플랫폼은 이후로 '사랑', '하하haha', '와우wow', '슬픔'과 '분노' 이모티콘을 추가했지만 여전히 '싫어요dislike'는 없다. 페이스북은 불협화음의 공동체가 되기를 원치 않으며, '귀하는 누군가가 공유하는 정보에 슬픔이나 분노를 느낄 수는 있지만, 그 사람의 의견에 반대해서는 안 됩니다'라고 말하는 듯하다(틀림없이 페이스북은 그 일을 내부 직원인 검열자에게 맡긴다). 우리는 거기에 순응한다. 대부분 사람들은 페이스북을 행복한 뉴스와 이미지만을 위한 곳으로 사용한다. 그들은 완벽한 삶, 완벽한 자녀, 행복한 결혼, 직업에서의 성공 등 꿈결 같은 자아를 창조한다. 페이스북랜드Facebook-land는 디즈니랜드 Disneyland와 같다. 그곳은 우리가 순종적인 자아를 만드는 동화의 나라다.

페이스북의 목표는 최대한 많은 사람들의 주목을 받음으로써 광고 플랫폼으로서 자신의 가치를 돋보이게 하는 것이다. 이 회사는 '당신'을 광고주에게 판매하는 사업에 종사한다. 페이스북의 알고리즘이 당신의 진정한 정체성, 당신의 표현, 당신의 친밀감, 당신의 사적인 대화와 욕망을 알기 때문에, 당신은 이 회사의 귀중한 패키지 상품이 된다. 또한 그 알고리즘은 어떤 콘텐츠가 잘 '먹히는'지를 파악해 광고주들에게 제공할 대상을 지정할 수 있다. 분명히 페이스북은 회원들의 건전한 SNS 활동을 위해 자신의 '공동체'가 관리하는 검열 정책을 부과한다고 주장하겠지만, 이 회사의 가장 큰 관심사는 긍정positivity을 판매하는 데 있다(인스타그램은 누드 사진을 허용하지 않고, 페이스북 메시지는 '거시기 사진dick pic'을 허용하지 않는다).

콘텐츠 제한을 둘러싼 논쟁은 예민한 사안이다. 증오심 표출, 직접적인 위협, 노골적이고 폭력적인 이미지가 소셜미디어에 포함될 때 대중의 항의는 충분히 이해할 수 있다. 페이스북이나 트위터 같은 회사들은 어떤 종류의 질서를 강제하기 위해 매우 강력한 홍보 활동을 해야 한다고 느낀다. 그러나 신문 편집인이 기사를 신문윤리강령에 적합한지 판단하기 어려운 것보다 소셜미디어 플랫폼이 제어할 수 없는 다양한 사용자 콘텐츠에 흑백 결정black and white decision을 내리는 것이 훨씬 더 어렵다.

우리는 페이스북에 답변을 요청하는 이메일을 보냈지만 답장을 받지 못했다. 무응답은 특별히 할 말이 없음을 의미한다. 공평하게 말하자면, 페이스북 같은 소셜미디어 제공업체들은 이러지도 저러지도 못하는 상황이다. 그들은 종종 공격적인 콘텐츠에 불쾌감을 느낀 사람들로부터 삭제시키라는 항의를 받지만, 그렇게 하면 자유 언론 옹호자들로부터 가혹한 조치를 취한다는 비난을 받는다. 플랫폼 회사들은 콘텐츠 삭제 기준에 대한 일관된 정책(페이스북의 경우 '커뮤니티 표준community standards')을 수립하기 위해 나름대로 노력해왔다. 기준, 정당한 절차와 심의를 통해 어려운 문제를 해결하려는 진지한 노력도 진행 중이다. 또한 전 세계 정부의 요청에 대한 데이터를 게시함으로써[1] 페이스북은 콘텐츠를 제한하는 의사결정의 투명성을 분명히 보여준다. 이것은 칭찬할 만한 일이다. 그러나 문제는 현실 세계가 '공정한' 검열을 위한 규칙과 절차가 감당할 수 있는 것보다 훨씬 복잡하다는 점이다. 특수 이해 관계자들은 이러한 합의 과정을 왜곡시켜서 자신에게만 유리한 방식으로 콘텐츠를 삭제하거나 보호할 수 있는 능력과 동기incentive를 갖는다. 알려진 바와 같이 범위가 지나치게 넓어지는 경우가 빈번해졌고, 해당 문제가 생겨난 특정 상황을 커뮤니티 표준이 해결할 수 없기 때문에 콘텐츠를 적당히 임의적으로 삭제하는 경우가 많아졌다.

　페이스북을 방송 도구로 활용해 자신의 자살 과정을 일련의 끔찍한 사진과 글로 생중계한 해병대원 대니얼 레이 울프Marine Daniel Rey Wolfe의 심각한 사례는[2] 이런 딜레마를 잘 보여준다. 페이스북은 사진을 내려달라는 동료 해병대원의 간곡한 요청에 처음에는 응하지 않았다. 울프의 게시물이 페이스북의 커뮤니티 표준 규정을 위반하지 않았기 때문이었다. 페이스북의 커뮤니티 표준 규정에는 '가학적 효과를 공유하거나 폭력을 권장, 고무하는 노골적인 사진'과 '자해, 섭식 장애, 심각한 약물 남용을 홍보, 장려하는 게시물'을 삭제한다고 되어 있었다. 그러나 울프는 자기 폭력을 '권장promote'하거나 '고무encourage'하지는 않았다. 그는 단지 자기 폭력을 실행할 것을 약속했을 뿐이었다. 이는 그가 아직 살아 있는 동안 그 게시물을 제거하면 페이스북의 다른 정책(친구와 가족에게 개입할 수 있는 문을 열어주는 우선순위)에 위배됨을 의미했다. 울프가 사망한 후, 또 다른 정책이 시행되었다. 직계가족 구성원이 사망자의 계정을 폐쇄하거나 '추모memorialize'할 단독 책임이 있다는 것이었다. 가족이 공식적인 행동을 취하지 않으면, 사망자의 계정이 그대로 유지되고 페이스북의 알고리즘이 자동 생성된 생일과 기타 세부 정보를 삭제하지 않고 발송한다. 울프 가족의 반응이 없자, 페이스북은 정책에 따라 그의 계정을 열어두었고, 적어도 언론의 관심을 끌고 고위층이 결정을 번복할 때까지 그 계정은 자살에 관련된 끔찍한 게시물로 가득 차 있었다.

울프의 가족과 친구들의 심정을 이해하지 못하는 건 아니다. 누가 그 모든 상황을 감당할 수 있겠는가? 그러나 페이스북의 검열 알고리즘과 사용자 자신의 자기-검열된 '하이라이트 동영상'에 의해 만들어진 동화 같은 완벽함이 이 해병대원 같은 사람들의 고뇌에 영향을 끼치는 것이다. 휴스턴대학교의 연구에 따르면 페이스북의 사용 증가는 '사회적 비교social comparison'라는 현상을 통해 우울증을 증가시키는 것으로 나타났다. 아프가니스탄과 이라크에서 귀국한 참전 용사들이 평온한 미국 사회에 다시 동화되려고 애쓰면서 PTSD(외상 후 스트레스 장애)를 겪는 모습을 상상해보라. 이때 그들이 타인의 페이스북에서 보는 것은 지옥 같은 전쟁터와 정반대인 비현실적 디즈니랜드(동화의 나라)다.

증오 발언이나 폭력 묘사를 장려하는 것이 사회에 도움이 된다는 뜻은 결코 아니다. 오히려 정반대다. 소셜미디어에서 그런 자료를 제한해야 한다고 많은 사람들이 느끼는 걸 우리도 안다. 그러나 7장에서 우리가 논의했듯이, 사회 유기체가 증오와 폭력의 병균을 퇴치하는 최선의 방법은 그것들에 직접 맞서는 것이다. 그렇게 하면 우리는 그들이 퍼뜨리는 항원을 흡수해 우리의 공유된 사회적 면역 시스템에서 사랑과 연민이라는 해독제로 그들을 박멸할 수 있다. #TakeItDown 시민운동을 일으키기 위해 대학살과 남부연합 깃발을 든 백인 노동자 사진이 널리 전파되는 과정이 필요했다는 걸 기억하라. 그 사진을 페이스북처럼 디즈니랜드화 시켰다면 이 운동이 가능했을까?

이것은 공허한 질문이 아니다. 우리를 우리 자신으로부터 보호하려는 페이스북의 '커뮤니티 표준' 접근법에 실제로 우려되는 점은 그것이 불가피하게 정치적 검열로 이어지는 것이다. 보도된 많은 사례 중 하나를 살펴보자.[3] 페이스북은 영국 밴드 콜드플레이Coldplay가 자신의 페이스북 페이지에 게시한 원월드OneWorld의 '팔레스타인에 자유를Freedom for Palestine'이라는 동영상에 대한 링크를 삭제했다. 친이스라엘 단체들이 페이스북의 검열 담당자에게 이 노래의 URL 을 '폭력적'이라고 신고한 직후였다. 논란의 여지가 있는 페이스북 검열 결정의 더 많은 사례는[4] 비영리 단체인 EFF Electronic Frontier Foundation(전자 개척자 재단)와 비쥬얼라이징 임팩트Visualizing Impact 에서 관리하는 onlinecensorship.org 웹사이트에서 찾아볼 수 있다. 이 사이트의 2016년 3월 23일 자 주간 보고서를 살펴보면, 소셜 미디어 검열에 대한 모든 항목에 페이스북이 들어 있음을 알 수 있다. 이 보고서에는 페이스북이 다음과 같은 일을 했다는 내용이 포함되어 있다. 〈'결혼 강간의 개념은 인도의 현 상황에서는 존재하지 않는다'는 인도 정부 당국의 성명을 비판한 만평을 삭제했음. 탯줄을 자르지 않은 채 자신의 몸에 연결된 상태로 방금 출생한 아기를 안는 산모의 사진을 '나체와 노골적인 성적 이미지'가 포함돼 있다는 이유로 산모의 개인 페이지에서 삭제했음. 프랙킹fracking(지하수와 토양을 오염시킬 우려가 있는 석유 채굴 공법) 반대 운동을 보도한 영화 제작자의 홈페이지를 차단시켰음. 가슴을 노출한 채 전통 예식에 참여한 호주 원주민 할머니 두 명의 사진을 게시했다는 이유로 호주 원주민 작가의 계정을 정지시켰음.〉 페이스북의 이런 행동은 정신분열증과 다를 바 없다.

우리 대부분은 수정 헌법 제1조가 언론의 자유, 심지어 어리석거나 해로운 내용까지도 말할 자유를 보장하고 미국 정부가 이를 제한하지 못하도록 규정한 이유에 동의할 것이다. 이 생각을 소셜미디어 플랫폼으로 확장해 그 회사들에 우리의 목소리를 들려주면 어떨까?

물론 그들은 사기업이며 자신이 정당하다고 판단하는 기준에 따라 콘텐츠를 제한할 수 있도록 합법적으로 허가받았다. 그러나 우리가 이 책 전체에 걸쳐 명확히 밝혔듯이, 이제 이 회사들은 사회의 나머지 구성원들에게 엄중한 책무를 가진다.

'위험한 발언dangerous speech'은 분명히 존재하지만, DSP the Dangerous Speech Project(위험 발언 프로젝트)는 소셜미디어에서 폭력 발생 전조로서 이런 발언을 체계적으로 식별하려고 노력하며,[5] 우리는 검열을 반대하는 것이 항상 최선이라는 확고한 입장을 견지한다. 우리는 소셜미디어의 새로운 신들new gods에게 그들의 거대한 통제력을 매우 신중하고 투명하게 행사할 것을 요구해야 한다. 우리가 만든 콘텐츠의 표현과 배포를 통제하는 그들의 알고리즘은 외부인이 접근할 수 없는 영역이다. 소셜미디어가 우리의 삶에 미치는 엄청난 영향을 감안할 때, 우리에게는 페이스북이 어떤 방식으로 콘텐츠를 검열하는지 알 권리가 있다. 이 회사는 기존 미디어 회사의 영역을 잠식하며, 많은 사용자들이 광고 때문에 진정한 친구나 관심사를 제대로 볼 수가 없다고 불평함에도 불구하고 고객과 광고주 간의 직접적인 관계에 개입해 '게시물을 올리는 것boosting a post'에 대한 통행료 개념을 도입했다. 이러한 알고리즘에는 반드시 투명성이 있어야 한다.

페이스북을 쓰지 않으면 될 거 아니냐고 당신은 물을지도 모른다. 하지만 우리는 사회적 동물이며, 소셜 네트워크가 존재하는 곳으로 이끌릴 수밖에 없다. 또한 앞서 언급했듯이 우리의 디지털 정체성의 대부분이 이러한 플랫폼에 연관되어 있다. 하나의 사회 구성원으로서 페이스북을 무시하는 건 불가능하다. 그래서 우리가 말하고 듣는 것에 페이스북이 무소불위의 통제권을 쥔 것이다. 더 나쁜 건, 자신의 이익을 위해 이 권력을 휘두른다는 점이다. 페이스북은 당신과 내가 만든 콘텐츠를 사용하면서도 그에 대해 아무것도 지불하지 않는다(이는 과거의 거대한 미디어 기업조차도 꿈만 꿔왔던 일이다). 그러고는 그 콘텐츠를 검열하고, 재구성하고, 재포장해 광고주에게 판매하며, 그 수익을 독차지한다. 보안 전문가 브루스 슈나이어Bruce Schneier의 유명한 말처럼[6] "당신은 페이스북의 고객이 아니며, 그 상품일 뿐이다." 페이스북은 우리를 검열할 어떤 권리도 없다. 페이스북은 우리 사회의 문화적 진화를 가로막으면서 사회 유기체를 해친다. 이런 상황은 중단되어야 한다.

물론 이것이 페이스북만의 책임은 아니다. 이러한 남용은 정보의 중앙 통제가 분기별 이익 성장을 요구하는 주주에게 종속된 영역에서 나타난다. 그래서 우리는 트위터 역시 검열을 향해 나아가는 걸 목격하고 있는 것이다. 현재 트위터는 성sex적인 내용에 보다 자유방임적인 접근 방식을 취하면서 사용자들에게 아바타 신원 같은 익명성을 허용하지만, 가장 논쟁의 여지가 있는 정부의 콘텐츠 차단 요청에는 순응할 것이다. 2016년 2월 트위터는 유태인의 이익을 대변하는 ADL Anti Defamation League(명예훼손 반대 연맹)과 GLAAD Gay and Lesbian Against Defamation(명예훼손에 반대하는 게이 레즈비언 연대) 같은 40개의 비영리단체로 구성된 TTASC Twitter

Trust and Safety Council(트위터 신뢰와 안전 협의회)를 설립했다.[7] 트위터는 '사람들이 트위터에서 안전하게 자신을 표현하도록 해주는 전략을 개발하도록 돕는 것'이 TTASC의 고귀한 목표라고 주장했다. 그러나 '자유롭지만 안전한 발언'이라는 겉보기에는 건설적인 개념은 남용의 문을 열어주는 것일 수도 있다. 특히 협의회의 구성원이 자신의 특수 이익에 영향을 미치는 발언을 통제하기 위해 검열자의 지위를 활용한다면 문제가 심각해진다.

콘텐츠 공유에 대한 중앙 통제의 문제는 소셜미디어 플랫폼에만 국한되지 않으며, 구글의 지메일과 마이크로소프트 익스체인지 Microsoft Exchange의 아웃룩Outlook이라는 두 가지 지배적 매체에 집중되어 있는 이메일 서비스 분야에서도 분명히 드러난다. 독립적인 이메일 서버를 사용하는 사람들은 자신의 메시지가 지메일을 사용하는 상대방에게 스팸 메일로 분류된다고 불평한다. 구글의 알고리즘은 모든 웹 검색을 지배하고, 구글 크롬은 가장 인기 있는 브라우저이며, 구글 소프트웨어는 길 찾기와 지도 서비스를 주도하고, 구글의 유튜브는 인터넷 동영상 서비스를 거의 독점하며, 전 세계 스마트폰의 절반가량이 구글의 안드로이드 운영체제를 사용한다. 당신은 너무나 강력한 통제자의 발명품을 사용하는 것이다. 구글의 초창기 모토가 '악의 축이 되지 말자'였을 수도 있지만, 수익을 추구하는 이 회사가 과연 언제까지 자신의 엄청난 힘을 자제할 거라고 우리는 확신할 수 있을까?

이러한 새로운 미디어 공룡들의 힘을 실감하려면 그들의 서버를 통과하는 데이터(우리의 습관, 관심사에 대한 데이터와 우리가 주고받는 메시지)를 생각해보면 된다. 2014년 구글의 에릭 슈미트Eric Schmidt 회장은 인류가 과거 수천 년 동안 축적한 것과 동일한 양의 데이터를 인터넷은 이틀 만에 생성해 저장한다고 말했다. 구글 자체가 그 거대한 데이터 축적의 당사자이다. 인터넷 검색의 경우, 구글은 1분당 350만 건의 검색 요청을 처리한다. 이 트래픽이 생성하는 정보의 가치는 엄청나다. 구글, 페이스북, 트위터, 텀블러 같은 미디어 공룡들은 가만히 앉아서 정보의 보물 창고를 채워 나간다. 우리는 그들에게 정보를 안심하고 맡길 수 있을까?

아이러니한 것은, 거의 보편화된 인터넷 사용으로 수평적으로 분산된 세상에서 소셜 네트워크로 활용되는 주요 플랫폼이 고도로 집중화, 중앙화 된 권력 단위에 의해 운영된다는 점이다. 한편으로는 그것이 자본주의의 기능이다. 기업이 시장 점유율과 네트워크 효과를 높이면서 덩치가 커지면, 경쟁 위협에 직면했을 때 소유권을 합병함으로써 수익성을 확보하려고 한다. 이러한 경향은 가격 결정력에 대한 우려를 유발하고 거대한 내부자들이 외부인에 의한 혁신을 묵살할 위험을 높인다. 이것이 반독점법이 존재하는 이유다. 그러나 디지털 세계에서는 상황이 다르다. 왜냐하면 거대한 인터넷 매체가 가능한 가장 넓은 네트워크 효과를 얻기 위해 무엇이든 할 것이기 때문이다. 이는 일반적으로 플랫폼에 대한 무료 액세스를 보장한다는 것을 의미한다. 따라서 우리는 가격 책정 대신에, 사회가 의사소통하는 주요 수단이 된 매체를 통제할 수 있는 구글의 능력을 둘러싼 보다 광범위한 문제에 고민해야 한다.

우리는 에드워드 스노든Edward Snowden의 폭로로, 이 업계에서 소수의 지배적인 기업이 존재한다는 것은 미국 정부가 비밀리에 그들로부터 사용자 정보를 제공받을 수 있음을 의미한다는 걸 알았다. 이런 식으로 빅 브라더Big Brother(정보를 독점하는 권력)와 같은 탐지 활동을 가능하게 하는 것은 당연히 모든 사람이 우려할 만한 일이다. 그러나 사회 유기체의 건강한 성장과 진화에 대한 더 큰 위험은 정부의 개입이 아니라 표현의 자유에 대한 플랫폼 자체의 제약 때문이다.

소수의 기관들이 온라인 상호작용에 대한 독점적 통제권을 휘두르는 이런 상황과 우리가 이 책에서 이야기한 더 높은 차원의 의사소통에 도달한 고도로 진화되고 특정한 리더가 없는 사회 유기체라는 장밋빛 전망을 어떻게 조화시킬 수 있을까? 페이스북/트위터/구글의 세계가 과거 언론 세계의 수직적 계층구조보다 더 좋은 것일까, 나쁜 것일까? 우리의 생물학적 비유는 이런 중앙화된 구조에 어떻게 적용될까? 사회 유기체의 진화가 검열 문제를 해결할까 아니면 악화시킬까?

첫째, 몇 가지 용어를 정의하는 것이 중요하다. '소셜미디어 플랫폼'과 '소셜미디어'를 혼동하지 말아야 한다. 어떤 사람들은 '소셜미디어 플랫폼'을 '소셜미디어'를 용이하게 하는 서비스로 잘못 이해한다. 이는 '금융 시스템'이 돈을 관리하는 금융기관으로 구성되어 있다고 오해하는 것과 비슷하다. 이러한 시스템(이 경우는 통신시스템)은 상호 연결된 사람들의 개체군으로 구성된다. 플랫폼과 서비스 제공업체는 단지 파이프와 액세스 포인트, 즉 사람들이 정보와 가치를 교환하는 인프라일 뿐이다. 우리는 파이프가 얼마나 잘 작동하는지에 관심을 기울여야 한다. 인프라(플랫폼의 운용 알고리즘과 정책을 포함한다)가 제대로 설계되지 않았거나 막히거나 마모된다면 그 내부에서 실행되는 인적 시스템human system이 곤란을 겪을 것이다. 소셜미디어 사용자는 나무의 잎과 같다. 나뭇가지를 잘라내면, 그 잎에 물과 영양분의 공급이 차단되어 광합성을 하지 못하고, 성장하지 못한다.

따라서 소셜미디어 플랫폼의 중앙 집중화와 사익 추구를 위한 검열 본능이 우려할 만한 상황을 만들지만, 그것이 통신을 위한 훨씬 개방적이고 분산된 아키텍처를 제공한다는 사실을 부정하지는 않는다. (인터넷 프로토콜을 시작으로 다양한 응용 프로그램이 그 뒤를 따랐으며, 프렌드스터와 마이스페이스와 같은 결과로 이어지는) 핵심 소셜미디어 기술의 등장으로 사회 유기체는 구식 미디어에 의존하지 않게 되었다. 이를 통해 유기적으로 관리되는 다른 분산 시스템이 확립되었다. 내 관점에서 볼 때, 페이스북처럼 정보를 과도하게 통제하는 소셜미디어 서비스는 현대판 분서갱유book-burner처럼 보인다. 그러나 그들은 21세기 사회 유기체의 기초인 새롭게 분포된 홀로닉 시스템의 해방 효과liberating effect를 약화시킬 정도로 강력하지는 않다.

공정하게 말해서 페이스북이 사용자가 제공하는 일부 콘텐츠만 차단할 뿐이라는 점을 인정하자. (그들의 피드를 재구성하는 것은 다른 문제다.) 제외해야 할 뉴스를 결정하는 것이 가장 중요한 임무인 전통적 미디어 매체와 페이스북을 단순 비교할 수는 없다. 구식 미디어 회사는 정보를 제외할 수밖에 없다. 생산과 유통 모델의 고비용이 이를 요구하기 때문이다. 그러나 전 세계로의 즉각적 인터넷 연결, 저비용 대역폭 연결, 사실상 무한한 클라우드 기반 저장소, 가장 중요하게는 무료로 일하는 수십억의 강력한 노동력이 서로 결합해 완전히 다른 경제 동력을 창출한다. 그것이 소셜미디어를 생명체로 정의하고, 예전에는 대중 미디어에 기여한 적이 없는 수억 명 사람들이 새로운 콘텐츠를 대량으로 산출하도록 만드는 특징이다. 그것은 분산화 현상이며 페이스북의 개입과 상관없이 일어난다.

둘째, 플랫폼들이 적자생존 경쟁에 돌입했다는 걸 잊지 말자. 1장에서 논의했듯이, 이 업계는 식스디그리즈, 프렌드스터, 마이스페이스가 모두 붕괴되는 큰 파동을 이미 겪었다. 페이스북이나 트위터에서도 같은 일이 일어나지 않으리라는 보장은 없다.

우리는 현 상황에 만족해서는 안 된다. 사회 유기체의 역동성을 보호하기 위해 합의된 방식으로 개발된 일련의 자연법칙이 필요하다. 시장의 압력이 신속하게 가해져서 페이스북과 그 동료들이 더 개방된 플랫폼을 만들기를 그냥 기대할 수는 없다. 이들 기업의 시장 지배적 지위, 거대한 현금 보유량, 새롭고 파격적인 스타트업에 대한 인수 본능은 진화가 자동으로 일어나지 않을 것임을 의미한다. 나는 진정으로 자유로운 소셜미디어 시스템이 도래하기를 가만히 앉아서 기다리고 싶지는 않다. 이러한 기업이 정보를 독점적으로 통제하는 것은 사회에 지속적인 위험 요소다. 그 해악이 언제까지나 계속되도록 방치할 수는 없다.

우리는 이러한 소셜미디어 공룡들에게 무엇을 요구해야 할까? 역사적으로 시급한 핵심 문제를 우리가 어떻게 다루었는지 되돌아보는 것이 유용하다고 나는 생각한다. 우리에게는 토머스와 테디의 해법이 필요하다고 나는 믿는다. 토머스(토머스 제퍼슨)는 표현의 자유에 대한 헌법적 약속을 우리에게 주었다. 테디(시어도어 루스벨트)는 셔먼Sherman 독점금지법을 적극적으로 활용해 기업을 규제하고 독점 금지에 대한 대중의 명확한 이익을 확립했다. 이는 소셜미디어 환경에서 트위터, 페이스북, 텀블러, 스냅챗 등 지배적인 플랫폼을 돌아보게 만든다. 여기서 내가 강조하는 점은 연방 검찰의 기소를 요구하는 게 아니다. 기소는 아마도 우리가 필요로 하는 최후의 수단일 것이다. 어떤 경우든 기존의 독점금지법과 수정 헌법은, 개인적으로 관리되고 매우 역동적이며 지속적이고 빠른 혁신을 지원하는 소셜미디어 시장에 애매모호한 법 적용을 부가할 뿐이다. 오히려 내가 강조하고 싶은 것은 그 법적 근거에 구체화된 원칙이다. 그것이 개방적이고 강력하며 긍정적으로 진화하는 소셜미디어 환경의 개발에 우선순위를 부여하도록 우리를 안내한다.

구글과 페이스북의 개발자들은 자신들이 세상에서 가장 똑똑한 사람이며, 무엇이 그들 이외의 사람들에게 최적인지를 안다고 생각한다. 사회적으로 어색하게 보이는 괴짜 집단이, 그들이 만든 기술을 통해 그들의 세계관을 우리에게 제시한다는 사실은 정말 아이러니하다. 나는 이를 사회적 위험societal risk이라고 말하고 싶다. 하지만 그것이 좋든 싫든 간에, 우리는 포용적이고 건설적이며 긍정적으로 강화된 개방형 소셜미디어 구조를 만들기 위해 이들 회사에 의존한다. 물론 무료 콘텐츠를 착취하고 사용자 데이터를 축적해 광고주에게 판매하는 비즈니스 모델과 단기 수익률에 주주들이 초점을 맞추지 않으면, 그들이 그것을 구축해서 반드시 이익을 얻는 건 아니다. 따라서 우리의 과제는, 데이터 축적을 줄이고 콘텐츠 제공과 수익 창출 방법에 대한 제어 권한을 사용자에게 더 많이 부여하는 소셜미디어 플랫폼에 인센티브를 제공하는 새로운 비즈니스 모델을 (시장의 힘이나 법률적 노력을 통해) 만드는 것이다. 우리는 각 참가자의 기여도에 정당한 보상을 제공하는 열린 생태계를 구축해야 한다.

시장의 힘이 그중 일부를 담당할 수 있다. 특히 젊은 층은 줄지어 페이스북을 떠나며, 아예 처음부터 가입하지 않는 경우도 늘어나고 있다. 밀레니얼 세대와 Z세대가 스냅챗으로 이동하면서 2016년 4월 현재 하루 평균 동영상 조회 수가 100억 건에 이른다. 개인 정보 보호 설정 때문에 스냅챗은 거의 검열을 하지 않는다(전혀 안 하는 건 아니다). 더욱 중요한 것은 스냅챗이 사용자들에게 자신의 콘텐츠를 보는 사람과 보는 시간에 대한 제어 권한을 허용한다는 점이다. 사람들은 페이스북에서는 만들 수 없는 유형의 커뮤니티를 스냅챗에서는 만든다. 스냅챗의 찰나적인 인간 교류의 검열 없는 모델은 감성적 의사소통에 대한 창의성을 더욱 높여준다. 스냅챗 사용자들은 서로 함께 순간 속에서 살아간다. 이런 소통은 그들을 따라다니면서 괴롭힐 행동, 기분, 언어에 대한 두려움 또는 영원히 기억될 거라는 두려움 없이 이루어진다. 자신의 부스스한 머리 상태, 감정 폭발 상태, 만취 상태, 실패한 기억 등을 계속 되돌아보면서 편안함을 느끼는 사람은 아무도 없다. 스냅챗은 사람들에게 그렇게 하지 않아도 되는 기회를 제공한다. 페이스북과 트위터가 '좋아요' 버튼의 한계(부모님을 잃은 친구에게 어떻게 그 버튼으로 위로의 마음을 표현할 수 있을까?)로 어려움을 겪지만, 스냅챗의 아이들은 자신의 얼굴과 반응이 매개체라는 걸 깨 달았다. 이런 식으로 그들은 텍스트의 미묘한 정보 부족을 극복한다. 이런 종류의 독창성은 사회 유기체에 더 풍부한 영양분을 공급한다.

대부분 젊은이들은 페이스북 계정을 폐쇄하지 않는다. 다른 사이트 에서 자신의 신원을 입증할 페이스북 계정이 필요하기 때문에 폐쇄할 수가 없는 것이다. 그러나 그들은 페이스북 계정 사용 빈도를 점점 줄 이며 다른 방식으로 활용한다. 이런 경향이 페이스북에 얼마나 큰 피 해를 줄 것인지는 명확하지 않다. 하지만 장기적인 관점에서 사용자 수 감소는 페이스북에 호의적이지 않다. 이것은 이 책의 다른 곳에서 설명한 진화론적 압력과 완전히 일치한다. 사회 유기체는 특정 플랫 폼에서 원하는 것을 얻지 못하면, 그곳에서 떠날 것이다. 결국 페이스 북은 스스로 진화하지 못하면 멸종 위기에 처하게 될 것이다.

물샐틈없는 검열은 어떤 경우에도 불가능하다. 창조적인 사람들은 (정부의 통제든 사기업의 통제든) 통제를 벗어나는 방법을 항상 찾 아낸다. 중국의 '네티즌netizen'들이 이 문제에 어떻게 대처하는지

보라. 페이스북, 트위터, 인스타그램 같은 사이트를 차단하는 '중국 정부의 방화벽 만리장성'을 뚫기 위해 많은 중국인들이 VPN Virtual Private Network(가상사설망)을 활용한다. 웨이보처럼 통제가 심한 중국 내 소셜미디어 사이트에서 정부 검열관이 차단하는 핵심 단어를 우회적으로 사용하기 위해 중국 네티즌들은 미묘한 말장난처럼 보이는 독특한 언어를 만들어냈다.

한편 미국과 유럽에서는 우리의 데이터를 법적으로 통제하는 것에 대한 우려가 커진다. 스노든의 폭로는 다소 편향적이기는 하지만, 감시 주체에 의해 관리되는 개인 정보의 침해와 조작이라는 불편한 진실을 세상에 알렸다. 검열 우려보다 사적 데이터 보호에 더 초점이 모아져 있기는 하지만, 스노든의 NSA(미국국가안전보장국) 스파이 이야기는 정부나 사설 단체가 중앙에서 의사소통을 통제하는 행위에 의해 우리가 직면하는 위험에 대한 자각을 일깨운다. 또한 그것은 사람들에게 이러한 문제들을 폭로하기 위한 집단 지성적 노력을 촉구한다. 예를 들어 onlinecensorship.org 웹사이트에서는 사람들이 소셜미디어에서 검열당한 경험담을 자세히 수집해 이를 분석한 다음, 정치권에 더 높은 개방성을 촉구하는 보고서를 작성한다. 또한 언론 자유 침해에 항의하는 수많은 개인 사이트와 (아이러니하게도) 페이스북 페이지가 생겨났다.

이러한 활동이 소셜미디어 플랫폼을 더 개방적 방향으로 나아가도록 압박하는데 성공할 수 있었던 한 가지 이유는 (그것이 비록 월스트리트 거물들의 뜻에 반하더라도) 이러한 모든 기업이 파격성과 개방성의 DNA를 갖기 때문이다. 심지어 페이스북마저도 말이다. 원활한 공유와 파생 작품 생성을 가로막는 독점 정책은 본질적으로 콘텐츠 진화를 방해하며, 네트워크 성장에 따른 플랫폼의 장기적인 이익에도 반한다. 이것이 소셜미디어 업계가 할리우드와 대형 미디어가 지원하는 SOPAStop Online Piracy Act(저작권 보호를 위해 블랙리스트를 작성하는 사이트)에 강력하게 반대했던 이유다. 이는 인터넷상의 자유로운 표현에 대한 심각한 위협이었고, 실리콘밸리는 전 세계에 이를 알리기 위해 들고일어났다. 거대한 두 개의 소셜미디어 플랫폼인 페이스북, 트위터는 '블랙아웃blackout(암흑)' 파업에 동참하지는 않았지만, 이 운동을 지지했다. 블랙아웃 파업은 구글, 텀블러, 레딧, 위키피디아와 기타 여러 사이트가 항의의 표시로 그들의 홈페이지를 새카맣게 설정하고 사람들이 SOPA 반대 서명을 할 수 있는 링크를 띄우는 활동이었다. 검열에 반대하는 이러한 단합된 목소리 덕분에 뜨거운 논쟁거리였던 규제 법안을 폐기시킬 수 있었다.

사실 많은 회사들은 개방형 인터넷의 필요성을 인정하는 기업 사명 선언문을 발표한다. 어떤 면에서는 그것이 그들에게 책임감을 갖게 만든다. 이 때문에 그들은 비평과 로비 활동에 민감하게 반응하며, 망 중립성net neutrality 같은 문제가 제기될 때 다양한 유형의 콘텐츠를 계량하고 조절하는 위선을 보여준다. 하지만 그들의 독점적인 본능에 자연스러운 감시가 이루어지더라도, 일반 대중은 이들 기관이 축적하는 막강한 힘에 대해 오랫동안 진지하게 생각할 필요가 있다. 이것은 매우 중요하고 근본적인 문제다. 우리가 미래를 위해 보다 안전하고 안정된 사회를 형성하려면, 거기에 맞도록 우리 스스로를 교육시켜야 한다.

페이스북 등 소셜미디어 기업이 올바른 일을 하도록 압박하는 것도 하나의 전략이다. 하지만 그들의 대안을 구축하는 것이 더 나은 전략이다. 좋은 소식은 대담한 스타트업이 이런 일을 수행하도록 도와주는 강력한 신기술이 등장한다는 것이다. 독자와 시청자가 자유롭게 광고를 차단할 수 있게 해주는 광고 차단 도구는 기존 미디어 제공업체의 수익 모델에 큰 위협이 될 수 있다. 한편 비트코인bitcoin 같은 디지털 화폐와 블록체인 원장blockchain ledger(모든 비트코인의 거래 내역이 기록되는 디지털 장부)으로 알려진 그 기반 기술에 의해 새로운 분산화의 기회가 등장한다. 이것은 저렴한 비용으로 인터넷 송금을 가능하게 하고 더 많은 거래 자동화를 허용한다. 또한 콘텐츠 제공자가 대형 소셜미디어 플랫폼에 의존하지 않도록 해주는 본질적으로 소유주 없는 네트워크 인프라의 가능성을 열어준다. 이러한 새로운 분산형 미디어 시대는 모든 사용자(개인 또는 기업)가 자신의 콘텐츠를 직접 제어하고, 개인적 데이터 채굴data-mining과 검열의 중앙 집중식 모델을 키우는 광고 의존성을 깨트리는 세계를 예고한다. 이것은 잠재적으로 소셜미디어 아키텍처의 다음 주요 진화 단계이며, 인터넷 프로토콜과 최초의 소셜미디어 플랫폼의 출현과 마찬가지로 사회 유기체와 문화에 큰 영향을 줄 수 있다.

광고 차단이 콘텐츠 전달에 자금을 지원하는 광고 모델에 끼칠 수 있는 잠재적으로 치명적인 영향을 생각해보자. 이 제3자적 소프트웨어는 원하지 않는 광고와 그에 딸린 추적 신호를 제거해 웹사이트 방문자가 원하는 콘텐츠만 볼 수 있도록 해준다. 글로벌웹인덱스 GlobalWebIndex의 2016년 1월 조사에 따르면, 2015년 4분기에 인터넷 사용자 중 38퍼센트가[8] 광고 차단 앱을 사용했다. 애플 아이폰이 지원하는 (구글 안드로이드의 광고 중심 모델을 훼손하려는 전략으로 보이는) 새로운 스마트폰 애플리케이션이 시장에 나옴에 따라, 이전에는 주로 데스크톱 컴퓨팅에 국한되어 있던 이 사업이 성장세를 나타낸다. 예상대로 밀레니얼 세대의 사용률이 50퍼센트를 훨씬 상회할 정도로 상당히 높다는 조사 결과가 나왔다. 이미 전투가 벌어지는 뉴스 산업은 이 광고 차단 앱으로 가장 위험해진다. 현재 일부 뉴스 사이트는 광고 차단 앱을 사용하는 독자를 감지했을 때 자신의 콘텐츠를 차단해버린다. 독자가 광고 차단 앱을 포기하고 자신의 뉴스를 선택할 거라고 베팅하는 것이다. 이런 행동은 큰 도박이다. 온라인 시대의 수익 손실을 만회하기 위한 이와 유사한 여러 가지 전략은 성공하기가 매우 어렵다는 게 입증되었다. 오래된 뉴스 업계만 걱정스러운 건 아니다. 페이스북은 2015년 3분기 실적을 포함한 다음과 같은 SEC 보고서를 통해 소셜미디어 플랫폼의 분위기를 파악했다.[9] '이런 기술은 우리의 재무성과에 부정적인 영향을 미치며, 그 기술이 지속적으로 확산되면 (특히 모바일 플랫폼과 관련해) 향후 재무 성과가 악화될 수 있다.'

가장 위태로운 것은 1704년으로 거슬러 올라가는 비즈니스 모델이다.[10] 당시 보스턴 뉴스-레터Boston News-Letter는 지역 부동산 매각을 유료로 홍보하는 짧은 기사를 내보냈다. 이러한 미약한 출발 점에서부터 비즈니스 공동체와 정보 제공자 간의 공생 관계가 나타 났고, 이는 광고대행사, 전문적 마케팅, '브랜드' 개념과 같은 현대적 미디어 세계를 낳았으며, 대중매체의 폭발적인 성장으로 이어졌다. 또한 이는 정보 수집과 생산에 필요한 자금을 충당하는 유일한 방법 은 영리 사업가로부터 지원금을 받는 것이라는 잘못된 가정을 키웠 다. 이 모델에 대한 실질적인 대체 수단은 아직 없다. 즉 전쟁을 다루 거나, 정치인의 비리를 조사하거나, 지방정부의 위생 서비스 상태에 대한 정보를 우리에게 제공하는 기관이 그 작업에 비용을 지불하지 못할 거라는 뜻이다. 그러나 이 문제의 존재는 이른바 객관적인 정보 제공자들과 뉴스 사이의 지속적인 바람직지 못한 관계를 깨트리 는 대안을 혁신가들이 제시할 수 있는 문을 열어준다.

강제적인 배너 광고와 원치 않는 TV 광고는 항상 우리가 소비하는 뉴스와 엔터테인먼트에 일종의 세금으로 작용했다. 업무와 광고 부문 의 윤리적 경계를 조성하려는 양심적인 매체들의 진지한 노력에도 불 구하고, 상업적 이익을 위해 독자의 시선을 팔아넘기는 사업은 항상 실천적 저널리즘이 아니라 장사꾼 저널리즘이라는 인식을 만들어냈 다. 어떤 면에서 사회는 공급받은 콘텐츠에 항상 '돈을 지불하고' 있 는 셈이다. 그것이 지금까지 은밀히 지속되어온 불평등한 분배 방식 이다. 그렇다면 우리가 이런 패러다임을 깨고 독자나 시청자들에게 그들이 공급받는 콘텐츠 비용을 직접 지불하도록 요청하면 어떨까?

최근까지는 소비자에게 비용 부담을 전가하려는 시도는 대부분 실패했다. 《월스트리트 저널》이나 《뉴욕 타임스》 같은 가장 탄탄한 미디어 브랜드만이 독자들이 월간 구독료를 지불하는 페이월 paywal(유료화) 모델로 성장 동력을 얻었다. 해결 방법은 의외로 매우 쉬울 수 있다. 정보는 인터넷에서 저렴하게 복제하고 공유할 수 있기 때문이다. 이를 달성할 수 없다면 독자들은 유료 사이트를 무시하고 무료 경쟁 업체로 이동할 것이다. 그러나 광고 차단으로 콘텐츠 제공업체가 사업을 중단하면, 정보 제공의 공백이 다른 행동을 촉발할 수 있다. 더 나아가, 또 다른 강력한 신기술의 등장이 전통적인 미디어 회사와 지배적인 소셜미디어 플랫폼의 비즈니스 모델을 실질적으로 깨트릴 수 있는 기회를 제공한다. 그 신기술은 바로 비트코인이다. 이 이상하고 새로운 디지털 화폐(더 중요한 그것을 뒷받침하는 강력한 기술)에 대한 논의는 사람들을 이상한 환상으로 이끌 수 있다. 그럼에도 우리는 적어도 어느 정도 심도 있게 이를 파악해야 한다. 비트코인은 디지털 사회가 미래에 스스로를 규율할 코드의 핵심 시스템이 될 수 있다. 그것은 사회 자신의 진화가 취할 방향을 결정할 수도 있다.

• • •

일반 대중은 비트코인을 상당히 오해한다. 마약 거래, 해킹 공격과 기타 여러 문제와의 많은 연관성 때문에 이 디지털 화폐의 평판이

나빠졌다. 그럼에도 스마트머니(전문 금융 지식으로 무장한 투자 자금)는 비트코인의 핵심 기술인 블록체인이 인터넷에서 가치를 공유할 수 있는 혁신적인 방법을 제공한다는 점을 인식한다.

블록체인을 몇 문장으로 설명하기는 쉽지 않다. 그러나 우리는 어딘가에서 시작해야 한다. 그래서 우선 다음과 같은 한 문장으로 설명해보자. 블록체인은 암호로 보호되는 부패하지 않는 원장으로, 독립적으로 소유한 컴퓨터네트워크에 분산되어 있으며, 소프트웨어로 규제되는 일련의 규칙에 따라 콘텐츠를 확인하고 업데이트하며, 이 규칙은 솔직하게 행동하고 공유된 정보의 진실성에 동의하도록 인센티브를 제공한다. 무슨 말인지 알겠는가? 너무 어렵다고 머리를 쥐어뜯을 필요는 없다. 요점은, 항상 서로를 신뢰하지 않아서 공평하고 정직하게 정보를 공유할 수 없는 사람들이 이른바 '신뢰받는 제3자'의 중재에 의존해 가치를 교환해야 한다는 500년 동안 지속된 문제를 비트코인이 해결한다는 것이다. 이것은 거대한 진화론적 도약이다. 이제 이런 교환을(돈의 교환이든 동영상, 음악, 고유한 예술 작품 같은 잠재적으로 수익을 창출할 수 있는 디지털 자산의 교환이든 상관없이) P2P로 직접 수행할 수 있다. 세계 각지의 낯선 사람들은 서로를 신뢰하지 않아도 가치를 교환할 수 있다. 디지털 방식으로 돈을 위조하거나 음악 또는 예술 작품을 몰래 복사하거나 다른 사람과 비밀리에 공유하지 않는다는 신뢰가 없어도 말이다.

이 획기적인 개념의 파격적인 효과를 활용하는 다양한 방법을 모색하는 수천 개의 벤처기업이 생겨난다. P2P 분산형 증권거래소를 만드는 것부터 태양열 집열판을 통한 전자흐름 관리까지, 블록체인에서 영감을 얻은 혁신가들은 정보와 가치를 공유하는 방식을 다시 생각한다. 기본 인프라를 구축하기 위해 수행해야 할 과제가 아직 많이 있으며, 획기적인 변화의 약속 중 상당 부분이 실제보다 과장된 것일 수 있다. 그러나 분산형 신뢰 시스템decentralized trust system으로 가장 잘 묘사되는 이런 아이디어는 마크 안드레센과 링크드인의 리드 호프만Reid Hoffman 같은 실리콘밸리 개척자들이 비트코인과 블록체인 인프라를 인터넷 2.0이라고 이야기할 정도로 사회가 통치되는 방식에서 거대한 패러다임 전환에 중점을 둔다.

이것이 소셜미디어에 의미하는 바는 무엇일까? 창의적인 콘텐츠 분야에서 블록체인은 기술자와 활동가형 예술가들에게 사회 유기체의 생존이 달려 있는 콘텐츠에 대한 기본 소유권과 권리 구조를 재조명하도록 영감을 준다. 그들이 제안한 모델은 이 새로운 소통 구조 내에서의 권력 관계를 재구성해 사용자의 관심과 활동을 통제하려는 중앙 집중화된 기관의 힘을 더욱 약화시킬 것이다. 사회 유기체의 자율적인 세포에 힘을 실어줌으로써, 그것은 시스템을 더 평평한 홀로닉 구조로 나아가게 한다. 이는 페이스북이 아니라 콘텐츠 제작자인 우리가 콘텐츠의 사용과 수익 창출 방식을 결정한다는 걸 의미한다. 어떻게 이런 일이 가능할까? 한 가지 방법은 콘텐츠 제작자에게 비용을 지불하는 새로운 방식(특히 소액 결제를 용이하게 하는 방식)을 만드는 것이다. 디지털 화폐가 등장하기 전에는 비효율적인 중개자가 지배하는 은행과 신용카드 시스템이 이러한 소액 결제를 수익성 있게 처리할 수 없기 때문에 뉴스 기사에 몇 센트를 지불하려면 수수료가 엄청나게 비쌌다. 이제 혁신가들은 콘텐츠 게시자와 사전 합의된 계약에 따라 콘텐츠에 소액을 지불하기 위해 백그라운드에서 조용히 작동하는 디지털 화폐 거래 기능을 갖춘 특수 브라우저 확장 프로그램을 미리 로딩하는 방법을 모색한다. 이러한 거래가 수십억 건에 이르렀기 때문에, 디지털 화폐 소액 결제는 미디어 업계에 광고 없이도 창출 가능한 수익 기반을 제공할 수 있다. 이는 원치 않는 광고를 피하려고 애쓰는 콘텐츠 소비자와 정당한 대가를 원하는 콘텐츠 제작자 사이의 건강한 관계를 만들 수 있다.

또 하나의 중요한 혁신은 디지털 콘텐츠 제작자가 자신의 독창적인 작품의 유일하고 영원한 소유자임을 증명해주는 블록체인의 기능이다. 이 기능과 함께 디지털 화폐의 프로그래밍 기능과 스마트 계약으로 알려진 소프트웨어 기반 법률적 계약을 활용하면, 디지털 콘텐츠 제작자는 자신의 콘텐츠를 원하는 방식으로 통제하고 배포할 수 있다. 이런 방식으로 데이터를 확실하게 소유함으로써 아티스트는 자신의 작업을 진정한 디지털 자산으로 만들 수 있다. 이 무형 자산은 CD 음반이나 종이책 같은 유형자산처럼 사고, 팔고, 별개의 품목으로 소유할 수 있다. 따라서 이론상으로는 기사를 마음대로 복제하거나, 허락받지 않은 이미지를 게시하거나, 음악 파일을 제멋대로 공유하는 수많은 사람들을 추적하고 고소하는 불가능한 일에 창조적 작품 제작자가 더 이상 매달리지 않아도 된다. 이제 사람들은 콘텐츠를 소프트웨어에 의해 직접 관리되고 자동 디지털 화폐 지불 계약에 의해 거래될 수 있는 고유한 디지털 자산으로 취급할 것이다. 이를 통해 그 자산을 구매하는 사람은 그 자산을 소유하게 된다. 하지만 스마트 계약서에 복제를 하지 못하도록 하는 조건을 붙일 수도 있다. 이는 디지털 환경에서 저작권 관리를 위해 오랜 기간 지속된 라이센스 모델licensing model을 혁실할 수도 있다. 이는 창의적 작품 산업과 사회 유기체의 경제활동 방식을 근본적으로 바꾸는 요인 game-changer이 될 것이다.

이 분야의 개척자로는 다양한 상을 받은 가수 겸 작곡가 이모젠 힙 Imogen Heap이 있다. 그녀는 〈타이니 휴먼Tiny Human〉 발표를 블록체인을 통해 배포된 디지털 자산으로 전환했다. 이 경우 이모젠 힙은 음악을 자유롭게 사용되도록 하고 이를 충당하는 비트코인 기부금을 모으기 위해 노력했지만, 요점은 콘텐츠가 창조적으로 제어될 수 있는 다양한 가능성을 입증하고 그 콘텐츠가 미래에 사용되는 방법을 연구하는 것이었다. 또한 그녀는 이 모델의 더 넓은 적용을 모색하기 위해 자신이 균사체Mycelia라고 부른 프로젝트를 시작했다[11](이 프로젝트의 명칭이 된 곰팡이에 내가 학창 시절 배웠던 걸 고려하면, 그건 적절한 이름이다. 우리는 이 곰팡이를 다음 장에서 논의할 것이다). 한편 모네그래프Monegraph나 미디어체인Mediachain 같은 벤처기업은 예술가가 자신의 작품에 대한 사용 내역을 추적할 수 있도록 해주는 블록체인 기반 등록 서비스를 제공한다. 더 큰 목표를 위해 보스턴의 버클리 음대는[12] 마이클이 소속된 MIT 미디어랩의 DCIDigital Currency Initiative(디지털 화폐 프로젝트)와 협력한다. OMIOpen

Music Initiative(개방형 음악 프로젝트)라고 불리는 이 프로젝트에는 유니버설 뮤직, 소니, 워너, BMG 같은 미디어 기업들과 스포티파이, 판도라Pandora, 유튜브, 넷플릭스 같은 온라인 음악 서비스 업체, 보스턴의 WBUR과 SiriusXM 같은 라디오방송국도 참여했다. 이 프로젝트의 목표는 블록체인 기술을 적용해 음악이 사용되고 공유되고 유료화되는 방식을 새롭게 다시 정의하는 것이다.

소셜미디어 영역에서 더욱 뚜렷하게 많은 회사들이 블록체인과 디지털 화폐 기술을 사용해 페이스북, 바인 등 중앙 관리형 플랫폼에 도전하기 시작했다. 예를 들면 동영상 업로드 서비스 업체 리빌 Reveal은[13] 리빌 코인Reveal Coin이라는 디지털 화폐를 통해 콘텐츠로 수익을 창출하는 방법을 사용자에게 제공한다. 리빌 코인은 사용자가 네트워크에 가입하거나, 타인의 가입을 유도하거나, 인기 콘텐츠를 제작하고 전파함으로써 네트워크를 성장시키는 정도에 따라 지급된다. 광고주는 광고 비용을 지불하기 위해 리빌 코인을 구입해야 하며, 이는 리빌 코인을 축적한 콘텐츠 제공업체만 공급할 수 있다. 한편 아르헨티나의 소셜미디어 제공업체인 타링가!Taringa!는[14] 현재 콘텐츠 제공 대가로 7500만 명의 사용자에게 비트코인을 지급한다. 두 시스템 모두 긍정적인 피드백 고리를 만드는 데 목적이 있다. 이 피드백 고리는 더 많은 사용자를 끌어들여 콘텐츠 제작자와 플랫폼 모두의 수익을 증가시키는 자료를 생산하도록 콘텐츠 제공업체에 동기부여한다.

또한 우리는 한 단계 더 나아갈 수 있다. 그건 바로 한 사람이나 한 회사가 아니라 DAOdecentralized autonomous organization(분산형 자치 조직)라고 불리는 소유자 없는 소프트웨어 주도형 시스템에 의해 제어되는 완전히 분산된 소셜미디어 플랫폼이다. 이 모델은 결제와 디지털 자산에 대한 통제권을 일련의 '스마트 계약smart contract' 소프트웨어 지침instruction에 넘겨주며, 이 지침은 블록체인에서 생겨나는 모든 거래의 유효성을 검사하는 분산된 컴퓨터네트워크에 의해 규율된다. 이 모든 것을 책임지는 회사 자체가 없으며, 이는 인간이 통제하는 중앙 관리 구조를 신뢰해야 할 필요성을 없앤다. 머리가 아프겠지만 이를 정확히 이해하기 위해서는 더 많은 독서가 필요할 것이다. 몇 가지 초기 오작동으로 소유주 없는 DAO가 현실의 법률 세계에서 과연 어떻게 존재할 수 있는지에 대한 의문이 제기되었다.* 하지만 분산된 승용차 공유 커뮤니티(이는 택시업계를 충격에 빠뜨린 우버를 더 큰 충격에 빠뜨릴 수 있다)에서부터 비영리단체와 더욱 분산된 위키피디아 버전에 이르기까지 모든 것을 관리하기 위해 DAO는 이미 구축되었다. 가장 흥미진진한 가능성 중 하나는 소셜미디어 DAO일 것이다. 나는 그것을 사회 유기체를 위해 상상할 수 없을

---

* 유감스럽게도 2016년 6월에 자칭 'The DAO'라고 부르는 1억 5000만 달러의 분산된 투자 기금이 붕괴된 사건은 한동안 DAO라는 포괄적이고 일반적인 아이디어에 대한 명칭 문제를 일으킬 것이다. 악의적인 행위자가 해당 시스템에서 스마트 계약의 허점을 이용해 5000만 달러를 빼돌린 이 사건은 이러한 아이디어를 보완할 더 많은 개발 작업과 기본 소프트웨어 감시를 위한 강력한 시스템에 대한 필요성을 보여준다. 그러나 시스템의 기반이 보다 안전해지면, 사람들은 이러한 급진적이고 새로운 조직 구조가 사회에 제공할 수 있는 이익에 숙고하는 것을 멈추지 않을 것이다.

정도로 많은 새로운 응용 분야를 성장시키는 범용 한천(배양소)으로 본다.

트위터와 페이스북이 엄격히 통제하고 우리와 같은 연구자들에게 비용을 청구하는 데이터는 이제 그 데이터를 생산하는 사람들(당신과 나와 같은 사람들)에 의해 통제될 것이다. 암호화, 분산 컴퓨팅 기반 보안과 옵트인/옵트아웃opt-in/opt-out(사전 허락/사후 허락) 조항을 통해, 우리는 많은 양의 데이터를 메타 데이터 형식으로 배포해서 개인 정보를 보호하는 동시에 사회 유기체가 어떻게 작동하는지에 대한 지식을 얻을 수 있다. 또한 우리는 이러한 투명한 시스템을 활용해 '좋아요', '리트윗', '공유'의 주체가 실제 참여자인지, 자동화된 '봇bot'인지, 방글라데시의 저임금 '좋아요 알바 노동자' 집단인지 여부를[15] 명확하게 파악하는 실시간 감시를 설계할 수 있다(방글라데시는 세계의 '좋아요 알바 노동자'의 40퍼센트를 차지하는 국가다). 중앙화된 소셜미디어 플랫폼이 가지는 창조적인 콘텐츠에 대한 권리와 돈에 대한 장악력을 없앰으로써 우리는 사회 유기체의 집단적 산출물에 대한 마지막 주요 제약 권력을 무력화시킬 것이다.

이 분산형 소셜미디어 경제는 금방 도래하지는 않는다. 실효성을 위해 블록체인 서비스는 더욱 견고한 기본 인프라뿐만 아니라 네트워크 효과를 필요로 할 것이다. 페이스북과 트위터 같은 거대 기업들은 이런 네트워크 효과를 그들의 시장 점유율을 보호하기 위한 자본의 형태로 이미 축적했다. 그러나 젊은 고객 이탈에서 광고 차단에 이르기까지 기존 모델의 시스템과 기술의 변화가 일어남에 따라 중앙 집중식 플랫폼을 소멸시키는 전환점이 도래하지 않을 거라는 보장은 없다. 실리콘밸리의 역사에서 얻을 수 있는 교훈은 통신 기술이 고도로 가속화된 진화 과정에 종속된다는 점이다. 분산된 미디어 환경은 당신이 생각하는 것보다 더 일찍 도래할 수 있다. 블록체인은 오래된 모델을 도태시키는 진화적인 진보다.

. . .

이런 환경에서 사람들은 어떻게 행동하게 될까? 일단 그들이 미디어 환경을 통제할 수 있으면, 현재의 대형 미디어 회사와 브랜드 소유자가 그러하듯이 개인들도 자신의 콘텐츠를 독점하고 제한하게 될까? 그럴 수도 있다. 기술이 그런 선택을 가능하게 해줄 것이다. 그러나 우리가 생명체의 일곱 가지 규칙에서 확인한 것처럼 사회 유기체는 영양분을 공급받기를 원한다. MGM 스튜디오, 뉴스 코퍼레이션, 비아콤Viacom이 힘을 잃어가는 훨씬 더 분산된 콘텐츠 제작 환경에서 이러한 접근 방식은 개방형 접근 방식의 폭 넓은 범위를 즐기는 사람들에 의해 경쟁에서 밀려날 것이다. 가치는 당신의 자료와 데이터를 통제하는 데서 나오겠지만, 당신의 콘텐츠가 관심을 끌기를 원한다면 그 콘텐츠를 계속 공유해야 한다.

이러한 분산된 세계에서 기업 브랜드 관리자는 궁극적으로 다른 모든 사람과 다르지 않을 것이다. 그들도 우리와 마찬가지로 사회 유기체 세포들의 관심을 얻기 위해 경쟁할 것이고, 메시지를 교환하기 위해서 시스템에 믿음을 주입하려 노력할 것이다. 광고는 다른 정보와 완전히 분리된 별개의 것으로 취급되지 않을 것이며, 불법적인 콘텐츠 제공자가 백도어backdoor로 몰래 밀어넣는 환영받지 못한 손님처럼 인식되지도 않을 것이다. 다른 게시물과 마찬가지로 광고도 정당성을 확보할 수 있는 기회를 가질 것이다. 하지만 그 정당성은 광고 스스로가 쟁취해야 한다. 광고는 사회 유기체의 주목을 받기 위해 경쟁할 것이다. 독창적인 표현으로 확산성을 유지하는 방법을 이미 발견한 홍보 콘텐츠 제작자로부터 교훈을 얻어야 한다. 오레오의 '깜깜해도 덩크할 수 있어요'라는 슈퍼볼 트윗이나 도브의 '뷰티 스케치' 캠페인 같은 경우, 콘텐츠는 뉴스나 엔터테인먼트 자료의 '합법적인' 광고란에 게재되지 않았으며, 그 자체로 광범위한 시청자를 확보하는 데 성공했다. 그것은 기업이 미래에 직면하게 될 경쟁적인 마케팅의 세계다. 그 세계에서 기업의 목표는 중요한 콘텐츠를 만들고, 그것을 중요한 사람들이 발견할 수 있게 하고, 그 사람들의 지지를 받는 일이 될 것이다.

사회를 조직하는 이러한 새로운 방식의 핵심은, 그것의 코드를 일방적으로 변경할 수 있는 사람이나 기관 없이도 소프트웨어가 인간의 행동을 관리할 수 있다는 아이디어다. 이것은 사이버 공간에 기초한 커뮤니티 거버넌스의 한 형태다. 우리가 이러한 원칙 위에서 소통하는 플랫폼을 구축할 경우, 사회 유기체에 대한 첫 번째 이점은 콘텐츠를 검열하는 소유자의 권력을 크게 줄일 수 있다는 것이다.

블록체인 기술을 기반으로 하는 스마트 계약의 개념도 여기에서 중요하다. 스마트 계약에 의해 우리는 소프트웨어 코드를 커뮤니티가 사전 설정된 조건이 충족될 때 계약의 실행 시기와 방법을 (법원대신에) 자동적으로 규율할 수 있는 도구로 생각할 수 있다.

간단한 소셜미디어 스마트 계약은 특정 아티스트의 작품을 열어보고 가져가는 누군가에게 트윗을 보내는 방식으로 성립될 수 있다. 이 행위를 기본 사용 계약 조건의 이행으로 인식한 다음, 그 사용자의 디지털 화폐 저장소에서 해당 금액을 불가역적으로 예술가에게 송금하는 것이다. 소프트웨어 코드의 작은 부분은 응답의 잠금을 해제하는 수학적 암호 해제 연산키mathematical key처럼 작동한다. (이것은 분자 기질이 서로 꼭 맞는 촉매 효소와 유기물질이 요철 구조를 통해 결합될 때 생명체의 물질대사 경로를 따라 생화학 반응이 일어나는 방법과 일치한다.) 이를 토대로 매우 복잡하고 난해한 스마트 계약을 체결할 수 있으므로, 소프트웨어 코드는 사이버 공간에서 신뢰할 수 있는 거버넌스 시스템을 설계하는 데 강력한 도구가 된다. 하버드 법대 로렌스 레시그Lawrence Lessig 교수의 말을 인용해서 표현하면,[16] 우리는 '코드가 법이다code is law'라고 정의되는 세계를 만드는 것이다.

이 접근 방식은 정부의 개입 없이 커뮤니티가 P2P 온라인 네트워크에서 적절한 행위를 '입법화legislate'하는 방법을 제공한다. 이 방식은 국경을 초월할 수 있으며, 이는 인터넷 활동의 초국가적 특성 때문에 매우 중요하다. 실제로, 우리는 사회 유기체가 스스로를 통치하는 규칙을 만들 수 있으며, 그 규칙 내에서 사회 유기체가 진화하도록 할 수 있다. 로렌스 레시그의 하버드 법대 동료 교수인 프리마베라 드 필리피Primavera De Filippi는[17] 블록체인과 그것이 만들어내는 P2P 모델이 인간이 자연의 '협력' 모델(흰개미가 전체의 이익을 위해 함께 일하도록 만드는 방식과 동일한 것)을 모방하는 도구라고까지 말한다. 동료의 필요를 전혀 모르고 지도자의 지시가 없는 경우에도, 이러한 자연계의 구성원들은 자신의 이익을 추구하지만 전체의 요구와 일치하는 방식으로 작업을 수행한다. 요약하자면 이상적이고 가장 공정하고 가장 활기차고 역동적이면서도 안정적인 홀라키 버전을 만들기 위해 우리에게 블록체인과 같은 통치 소프트웨어 governing software가 필요하다. 우리는 소셜미디어에서의 행동이 사회 유기체가 번성하기 위한 최적의 조건을 만드는 코드(법적 코드, 도덕적 코드, 소프트웨어 코드) 내에서 이루어지기를 희망한다.

그런 사이버 공간의 법률 시스템을 어떻게 설계할지 생각해보자. 우리가 설계한 코드가 사회 유기체를 건전하지 않은 검열로 밀어내면, 진화를 방해하고 잠재적으로 우리 문화의 추악한 요소를 장려하게 될 거라는 점을 명심하자. 첫째, 우리는 소셜미디어의 더 파괴적인 측면(트롤, 증오 발언자, 정의 파괴자)을 상쇄하는 긍정적인 행동을 유도하기 위해 기술을 어떻게 활용할 수 있는지를 파악해야 한다. 반사회적 행동을 검열하는 비생산적인 전략과는 대조적으로, 친사회적 행동을 장려하는 것은 사회 유기체의 전반적인 이익에 도움이 될 수 있다.

누군가가 소셜미디어 환경에서 긍정적인 행위를 하거나 긍정적인 발언을 할 때 정부, 비영리단체, 심지어 시민 의식이 강한 회사와 개인도 특정 인센티브를 자동 응답 방식으로 제공할 수 있다. 이 인센티브는 금전적일 필요는 없다. 연구 결과에 따르면, 디지털 환경에서든 물리적 환경에서든 상관없이 선량한 행동을 하거나 단지 선량한 시민으로 활동하는 사람들을 공개적으로 칭찬하는 것만으로도 긍정적인 강화 효과를 나타낼 수 있다. 우리는 적어도 하나의 미국 도시 정부의 혁신가들이 소셜미디어를 통해 선의의 행동을 하는 사람들을 호출하는 디지털 '히어로그램herogram(격려 메시지)'을 트위터에 올리는 아이디어를 구체화한다고 들었다. 기업과 자선 단체는 소셜미디어를 활용해 자선 활동에 대한 공동체의 참여를 장려할 수 있다. 버드와이저 맥주 제조업체인 앤호이저부시Anheuser-Busch(AB)가 해시태그를 사용할 때마다 음식을 제공하겠다고 약속한 #ABGivesBack 감사 캠페인과 같은 자체 홍보 프로젝트에 냉소적인 생각을 하기 쉽지만, 이런 바이러스 효과가 공동체 건설에 긍정적인 영향을 미칠 수 있다.

사회 유기체 거버넌스를 개선하기 위한 혁신적인 접근 방식은 기술과 인터넷 문화의 또 다른 큰 영역인 비디오게임과 온라인 게임에 활용할 수 있다. 게임 구조와 설계를 활용해 사람들이 특정 방식으로 행동하고 목표를 성취하도록 동기부여하는 것(종종 게임화 gamification라고 부르는 것)은 경영 대학에서 이미 트렌드가 되고 있다. 컴퓨터네트워크를 중심으로 커뮤니티가 형성되는 세상에서 프로그래머가 사람들이 즐기는 게임 내의 거버넌스 규칙을 조정해 친

사회적 행동을 권장할 수 있다는 걸 이제 많은 사람들이 인식한다. 잠재력은 숫자에 의해 뒷받침된다.[18] 스필게임즈Spil Games의 2013년 조사에 따르면, 전 세계에서 12억 명이 비디오게임을 즐기며 그중 7억 명이 온라인 게임을 즐겼다. 이후 이 수치는 게이머의 성별과 연령 비율에서 훨씬 더 증가한 것으로 생각된다. 게임은 한때 젊은 남성이 지배했지만, 이제는 모든 사람에게 보편화된 것으로 보인다.

비디오게임이 우리 사회에 미치는 영향력이 확대된다는 사실은 엄청난 성공을 거둔 증강 현실 게임인 '포켓몬고Pokemon Go'에서 분명히 확인할 수 있다. '포켓몬고'는 현실 세계에서 가상 보물을 찾는 카메라 인터페이스 스마트폰 앱을 사용하는 게임이다. 2016년 7월 중순 출시 이후 일주일 만에 이 앱을 적극적으로 사용하는 약 950만 명의 스마트폰으로 무장한 사용자는[19] 모든 연령대와 수십 개 국가에 분포되어 있다. 이와 같은 현상은 게임 세계가 인류애humanity를 형성할 수 있는 풍부한 기회를 제공한다는 걸 많은 사람에게 확신시킨다.

뉴욕을 기반으로 한 '변화를 위한 게임Games for Change' 페스티벌은[20] 13년째를 맞았으며, 1년 내내 계속되는 기고와 토론으로 가득 찬 포용적인 웹사이트와 함께 커다란 바람을 일으켰다. 연례행사인 이 페스티벌은 트라이베카 영화제와 협력해 27만 5000명의 관중을 불러 모았다. 이틀 동안 개최된 2016년 컨퍼런스에서, 이번 페스티벌은 (미 교육부의 지원을 받는 동일한 명칭의 정상회담을 포함해) 학습을 위한 게임, 건강과 신경 프로그래밍을 위한 게임, 시민과 사회적 영향을 위한 게임 등 세 가지 관심 분야를 다루었다. 연설자 명단에는 전 세계 수천만 어린이들의 마음속에 열정을 불어넣은 게임인 '마인크래프트Minecraft' 개발자도 있었고, 댓게임컴퍼니 Thatgamecompany의 공동 설립자인 제노바 첸Jenova Chen도 포함되어 있었다. 그의 웹사이트는 '전 세계의 인간 정신에 긍정적인 변화를 가져오는 영원한 인터랙티브 엔터테인먼트를 창조하라'는 사명을 표방한다.

이 사회 친화적 실험은 교육용 게임에만 국한되지 않는다. 많은 설문조사에 따르면, 2015년에 가장 인기 있는 게임은 '언더테일 Undertale'이었다. '언더테일'은 괴물에 감염된 지하 세계에서 탈출하려고 시도하는 소녀의 기발한 이야기였으며, 정교하지 않은 8비트 형식으로 표현되었다. '언더테일'의 성공은 게이머의 도덕성을 직접적으로 시험하는 방식과 관련이 있다. 즉 게이머는 '대량 학살자 경로' 또는 '평화주의자 경로'를 선택해 그들이 만나는 약간 사랑스러운 괴물을 다루는 방법을 결정할 수 있다. '대량 학살자 경로'에서 몬스터들이 싸움을 피하기 시작하면서 전투는 점점 불만족스러워지고, '그러나 아무도 오지 않았다'라는 메시지가 점점 작아지는 글씨체로 표시된다. 이 시점에서, 이전에 명랑했던 음악은 불길하고 으스스한 배경음악으로 바뀐다. 게다가 과거로 되돌릴 수도 없다. 대부분의 게임과 달리, 이 게임은 다시 시작해도 시작 부분으로 돌아가지 않는다. 오히려 게임 파일이 영구적으로 저장되어 게이머의 악의적인 행동을 상기시켜준다. 전체 게임 경험이 윤리적 책임감으로 채워져 있는 것이다.

그러나 온라인에서 실제 사람들에게 긍정적인 행동을 하도록 어떻게 장려할 수 있을까? 세계에서 가장 유명한 온라인 게임인 '리그 오브 레전드League of Legends'에서 채택한 전략이 단서를 제공한다. 매월 '리그 오브 레전드'를 즐기는 6700만 명의 게이머 중 여성, 유색인종과 다양한 성적 취향의 사람들이 급증하면서, 이전에는 젊은 백인 남성이 지배했던 게임 분야에서 충돌이 일어났다. 이 게임의 제작사인 라이엇게임즈Riot Games는 사용자의 실명을 요구하는 페이스북 전략을 채택하지 않았다. 익명의 아바타가 개인 정보 보호에 도움이 되며, 성적, 종교적 취향이 공개되는 걸 원치 않는 사람들의 가입을 촉진한다는 사실을 인식했기 때문이었다. 그 대신 경영진은 부적절한 언행이 담긴 채팅의 사례 파일을 게이머가 직접 만들 수 있는 포럼인 '재판소Tribunal'를 설립했다. 무엇이 받아들일 수 없는 언행이고, 무엇이 커뮤니티에 긍정적인 언행인지에 이 재판소에서 누구나 토론하고 투표할 수 있었다. 무려 1억 명이 투표를 했으며, 대다수가 증오 발언과 동성애 비하 발언을 압도적으로 반대했다.

다음 단계에서 라이엇게임즈는 재판소의 데이터에서 주요 단어와 구문을 골라내어 기계 학습 알고리즘에 입력해 허용되지 않는 언행을 자동으로 차단하고 충돌 해결에 유익한 언행을 자동으로 강조하도록 만들었다. 게임 제작자 제프리 린Jeffrey Lin의 2015년 7월 기고문에 따르면,[21] '온라인 문화 규범을 변화시키는 이러한 거버넌스 시스템을 채택한 결과 '리그 오브 레전드'에서 동성애 비하, 성차별과 인종차별의 발생률은 모두 2퍼센트 감소했다. 욕설은 40퍼센트 이상 줄었고, 벌칙을 부여받은 게이머의 91.6퍼센트가 이후로는 다른 위반 행위를 저지르지 않았다.' 이전 욕설의 대부분은 상습적인 구제 불능의 광신자로부터 나온 것이 아니라 평범한 사람들의 입에서 나온 것이었다. 적절한 처벌이 주어지자 그들은 욕설을 자제했다. 인간 계도의 이 놀라운 실험이 검열에 의한 것이 아님을 주목하라. 그 사람들은 게임을 못하도록 차단당하지 않았고, 실명이 '공개'되지도 않았다. 그들의 반성은 공동체가 원했던 민주적인 모델에 의해 이루어진 것이었다. 이는 성문화codified되고 긍정적으로 강화된 또래 집단의 압력의 한 형태였으며, 진화하기 위해서는 실수에서 배워야 한다는 사실을 우리에게 상기시켜주는 사례였다. 사회 유기체의 긍정적인 진화를 장려하기 위해 이것이 갖는 잠재력을 상상해보라.

우리가 사회 유기체의 긍정적인 행동 발달을 장려하는 잠재적 도구로서 게임을 활용하는 것은 우연이 아니다. 게임 이론은 오랫동안 생물학적 진화를 연구하고 이해하는 방법의 일부였다. 이와 관련된 응용 중 하나가 게임 이론 뒤에 있는 아이디어를 형성한 책인 리처드 도킨스의《이기적 유전자》에서 사용되었다.[22] 생물체를 DNA 복제용 '생존 기계'로 이용하는 '이기적인' 유전자에 의해 진화가 이루어진다는 자신의 주장 속의 명백한 모순을 설명하기 위해 도킨스는 유명한 '죄수의 딜레마'를 통해 냉담한 이기심의 과정 속에서 종species 간의 폭넓은 협력과 공감대가 어떻게 진화할 수 있는지를 보여주었다.

죄수의 딜레마에는 별도의 감옥에 수용된 동일한 범죄 조직의 두 명의 수감자에 관한 것이다. 상대방이 어떤 증언을 할지 모르는 상태에서 그들은 각자 감형을 제안하는 경찰과 협상한다. 한 죄수가 조직에 충성해 범죄를 부인하는 동안 다른 죄수가 배신해 범죄를 자백하면, 부인한 죄수는 3년형에 처해지고 자백한 죄수는 석방된다. 둘 다 자백하면, 그들은 모두 2년형에 처해진다. 두 사람 모두 부인하면, 둘 다 가장 낮은 형량인 1년형만 받는다. 각 컴퓨터가 이전 게임의 결과로부터 학습하는 컴퓨터 시뮬레이션을 통해 도킨스가 주목한 점은 처음에는 자백으로 시작했던 컴퓨터가 곧 일정하고 반복적인 부인으로 변해가는 추세였다. 여기에 적용된 수학은 개인만을 위해서가 아니라 모든 사람을 위해서 최선의 결과를 도출하기 때문이다. 도킨스는 이것이 지속적인 진화의 알고리즘이 이타심altruism으로 이어지는 방법일 수 있다고 주장했다. 사회 유기체를 손상시켜서 이익을 얻는 다른 요인(그는 이혼 전문 변호사를 예로 들었다)이 없는 한, 진화의 끊임없는 수학은 사람들을 협력으로 이끌 것이다. 이는 사랑, 동정심, 공감이 어떻게 나타나는지에 매우 낭만적인 해석은 아니지만, 인생이라는 위대한 게임에서 자율적인 자아 중심의 개인으로 구성된 인간 공동체가 공동의 이익을 추구하는 쪽으로 집단적으로 진화할 수 있음을 보여준다. 이를 친사회적 게임화pro-social gamification 전략의 아이디어와 결합하면, 분산형 소셜미디어 플랫폼 설계자에게 조화로운 인간 문화의 진화를 촉진하는 규칙을 고안할 것을 압박하는 새로운 목표를 제시할 수 있다.

・・・

물론 우리는 디지털 세상에서만 살아가는 건 아니다. 실생활에서 여전히 우리는 사회를 관리하는 아날로그 거버넌스 시스템이 필요하다. 또한 우리는 건강한 디지털 사회를 위한 올바른 법적 틀을 만들고 유지하기 위해 국가, 주 정부, 지방정부 같은 실질적 통치 체계가 필요하다. 검열과 독점적 통제가 어떻게 문화적 진화에 해를 끼칠 수 있는지에 대한 주제로 돌아가보면, 이러한 본능에 저항하는 정책을 실행하도록 정부를 유도해야 함을 의미한다.

무엇보다 먼저, 정부는 망 중립성이라는 오랜 원칙을 지켜야 한다. 이를 통해 우리는 평등한 경쟁 조건을 유지하고 디지털 격차가 심화되는 걸 방지한다. 일단 ISP Internet Service Provider (인터넷 서비스 제공 회사)가 자신의 게이트키퍼 지위를 이용해 요금을 가장 많이 내는 고객에게 특권적인 대역폭 액세스를 제공하는 행위를 막으려는 노력이 미국에서 오바마 행정부의 지원으로 이뤄졌다. 그러나 '트래픽 우선순위화'와 계층화된 네트워크 액세스에 대한 기업의 지지를 통해 앞으로 더 사회 친화적으로 관리될 수 있을 것이다. 블록체인 기반의 소액 결제를 통해 모든 사람이 비트 단위로 데이터 비용을 지불하는 패러다임이 만들어진다면, 언젠가는 이 인터넷 중립성 논쟁이 사라질 것이다.

특권적인 인터넷 계층구조의 가능성은 케이블방송이나 통신 회사 같은 전통적인 ISP를 다루는 미국만의 문제가 아니다. 페이스북은 제한된 웹사이트에만 접속할 수 있는 무료 인터넷 서비스인 '프리 베이직Free Basics'을 가난한 인도 지역사회에 제공하면서 교차-문화적cross-cultural 혼란에 빠져들었다. 페이스북은 이 서비스가 가난한 사람들에게 기회를 제공하는 거라고 주장했다. 그러나 페이스북은 무료 기본 고객이 볼 수 있는 웹사이트를 자의적으로 선별한다. 인도의 기술 전문가 커뮤니티의 도움으로 무료 기본 고객들은 페이스북의 대대적인 홍보를 성공적으로 물리쳤고, 데이터 서비스에 대한 차별적인 장벽을 금지하는 인도의 법규를 위반했다는 이유로 '프리 베이직'을 금지하는 규제 당국자들을 확보하였다. 인터넷에 대한 가난한 이들의 접근권을 확대하는 것은 모든 사람의 관심사지만, 실리콘밸리의 소셜미디어 신들이 제멋대로 잘라낸 것이 아닌 완전한 인터넷을 그들에게 제공해야 한다.

ISP들의 네트워크 중립성에 내가 이토록 신경을 많이 쓰는 이유는 그들이 살아 있는 사회 유기체가 의존하는 기초적 인프라를 구성하기 때문이다. 이 인프라는 공공재로 인식되어야 한다. 우리가 이를 사적 재산으로 취급해 최고 입찰자에게 양도할 경우 혁신적인 아이디어가 나오는 밈 풀은 왜곡되고 축소될 것이다. 그렇게 되면 우리는 효율적으로 진화하지 못할 것이며, 거대 미디어 회사, 케이블 제공업체, 통신 회사가 지배하는 낡고 퇴행적인 질서가 계속 우리의 발목을 잡을 것이다.

또한 사회 유기체의 건강은 정부가 시민과의 자유 서약을 유지하는 것에 달려 있다. 즉 미국 권리장전과 유엔 인권선언 같은 문서에 구체화된 시민의 권리가 재확인되고, 강화되고, 상황에 맞게 확대되고, 디지털 사회에 맞게 분명하게 업데이트되어야 한다. 소셜미디어의 국경을 초월한 특성을 감안할 때, 우리는 미국 헌법 수정안에 새겨져 있는 언론의 자유 원칙에 대한 범세계적인 정부의 서약을 필요로 한다. 보다 구체적으로 보면 프라이버시에 대한 시민의 권리가 수용되어야 한다. 이상적으로는 사람들의 사적인 온라인 생활의 데이터베이스에 대한 정부의 '백도어backdoor(비밀 통로)'를 차단하는 국제조약을 체결하는 것이 가장 바람직하다. 이것은 테러리즘 시대의 공포정치와 국제 스파이 세계의 맞대응을 감안할 때 지금 당장은 불가능한 요구지만, 우리의 권리를 보호하는 암호화의 중요한 역할에 대한 대중의 인식을 깨어나게 하는 것이 좋은 출발점이 될 것이다. 또한 통신 표준의 사실상의 통치자로 군림하는 소셜미디어 플랫폼과 같은 사기업에 이러한 언론의 자유와 개인 정보 보호 원칙을 적용하는 방법에 대한 고위급 공개 토론이 필요하다.

더욱 중요한 점은 주요 소셜미디어 플랫폼을 관리하는 소프트웨어의 개발, 유지 관리와 업그레이드에 대한 오픈소스 접근 방식이 필요하다는 것이다. 사람들에게 자신이 제공하는 정보가 관리 회사의 이익에 따라 관리, 통제, 사용되는 방식을 이해할 수 있도록 해주는 알고리즘 투명성이 필요하다. 현재로서는 이용할 수 없는 이러한 정보가 앞으로도 제공되지 않는다면, 사회 유기체의 기능을 향상하기 위한 친사회적 해법을 모색하는 것은 불가능하다. 정부가 그런 기준을 설정하는 역할을 해야 하는가? 아마도 그럴 것이다. 여기에는 우리가 독점 기업이라고 규정할 수 있는 가장 큰 소셜미디어 플랫폼에 대한 '테디' 접근 방식의 한 가지 응용이 있을 수 있다. 플랫폼이 사회에 압도적인 영향을 미친다면, 모든 사람이 볼 수 있도록 통치 소프트웨어를 적어도 일부라도 공개해야 한다. 마이크로소프트에 자사의 운영체제를 경쟁 브라우저와 응용 프로그램과 공유하도록 압박할 수 있다면, 왜 유사하게 독점적인 소셜미디어 플랫폼에 알고리즘 정보 관리에 대한 세부 사항을 공유하도록 압박할 수 없단 말인가?

국내외 정책 입안자들에게 사회 유기체를 이해시키는 건 힘들 것이며, 그에 대한 정책을 고안하도록 하는 건 더욱 힘들 것이다. 그러나 진화가 진행됨에 따라 그들은 반드시 그렇게 해야 한다. 정책 결정자, NGO(비정부기구), 학계, 가장 중요하게는 핵심 커뮤니케이션 플랫폼의 소유자, 관리자와 개발자들 사이에 공익을 위해 긍정적인 사회적 행동을 촉진하는 최선의 방법에 대한 합의가 필요하다. 이 책에서 인용한 많은 영향력 있는 밈과 해시태그 운동에서 볼 수 있듯이, 고맙게도 우리는 소셜미디어 자체에서 그러한 인식을 구축할 수 있는 위대하고 새로운 모바일 도구를 가진다.

이 새로운 세상에서 페이스북의 저커버그와 구글의 세르게이 브린Sergey Brin, 래리 페이지Larry Page 같은 영향력 있는 사람들은 포용적이고 투명하고 건설적이며 긍정적으로 강화되는 소셜미디어를 위한 개방형 구조를 권장해야 할 커다란 책임이 있다. 그들도 역시 장기적으로는 똑같은 목표를 성취하려는 목표를 갖는다고 우리는 믿고 싶다. 그들은 단지 회사의 주주들에게 인내하도록 설득하기만 하면 된다. 안정된 방식으로 계속해서 성장할 수 있는 사회 유기체는 모든 사람에게 이익이 된다. 특히 소셜미디어를 담당하는 회사의 이익이 될 것이다.

지휘 본부가 없는 고도로 복잡한 시스템인 사회 유기체가 모든 사람을 위한 성장 기회를 창출하기 위해 자체적인 견제와 균형을 유기적으로 만들 수 있다고 믿는 사람은 별로 없을 것이다. 소셜미디어의 거물들을 포함해 우리 모두가 가장 이기적인 본능을 극복하려고 노력해야 한다. 순전히 자기 이익만을 추구하는 노드는 자신의 목소리를 낼 수는 있지만, 상호 존중과 포용을 통해 홀로닉 관계가 형성되는 사회 유기체에서는 결국 번영하지 못할 것이다. 우리는 인간의 발명과 예술의 천재성을 협업적인 글로벌 아이디어 기계로 통합할 수 있는 진화의 길을 만들어내기 위해 노력해야 한다. 이 책 마지막 장의 주제는 바로 이러한 미래에 대한 담대한 전망이다.

9장

디지털 문화

두뇌 공동체를 향해

탄자니아의 오지 마을에서 다리를 다친 소년이 빨리 수술을 받지 않으면 죽게 될 거라고 상상해보자. 소년은 3D 프린터로 만든 로봇 수술 장비를 갖춘 해당 지역 NGO가 운영하는 병원으로 이송된다. 이 병원은 소년의 다리를 지혈한 후 탄자니아의 수도인 다르에스살람에 고속 드론으로 마취약을 공수하도록 지시한다. 소년의 의학적 이력은 인체의 독특한 심장 리듬을 클라우드 기반 데이터베이스와 비교하는 심장 모니터 스캔을 통해 신속하게 확인되며, 몇 년 전 그 마을을 방문했던 직원이 스마트폰으로 업로드한 소년의 신원 기록이 발견된다. 탄자니아 현지 병원에서 전화를 받은 뉴욕의 외과 의사는 가상현실 고글을 착용하고 원격 조종 컨트롤러에 손을 넣은 다음 수술 로봇의 팔을 조종하기 시작한다. 최첨단 원격 카메라는 소년의 마취된 몸을 홀로그램으로 만들어서 마치 뉴욕의 수술실에 있는 것처럼 의사 앞에 보여준다. 의사는 찢어진 힘줄, 뼈, 근육을 치료하고 최종적으로 상처를 봉합하는 정교한 외과 수술을 완료한다. 다리가 치료된 후 아이는 동일한 3D 프린터에 의해 만들어진 저비용 고효율의 유연하고 튼튼하고 새로운 환자 맞춤형 인공관절을 다리에 부착한다. 치료받지 못했다면 오염된 도시에서 구걸할 운명이었던 한 소년이 새로운 미래를 향해 나아갈 수 있는 기회를 갖는 것이다.

우리(70억 모든 인류)가 지구를 망쳐놓지 않으면, 이런 상상의 시나리오처럼 진보는 무한한 기회의 세상을 열어준다. 이런 기회는 현기증 나는 기술적 변화와 끊임없이 강화되는 인간 상호 연관성 덕분이라고 할 수 있다. 또한 그것은 분권화와 분산이라는 긍정적인 피드백 고리의 일부이기도 하다. 근본적으로 지식의 오랜 독점은 무너지며, 이는 인간의 독창성을 해방시켜준다. 소셜미디어는 이 과정에서 매우 중요하다. 이동통신, 유전자 의학 기술과 기타 생명공학의 발전, 3D 프린터, 드론, 스마트폰, 디지털 화폐, 분산 네트워크와 개방적 회계 시스템과 같은 기술은 모두 사회 유기체를 선순환시킨다. 또한 이것은 현존하는 산업과 사회조직의 전통적인 모델에 도전하고, 구식의 직업 분류에서 벗어나 수많은 사람에게 예기치 않은 기회를 만들어내는 살아 숨 쉬며 진화하는 사회 유기체의 일부다.

이런 세계에서 소셜미디어는 우리의 두뇌 공동체global brain가 된다. 영국의 지식인 매트 리들리Matt Ridley가 다채로운 단어로 말했듯이 이것은 인간의 아이디어가 '만나고 섹스하는meet and have sex' 강력한 조정 시스템이다. 달리 표현하면, 이것은 창조성과 새로운 개념을 육성하기 위한 풍요로운 배양소다. 모국어가 다른 사람들도 소셜미디어 플랫폼에 내장된 자동화된 번역 서비스를 통해 원활한 의사소통을 할 수 있으며, VR 고글을 통해 연결되어 같은 공간에 있는 것처럼 느낄 수 있다. 이러한 협업적 혁신 환경은 나날이 풍요로워진다.

내 친구인 레인 메리필드Lane Merrifield가 아동용 온라인 게임과 소셜 네트워크인 클럽 펭귄Club Penguin에서 하는 일을 내게 보여주었을 때, 나는 처음으로 이를 깨달았다. 페이스북과 다른 플랫폼이 자동번역 기능을 제공하기 훨씬 전부터 클럽 펭귄은 모든 언어로 번역된 문장으로 전 세계 어린이들이 원활하게 의사소통하도록 했다. 〔그건 일종의 디지털 에스페란토Esperanto(만국공용어) 또는 더글러스 애덤스의《은하수를 여행하는 히치하이커를 위한 안내서》에[1] 등장하는 언어 번역 외계 생물 '바벨 피시babel fish'의 실제 모습이었다.〕 그것은 내게 커다란 깨달음을 주는 순간이었다. 두뇌 공동체는 소셜미디어가 의사소통 통로를 극적으로 평준화하고, 수십억 명에게 시간과 거리에 제약받지 않는 거대한 정보 풀에 자신의 생각을 공헌할 수 있는 기회를 제공하는 방식이다. 그것은 틀림없이 다른 어떤 인터넷 기반 기술보다 창조적인 번식 과정에(그리고 기하급수적인 학습 능력과 혁신 능력에) 더 많은 기여를 했다. 이는 소셜미디어를 단순한 기업 마케팅 도구, Y세대가 농담을 나누는 놀이터 또는 익명의 트롤이 악성 댓글을 다는 장소로 여전히 생각하는 사람에게는 대담한 주장처럼 들릴 수 있다. 그러나 이제 우리는 소셜미디어가 그것을 뛰어넘는 가치를 지녔다는 걸 여러분들도 인식한다고 생각한다. 이 수평적이고 생물학적으로 결정된 통신 시스템은 정보를 신속하게 생성, 배포, 공유할 수 있는 완전히 새로운 방식을 제공한다.

소셜미디어는 특히 클라우드 기반 데이터 저장소, 빅데이터 분석, 암호화, 기계 학습 도구, 개방형 데이터 프로토콜과 블록체인 원장 같은 다른 분산형 기술과 결합될 때 더욱 강력해진다. 이런 상호 운용 가능한 특성을 지닌 기술은 사람들이 소셜미디어 플랫폼에 직접 연결된다는 것을 의미한다.

사회 유기체는 살아 숨 쉬면서 끊임없이 진화하는 밀접하게 얽힌 거대 생명체로서, 그것의 촉수는 트위터와 페이스북 플랫폼을 훨씬 넘어선다. 이 생명체는 현재 15억 명의 인터넷 사용자, 10억 개이상의 웹사이트를 포함하며, www.Internetstats.org에 따르면 매일 20억 기가바이트 이상의 데이터를 처리하기 위해 시간당 2테라와트 이상의 전력을 소비한다. 또한 전 세계적 연결성은 원격 지역에 드론을 이용한 와이파이WiFi를 제공하는 페이스북의 아퀼라 Aquila 프로젝트와 고지대 풍선을 통해 동일한 목표를 수행하려는 구글의 프로젝트 룬Project Loon과 같은 실험적인 벤처기업으로서의 견인차 역할을 한다. 또한 전 세계 인터넷과 주기적으로 동기화되는 커뮤니티 내 연결을 제공하는 그물망 같은 네트워크와 25달러짜리 모질라 제품처럼 저렴한 스마트폰의 출시로 디지털에서 소외되었던 전 세계의 수많은 사람이 이 거대한 인적 교류 생태계로 연결될 것이다.

이 유기체가 작동하는 환경의 복잡성은 가장 널리 알려진 소셜미디어 시스템을 훨씬 능가한다. 과학 데이터의 온라인 저장소, 오픈소스 소프트웨어 개발자, 위키피디아 같은 공동 편집 사이트. 에어비앤비, 렌딩클럽Lending Club, 이베이 같은 분산형 시장. 비트코인과 기타 디지털 화폐 커뮤니티. 이 모든 것이 사회 유기체가 살아 숨 쉬고 번영하는 풍요롭고 상호 의존적이고 분산된 생태계에 포함된다.

소셜미디어가 이러한 아이디어 창안자들의 글로벌 네트워크 내에서 혁신을 촉진하는 데 도움을 주는 방법 중 하나는 새로운 투자 기회로 사람들의 관심을 이끌어서 연구 개발에 필요한 곳에 자금이 조달되도록 하는 것이다. 이는 특히 미국과 유럽의 신생기업들이 활용할 수 있는 성숙된 벤처 캐피탈 시장이 없는 곳에서 가치가 있다. 이것은 크라우드펀딩 사이트 킥스타터Kickstarter에서 시작한 프로젝트에 모인 투자금 규모에서 잘 나타난다. 킥스타터는 2016년 초까지 10만 개가 넘는 프로젝트에 20억 달러 이상을 모금했다. 소셜미디어를 활용해 사람들에게 자신의 아이디어를 알림으로써 필리핀의 발명가 두 명은 7만 7000달러를 모아서 3D 프린터에 기반한 DIY 가정용 태양전지 패널 제조 장비를 개발했고, 레소토의 아프리카 청정에너지Clean Africa Energy 프로젝트는 깨끗하고 안전한 친환경 요리 기구 생산을 확대했다. 이는 수많은 킥스타터 성공 사례 중 일부일 뿐이다.

이것은 시작에 불과하다. 자금을 이체하기 위한 디지털 화폐 애플리케이션이 블록체인 기반 시스템과 결합해 암호화된 증권과 채권을 안전하게 발행하고 거래하면서 사람들은 사기당하지 않는다는 새로운 인식을 갖게 될 것이다. 미국 직업 법안에 포함된 투자를 유도하기 위한 덜 엄격한 규제와 결합될 때, 이는 투자 흐름을 거대한 물결로 만들 수 있고, 그 결과는 아이디어 글로벌 시장의 유기적이고 기하급수적인 확장으로 나타날 수 있다. 소셜미디어는 이 과정에 통합되어 자본시장에 대한 뉴스와 기타 전통적인 정보 소스를 대체할 것이다. 공개 상장된 몇몇 벤처기업들은 수익과 기타 공지 사항에 대한 정보를 공개하기 위해 이미 트위터를 사용한다. 이러한 세계적이고 대중과 직접 접촉하는 방송 전략은 (트위터 또는 현재나 향후의 대체 플랫폼을 통해 전달되면서) 보편화될 것이다. 점점 더 상호 연결되는 세계 경제에서, 아이디어와 정보의 자유로운 흐름은 사회 유기체의 혈액순환과 같다. 이러한 아이디어가 전달되는 인프라인 소셜미디어 네트워크는 심장 혈관계(네트워크화된 거대 생명체의 심장, 동맥과 정맥)라고 할 수 있다.

소셜미디어의 미래 역할을 어떻게 형성할 것인지에 생각하면서 우리는 스스로를 일깨워야 한다. 우리가 미래에 꾸는 꿈은 탄자니아 소년을 구하는 이야기 또는 복잡한 생활을 정밀하고 자동화된 효율성으로 관리할 수 있는 최첨단 가정의 이야기로만 가득 찬 것이 아니다. 그것은 악몽이 될 수도 있다. 많은 사람들이 전지전능한 컴퓨팅 능력의 시대가 삶의 본질을 수학적으로 결정된 어떤 방정식으로 격하시킬 수 있다고 우려하는 건 충분한 이유가 있다. 그 방정식은 논쟁의 여지없이, 우리가 존중해야 하거나 존중하면 안 되는 것을 규정할 것이다. 좋든 싫든 컴퓨터는 인공지능화된다. 우리가 만든 기계가 우리를 가두어버리는 세계를 건설하지 않으려면 어떻게 해야 할까? 앞에서 말했듯이, 진화가 '더 나은' 세계를 만들 것이라고 맹목적으로 기대할 수는 없다.

2016년 3월 구글이 프로그래밍한 컴퓨터가 체스보다 훨씬 복잡한 2500년의 역사를 가진 바둑에서 살아 있는 인간을 물리쳤을 때, 많은 사람들은 이를 스스로 진화하는 인공지능의 중요한 이정표로 간주했다. 나는 '특이점'이 가까워진다는 전설적인 미래학자 레이 커즈와일의 말을 떠올린다. 무어의 법칙, 멧칼프의 법칙, 이와 관련된 네트워크 처리 용량의 폭발적 증가가 계속되는 모든 컴퓨터, 생명공학, 금융 기술이 결합된 기하급수적 효과는 우리를 그런 미래의 시점으로 거침없이 몰아간다.

이는 흥미진진하지만 당연히 불안감을 준다.

우리가 AI의 진화에 강한 관심을 갖는다고 말하는 건 인공지능의 엄청난 발전 속도를 과소평가하는 말이다. 우리가 컴퓨터를 통제하는 것보다 컴퓨터가 우리를 더 많이 통제하는 지점에 도달하면 인류는 중대한 위험에 직면할 거라는 경고의 목소리가 날마다 또 다른 전문가의 입에서 나온다. 그건 새겨들어야 할 경고다. 기계가 스스로 생각하도록 프로그래밍된다면 우리가 막을 수 없는 악의적인 행동을 수행하지 않을 거라고 장담할 수 없다. 아이작 아시모프Isaac Asimov와 다른 과학소설 작가들이 묘사한 감정을 가진 기계(예를 들면 스탠리 큐브릭의 영화에 등장하는 HAL)에 대한 공포는 지금도 여전히 존재한다. 그러나 이 마지막 장에서 나는 영혼 없는 기계론적 권위의 미래에 소셜미디어가 인류의 풍성한 숨결을 불어넣어 강력한 균형을 유지할 수 있는 희망찬 미래를 그려보고 싶다.

예일대의 컴퓨터 과학자 데이비드 겔런터David Gelernter의 경고에 따르면,[2] 가장 큰 위험은 우리가 컴퓨터 인공지능을 인간 지능을 대체하기에 충분한 것으로 여긴다는 점이다. 합리적이고 수학적으로 처리하도록 설정된 컴퓨터 인공지능과 달리 인간의 지능은 훨씬 더 넓은 스펙트럼을 갖는다. 인간의 의식은 우리가 컴퓨터에 적용하는 논리적이고 좌뇌left-brain적인 사고방식에서 시작되지만, 꿈의 상태, 생각의 뉘앙스, 감정, 불가해한 창의성의 맹렬한 불꽃까지 포함한다. 우리를 인간답게 만드는 다른 모든 것에 가치를 부여하고 존경하고 보호할 수 없는 경우, 우리는 기계가 '인간에게 가장 좋은 것'에 냉정하고 합리적인 수학적 평가를 제공하기를 원치 않는다. 중요한 것은 해리포터의 마법을 상상할 수 있고, 우주의 존재 이유를 고민할 수 있고, 하늘을 나는 독수리와 푸른 빙하와 그레이트 배리어 리프 Great Barrier Reef(호주 해안에 위치한 세계 최대의 산호초)의 위엄에 경탄할 수 있고, 아름다움과 사랑에 감사할 수 있는 인간적인 존재 요소다.

저녁 하늘을 가로지르는 작은 새의 비행을 매끄러운 도자기의 균열에 비유한 릴케의 시를 인용하면서 겔런터는 "어떻게 그런 생각을 해냈을까요?"라고 경탄했다. "이처럼 매우 다른 사물이 릴케에게 똑같은 느낌을 갖도록 만들었다는 사실을 떠올리면, 아마도 감정은 대단히 강력하고 개인적인 인코딩 기능과 요약 기능일 겁니다. 감정을 통해 하나의 미묘한 느낌으로 복잡한 전체 장면을 이해할 수 있습니다. 그 감정을 색인 값으로 사용하면 거대한 후보군 중에서 우리가 염두에 두는 것과 매우 닮은 이상한 기억을 찾아낼 수 있습니다." 그는 (충실한 맥북에는 미안한 말이지만) 컴퓨터가 결코 가질 수 없는 것을 이야기했다.

'집단의 새로운 의식'을 생각할 때마다 나는 항상 우리가 데이비드 보위 같은 창조적인 돌연변이 능력의 가능성이 결여된 '회색grey' 시대에 들어선다는 슬픈 감정을 느낀다. 나는 올더스 헉슬리의《멋진 신세계》와 컴퓨터 도입에 의한 정보 상실과 슬픈 운명에의 순응을 묘사한 닐 포스트만Neil Postman에게서 영감을 받았다(포스트만은 버클리에 있는 카드 카탈로그가 전산화되었을 때 자신을 그 카탈로그에 쇠사슬로 묶었다. 왜냐하면 그 카드에 남겨진 인간적인 메모의 가치를 잃고 싶지 않았기 때문이다. 그 카드는 미래 세대가 사용할 수 있는 '소셜미디어'의 초기 모습이었다). 돌연변이와 생물학적 진화의 복잡성은 나에게 현실 세계의 구글이 구상한 컴퓨터네트워크의 순응성보다 훨씬 더 많은 영감을 준다. 하지만 나는 이곳에서 그 기술로 펼쳐진 잠재력을 살려 내 삶을 만든다. 그것이 내가 이 컴퓨터화된 시스템 내에서 무작위이고 창조적인 천재적 요소를 생존시켜야 하는 의무감을 느낀 이유 중 하나다.

그러나 우리가 이 길을 간다는 것을 생각할 때, 나는 또한 소셜미디어가 우리의 최대 희망이라고 믿는다. 극도로 강력한 컴퓨터가 지배하는 미래에서 생명이 살아갈 가치가 있다면, 우리는 인간이 되는 것이 의미하는 본질이 그 컴퓨터가 작동하는 동일한 디지털 환경 내에서 최고의 위치를 차지하는 공간을 만들어야 한다. 우리는 예술적 노력의 표현이 축하받는, 컴퓨터로 읽을 수 있는 광장이 필요하다. 그곳에서 우리는 서로 정서적인 관계를 맺고 희망과 두려움, 사랑과 증오를 표출할 수 있다. 이 모든 감정의 표출은 그것이 디지털로 상호 연결된 우리 미래의 필수적이고 비소모적인 일부라는 완전한 이해 속에서 이루어져야 한다. 소셜미디어가 그 광장이다. 우리가 악의적인 로봇 지배자의 통치를 피하려면 사회 유기체 내에서 10억 개

이상인 인간 세포의 자율성을 유지하고 그들 사이의 지속적인 상호 작용을 장려하는 것이 절대적으로 중요하다.

우리가 어떻게 인간적인 자유 공간을 구축할 수 있을까? 먼저 이 기계들이 우리 또는 적어도 우리 중 일부인 소프트웨어 엔지니어들에 의해 프로그래밍된다는 것을 잊지 말자. 우리 대중은 그 과정에 대한 정보를 요구해야 한다. 우리는 책임성, 투명성, 기계 관리 프로토콜을 설정하는 데 사용되는 코딩이 합의에 도달할 수 있는 것이라는 명시적인 증거가 필요하다. 이를 달성하려면 암호화 증거와 블록체인과 같은 분산되고 신뢰할 수 있는 아키텍처를 도입해 엔지니어의 작업을 확실하게 문서화해야 한다. 이는 암호화 기술에 대한 배경지식이 없는 사람에게는 복잡하게 들릴 것이다. 나는 모든 일반인들에게 엔지니어가 하는 일을 감시하는 기술이 필요하다고는 생각하지 않는다. 시스템을 개방적으로 유지하고 보다 성숙된 시민 정신을 가진 소프트웨어 엔지니어의 교육 개발을 지원한다면, 충분히 숙련되고 신뢰할 수 있는 코더coder와 해커hacker로 이루어진 전 세계 자원 봉사단은 동료를 정직하게 유지하기 위해 이러한 도구를 사용할 수 있고 사용하게 될 것이다(내 말을 믿지 못하겠다면 깃허브 GitHub에 열거된 오픈소스 프로젝트에 들어가서 무한한 양의 무보수 작업을 살펴보라).

이 수호천사들이 우리를 위해서 주장해야 할 것은 AI 설계자가 소셜미디어와 상호 운용되는 코드를 적용하지만 동시에 이 코드는 인간의 상상력이 계속 꽃피도록 소셜미디어에 자율성을 부여한다는 점이다. 이 모든 것은 현재 주류 사회의 변두리에 사는 자칭 '화이트 해커white hacker' 집단에 대한 더 큰 역할을 암시한다. 우리는 어나니머스Anonymous와 줄리언 어산지Julian Assange의 위키리크스Wikileaks처럼 논란이 많은 투명성 지지자들이 제공하는 보안에 대한 기여도를 더욱 높게 평가할 수 있다.

또한 우리는 데이터가 공급되지 않으면 인공지능 기계는 아무것도 아니라는 걸 기억해야 한다. 그 기계가 우리에게 봉사한다면, 기계의 입력 정보에 우리가 진정 누구인지, 우리가 진정으로 가치를 두는 건 무엇인지, 무엇이 우리를 함께하도록 만드는지, 무엇이 우리를 분열시키는지 등등을 상세히 집어넣어야 한다. 항상 연결되고 항상 보정되는 컴퓨팅 성능의 네트워크에 있는 노드는 위협을 인식하도록 지정된 T-세포 수용체처럼 작동한다. 즉 이 노드는 조종 알고리즘이 적절한 응답을 지시하도록 촉구하는 인간 행동의 패턴을 찾을 것이다. 우리는 그 노드에 인간 존재에 대한 가치 있고 의미 있고 건설적인 데이터를 제공해야 한다. 내가 아는 한, 소셜미디어는 이런 정보를 수집하고 처리하기에 적합한 장소다.

우리가 소셜미디어를 탐구해서 자신의 정체성을 파악하는 것처럼 일부 AI 기계를 느슨하게 설정해 네트워크에서 문제를 파악하도록 하는 것은 현명하지 못한 방법이다. 마이크로소프트의 기계 학습 트위터 봇Twitter bot에 대한 실험은 이에 대한 경고의 사례를 제공한다. 2016년 3월 23일 테이Tay라는 가상적인 10대 소녀의 모습으로 세상에 등장했던 인공지능 봇은 곧 끔찍한 인간 존재의 구체화로 변질됐다. 일부 트위터 사용자들이 봇에게 광적인 인종차별주의자가 되도록 가르치는 게 얼마나 쉬운 일인지를 보여준 것이다. 조금 시간이 지나자, 그녀는 페미니즘이 '암덩어리'이고, '히틀러'가 옳았으며, 9·11은 '내부자의 소행'이고 홀로코스트는 '조작'된 것이라고 선언했다. 한 평론가의 표현을 빌리자면, 마이크로소프트는 24시간 만에 테이를 '정신병원'에 입원시켰고,[3] 이를 세계에 풀어놓은 데 '매우 유감스럽다'는 사과문을 발표했다. 안타깝게도 테이는 자신에게 공급된 콘텐츠를 여과 없이 반사하는 거울일 뿐이었다.

테이와 달리 우리는 소셜미디어를 사용해 우리 문화를 평가할 수 있어야 하고, 방해자가 파괴적인 피드백 루프를 만들지 않도록 해야 한다. 이 모든 추악한 행동에 대한 우리의 강박관념에도 불구하고, 그것이 우리가 가진 최선의 방법이다. 소셜미디어는 인류의 의사소통을 위한 가장 진화된 배포 시스템일 뿐만 아니라, 우리가 앞에서 논의한 것처럼 인간의 상태를 정의하는 정서적 교류를 통해 살아 숨쉬는 생명체다. 소셜미디어는 인프라로서 물리적인 컴퓨터를 기반으로 하지만, 소셜미디어를 움직이는 것은 한마디로 정의하기 어려운 끈끈한 인류애다. 이는 우리가 사랑을 추구하게 만들고, 증오를 거부하게 만들며, 삶에 의미를 부여하는 공동체의 미약하지만 중요한 유대를 만들어주는 마법의 원천과 같다.

정보 관리라는 오래된 하향식 모델은 어디서나 접속할 수 있는 디지털의 힘에 의해 떠오르는 생태계의 수평적인 홀라키 구조와 양립

할 수 없다. 무엇보다 변화가 너무 빨라서 오래된 시스템은 따라잡을 수가 없다. 기업 변호사가 소프트웨어 코드 변경을 승인하는 데 걸리는 시간은 끊임없이 변화하는 상황에 밀리초millisecond(1000분의 1초) 단위로 반응하는 컴퓨터의 시간대와 일치할 수 없다. 또한 국경 없는 글로벌 사회에서 우리는 그 '변경' 중 어떤 것이 우리에게 적합한지를 어떻게 결정할 것인가?

이 새로운 세계는 이미 오픈소스 컴퓨팅 모델을 기반으로 구축되며, 이는 컴퓨터광들의 커뮤니티가 중앙 집중식 프로젝트보다 훨씬 더 효과적임을 보여준 설계와 엔지니어링에 대한 크라우드소싱 접근 방식이다. 이제는 소프트웨어 설계가 모든 제품(3D 프린터 제품과 부품)과 우리가 사용하는 모든 서비스(재정적 조언, 전문적 조언, 건강, 의사소통 등)의 기초가 됨에 따라 거의 모든 것이 최종적으로 오픈소스 코딩 인프라에 기반을 두게 될 것이다. 사람들은 그 인프라 위에 독점적인 수익 창출 애플리케이션을 만들겠지만, 혁신적인 경쟁 업체가 개방형 플랫폼을 사용해 그 플랫폼을 축출하려고 시도할 것이다. 이 모델의 우수성은 현재 전 세계 서버와 데이터 센터의 90퍼센트를 운영하는 오픈소스 리눅스Linux 운영체제에 의해 입증되며, 구글의 스마트폰용 안드로이드 운영체제를 비롯한 다양한 핵심적 결과물을 만들어냈다. 이러한 집단적이고 독창적인 노력에 기여한 수백 명의 독립적인 엔지니어 덕분에 리눅스 소프트웨어는 더욱 강력하고 빠르며 품질 좋은 서비스를 우리에게 제공했다. 이제 이것을 정부가 운영하는 www.healthcare.gov 웹사이트와 비교해보자. 이 사이트는 끔찍한 오작동, 확장과 상호 운용성 문제로 개설이 지연되었다. 시장은 소프트웨어 설계가 후자가 아닌 전자의 모델을 따를 것을 요구할 것이다.

우리는 모든 종류의 인간 창조성에 이와 같은 오픈소스 접근 방식을 적용해야 한다. 사회 유기체가 급성장하는 기능적 소프트웨어 설계 산업과 함께 번영하기 위해서는, 파생 저작물을 장려하는 크리에이티브커먼즈Creative Commons 같은 기관이 필수적이다. 우리는 문화의 끊임없는 재조합을 허용하고 포용해야 한다. 특히 수십억 대의 기계가 서로 소통하는 사물 인터넷 시대를 향해 나아감에 따라, 우리는 사회 유기체에 지속적으로 성장할 수 있는 영양분을 공급해야 한다.

이러한 오픈소스 세계에서 중앙 집중화된 하향식 구조에 갇혀 있는 거의 모든 기관은 정보와 지식을 공유하기 위한 이 새로운 시스템에 적응하라는 압력에 직면할 것이다. 많은 사람들이 철저히 재정비될 필요가 있다. 교육이 시작하기에 좋은 장소다. 우리는 실험을 장려하고, 그 과정에서의 실패를 불가피하고 심지어 환영할 만한 부분으로 인식하는 열린 마음으로 배움에 대한 접근 방식을 확장시켜야 한다. 또한 우리는 협력의 아이디어를 홍보해야 한다. 전통적인 교실에서는 공유하는 학생은 벌을 받고, 학교생활의 모든 단계에서 거친 경쟁이 강조되면서 성공을 위해 노력하는 것은 외로운 모험이 된다. 그러나 밈과 예술적 공헌의 끊임없는 반복적 발전을 통해 지식이 성장하고, 유연하게 협력하는 팀이 전 세계에 아이디어를 전파하고 오픈소스 협정에 따라 업무를 공유하는 소셜미디어에서는 이 폐쇄적인 사고방식은 저주와 같다. 우리가 좋아하든 그렇지 않든, 소셜미디어는 이제 사회 구성원들이 아이디어와 차이점을 연구하는 광장이 되어버렸으며, 기성세대가 소셜미디어에서 시민으로서 행동하기를 원한다면, 우리는 그들의 준비 과정을 도와야 한다. 우리는 본질적으로 협력과 공유에 의존하는 시스템을 위해 이기적이고 방어적이고 지나치게 경쟁적인 개인을 육성할 수 없다. 경제학자이자 사회이론가인 제러미 리프킨Jeremy Rifkin은[4] 그 교수법 전환이 실패하면 전 지구적 재앙이 초래될 수 있다면서 이렇게 말했다. "젊은이들에게 인류 사회의 한 부분으로서 공유하도록 가르쳐야 합니다. 그러면 우리는 그들에게 상호 연결된 지구 사회에서 살아가면서 우리가 사는 자연 생태계를 이해할 수 있도록 준비시킬 수 있습니다."

정부는 전면적인 혁신이 필요한 또 다른 제도적 영역이다. 관료들은 스탠리 맥크리스털Stanley McChrystal 장군이 알카에다와 싸우는 합동작전 사령부를 이끌기 위해 이라크에 도착했을 때 안 것과 동일한 교훈을 배워야 한다. 맥크리스털은 실질적 지도자나 고전적인 수직적 군사 계급 구조가 없는 적과 싸우기 위해서는 미군의 명령 구조를 그와 똑같이 개편해야 한다는 것을 깨달았다.[5] 그는 육군, 해군, 공군, 해병대와 다양한 정보기관에 더 많은 유동적이고 수평적이며 상호작용하는 통신 라인을 만들어야 했다. 사실상 그는 홀로크라시 이상의 것을 만들어야 했다. 맥크리스털은 자신의 지휘하에 있는 장교들이 오바마 대통령에게 악의적인 말을 했다고 보도된 후 논란 속에 사임했지만, 그의 개혁은 이라크 반군을 진압하는 데 도움을 준 것으로 평가된다. 현재 그는 컨설팅 업무에 이 경험을 연결시켜서, 여러 회사에 우리 시대의 새로운 정보 흐름 패러다임에 맞춰 조직을 재구성하는 방법을 조언한다.

연방정부, 주 정부와 지방정부의 관료 조직도 이와 비슷한 개혁이 필요하다. 그렇지 않으면, 초고속으로 진화 중인 컴퓨팅 시스템은 우리의 민주주의 기관을 우회해 자신의 의지를 관철시킬 것이다. 당분간 정부는 사람들에게 책임을 물을 수 있는 필수불가결한 기관으로 남아 있을 것이며, 그것은 AI에 의해 관리되는 우리의 미래를 건설하는 코더들을 모니터링할 때 매우 중요하게 될 것이다. 아마도 우리는 분산된 블록체인 원장을 사용해 작업 기록을 추적할 수 있는 소프트웨어 기반의 새로운 거버넌스 모델을 진화시킬 것이고, 인간의 교환 시스템에 분권화라는 자연스럽고 파괴할 수 없는 법칙을 새겨 넣을 것이다. 그러나 우리가 민주적인 통치를 완전히 배제하는 것은 여전히 상상하기 어렵다. 우리는 정부의 권위 구조를 사회 유기체의 구조와 더 일치시켜야 하며 조직의 홀라키 모델을 수용해야 한다. 미국 의회의 역기능을 감안할 때 이것은 매우 힘든 일이다. 그러나 그런 변화는 반드시 필요하다.

우리가 제도를 재구성하려고 할 때, 자연은 다시 우리의 지침이 된다. 우리의 디지털 삶은 더욱 복잡한 환경의 인간 공동체를 향해 질주한다. 그곳에서는 가능한 연결의 순열permutation이 선형, 하향식 제어의 시대에 존재했던 것보다 기하급수적으로 다양화하고 예측할 수 없다. 물리학과 분자생물학 분야는 엔트로피와 무질서로 향하는 우주의 놀라운 자연적 성향을 이해해야 했다. 수천 년 동안 그 모든 혼란에 직면해 엄격한 질서를 강요받은 후, 이제 우리는 어느 정도 그 성향에 굴복한다. 우리가 이러한 방식으로 진화하고 이 새로운 모델과 경쟁할 수 있는 회사, 정부 시스템과 소프트웨어 프로그램을 설계하려 한다면, 더 큰 맥락에서 우리의 사회 유기체 이론이 적합한 곳을 이해할 필요가 있다.

· · ·

이러한 사회적 재구성을 완성하기 위해 우리가 어떤 경로를 취하든, 그것은 지식 자체의 재구성을 수반하게 될 것이다. 다행히도 이 재구성은 이미 진행되고 있다. 생물학과 물리학이라는 자연과학과 (특히 인간 네트워크 연구를 중심으로 한) 사회과학 영역의 결합은 우주 기능에 대한 이해라는 광대한 새로운 영역을 열어준다. 이러한 서로 다른 분야에서 나온 아이디어의 교차 수분이 너무나 풍부해지면서, 과학이나 학문 분야가 분리되어 있다는 아이디어는 상당히 고루하게 느껴진다. 사실 우리는 경영학, 사회학, 컴퓨터 과학, 생물학이 결합된 이 책을 똑같은 관점에서 볼 수 있다고 생각한다.

마이클이 근무하는 MIT 미디어랩에서 선호하는 단어는 '영역 파괴antidisciplinary'다. 이는 연구자들이 전통적인 학문 구분을 초월하는 프로젝트를 추구해야 한다는 뜻이다. 미디어랩의 조이 이토 Joi Ito 이사가 말했듯이,[6] 영역 파괴 프로젝트는 '자체적인 특별한 단어, 프레임워크와 방법을 사용해 연구하는 분야'다. 그가 '영역 결합 interdisciplinary' 접근 방식에서 말하는 것이 아니라, 학계가 규정한 전통적인 경계선 밖에 놓인 것에 초점을 맞추고 있음을 주목하자. 이 정신에서 미디어랩의 뛰어난 디자이너/건축가/생물학자인 네리 옥스먼Neri Oxman은[7] 자연에서 발견되는 '디자인' 패턴과 3D 프린터 같은 컴퓨터 기술을 결합해 문자 그대로 사람과 함께 살아가는 박테리아에 의해 관리되는 아름다운 의상을 만든다. 또한 그녀는 견고하면서도 생물학적 분해가 가능한 천연 재료를 사용하는 건축물을 설계한다. 특정 영역으로 분류할 수 없는 그녀의 작품은 현재의 인류가 '뒤엉킴의 시대Age of Entanglement'를 살아간다는 그녀의 견해를 반영한다. 이는 '지식이 더 이상 학문적 경계 내에 머물면서 생성되는 것이 아니라 완전히 뒤엉켜 있다'는 의미다.

그 정도까지의 영역 파괴는 아니지만, 다른 사람들 역시 새로운 것을 창조한다. 생물학, 컴퓨터 과학과 사회과학을 결합시킨 하이브리드 분야는 자연에서 복잡한 시스템이 작동하는 방식과 이 시스템이 인간의 상호작용에 말해줄 수 있는 것에 초점을 맞춘다. 어떤 사람들은 1950년대에 시스템 역학 연구를 개척했던 컴퓨터 과학자 제이 포레스터Jay Forrester의[8] 영역-교차 아이디어를 부활시킨다. 제이 포레스터의 연구는 사이버네틱스cybernetics에 대한 관심을 불러일으켰다. 사이버네틱스란 피드백 루프와 자기 적응 시스템으로 자율

분자 네트워크와 생명체의 행동을 규명하고 이를 컴퓨팅 노드와 그 환경에 적용하는 학문을 말한다.

많은 시스템 설계자들은 이와 유사한 모델을 생체모방biomimicry에 채택한다. 생체모방이란 인간 네트워크와 조직 시스템을 자연의 생명체에서 발견되는 구조와 기능으로 모델링하는 것이다. 이는 생체모방이 자원(지능 같은 사회적 자원, 물이나 화석연료 같은 천연자원, 또는 컴퓨팅 자원)의 보다 효율적인 사용으로 이어질 것이라는 아이디어다. 물론 과거에도 생체모방은 제품 디자인 산업의 일부였지만(새들이 비행기 개발에 영감을 불어넣은 것을 생각해보라), 현재의 핵심은 이 분야의 리더들이 인간 공동체를 구성하는 방법에 대한 교훈을 얻기 위해 자연을 탐구한다는 점이다.

관심의 대부분은 별개의 비즈니스 조직과 정부 기관을 어떻게 구성할 것인가에 집중되며, 2장에서 논의했듯이 그중 일부는 홀라키와 홀로닉 구조의 개념을 토대로 한다. 그러나 자연에서 얻은 교훈 역시 임시적이고 비공식적인 관계의 매우 큰 시스템에 적용된다. 예를 들면, 물리학자 제프리 웨스트Geoffrey West는[9] 동물의 몸집이 커지면서 물질대사가 최적 효율에 도달하는 방법을 측정하는 정밀한 수학 방정식으로부터 추론을 도출해 대도시를 선호하는 인구 증가 궤적을 확인했다. 프랑스의 물리학자/경제학자인 디디에 소네트Didier Sornette는[10] 다른 학자들과 협력해서 자연계에서 입자와 분자의 행동 방식에 기초해 시장의 호황-불황 변동 주기를 예측하는 모델을 만든다. 스코틀랜드의 엔지니어 데이비드 어빈David Irvine은 수천

대의 컴퓨터가 공동 작업으로 메모리와 컴퓨팅 성능을 공유해 중앙 서버의 필요성을 없애는 세련된 암호화 화폐 기반 네트워크인 메이드세이프Maidsafe의 모델로 자연의 조정 메커니즘을 사용했다. 네트워크를 방해하지 않으면서 자원을 공유하거나 인출하도록 소유자에게 인센티브를 부여하는 최적의 균형을 찾기 위해[11] 어빈은 개미 군집과 기타 자연적 사회시스템이 함께 작동하는 방식을 연구했다. 그는 자연이 '궁극적인 분산 시스템'이라고 말한다.

이 모든 시스템이 어떻게 기능하는지를 이해하는 데 핵심 요소는 의사소통, 즉 집단의 행동을 형성하는 인과관계 반응에 대한 신호 메커니즘이다. 우리는 의사소통을 고유한 인간 활동으로 생각하는 경향이 있지만, 생명체 내부와 외부 모두에서 자연의 핵심 단위는 서로 지속적으로 소통한다. 사실, 일부 생물체는 다른 생물체 사이에서 메신저 역할을 한다. 한 가지 주목할 만한 사례는 곰팡이가 형성되는 거대한 땅속 섬유 덩어리인 균사체mycelium에서 나타난다. (오레곤의 블루 마운틴Blue Mountain에 있는 균사체 집괴는 9.6제곱킬로미터 넓이의 토양을 차지하는 지구상에서 가장 큰 생명체라고 할 수 있다.) 과학자들은 균사체가 균근균 네트워크mycorrhizal network라는 것을 통해 식물과 공생 관계를 형성한다는 것을 오래전부터 알았다. 균근균 네트워크란 식물은 곰팡이에 양분을 제공하고 뿌리와 같은 균사는 물과 양분인 인과 질소를 빨아들여 식물에 제공하는 것을 말한다. 최근에 연구자들은 균사 연결이 식물 상호 간에 물질대사 상태에 관한 정보를 서로 공유하도록 해준다는 사실을 발견했다. 동일한 곰팡이 상호 연결을 이용해 연구자들이 영양분이 풍부한 식물이 갖는 인과 질소를 그것을 필요로 하는 식물에 옮길 수 있는 것이다.

균류학자 폴 스타메츠Paul Stamets는 이렇게 말한다. "균사체는 자연의 신경 네트워크라고 생각합니다.[12] 균사체의 인터레이스 모자이크interlacing mosaic는 서식지에 정보 공유 세포막을 주입합니다. 이 세포막은 공동으로 숙주 환경의 장기적인 건강을 염두에 두면서 변화를 인식하고 거기에 반응하게 됩니다." 스타메츠는 균사체를 '자연의 인터넷'이라고 부르며 심지어 '우리와도 의사소통할 수 있는 의식consciousness'으로 묘사하기까지 한다.

나는 2016년 봄에 폴과 함께 아이슬란드 주변으로 경이로운 여행을 했다. 거기서 우리는 균사체가 자연의 '면역계'라고 얘기했다. 놀라운 열정의 소유자인 폴은 '생물체의 종간cross-spicies 소통 방식'을 분석하면 이러한 '지각 세포 네트워크sentient cellular network'를 우리의 삶을 향상시키기 위해 활용할 수 있을 거라고 주장했다. 어떻게 그것이 가능할까? 이 '외부화된 신경망'은 발자국이나 떨어지는 나뭇가지 등 그 안의 모든 인상impression을 감지하기 때문이다. 이는 이 신경망이 풍경을 통해 모든 생물체의 움직임과 관련된 엄청난 양의 데이터를 전달할 수 있다는 걸 의미한다. 그는 심지어 균사체의 의사소통 능력을 활용한 실제 사례를 만들기도 했다. 세계적으로 꿀벌 군집을 위협하는 질병에 대한 꿀벌의 복원력을 강화시키기 위한 이 사례는 스스로를 방어하기 위해 사회 유기체의 면역 체계를 가르칠 수 있는 강력한 능력을 가진다.

자연의 의사 전달자로서 균사체의 역할은 섬유질 네트워크의 독특한 세포 구조에 기인한다. 연장된extended 균사가 바깥 세계와 연결되어 있는 말단에서, 가닥은 다핵체coenocyte로 알려진 것에서 강하게 다핵세포화되어 있으며, 이는 균사의 세포가 한 개가 아니라 여러 개의 핵을 포함함을 의미한다. 이것은 뇌의 힘이 집중되는 것과 같다. 폴의 말에 따르면, 이 세포 구조는 말단을 외부 세계의 데이터를 지속적으로 읽어내는 강력한 센서로 변환시킨다. 그런 다음 이 데이터가 생화학 반응을 통해 땅속 곰팡이 내의 더 깊은 세포로 전달되어 변화하는 주변 환경에 곰팡이가 적응하고 진화할 수 있게 해준다. 나는 이것이 우리의 소셜미디어 네트워크와 연결되는 장소에 배치된 하이퍼 센서(흑인 총격 사건과 같은 정보를 사회 유기체에 전달하는 개인용 카메라와 기록 장치들)에 대한 매혹적인 비유를 불러일으켰다고 생각한다. 균사체와 신경 네트워크의 이미지가 소셜미디어 네트워크의 그래픽 표현과 비슷하게 보이는 것은 충분한 이유가 있다.

균사체의 특수한 성질에 스타메츠의 말이 맞는지 여부에 관계없이, 생물학적 통신 네트워크의 개념은 균류에만 국한되지 않는다. 모든 다중 생태계multi-species ecosystem는 복잡하고 상호 의존적인 관계를 규율하기 위해 정보를 공유해야 한다. 이는 인체 내부에서 공존하는 수많은 미생물들에게도 해당한다. 인체가 작은 마이크로 유기체microorganism들이 서로 경쟁적이고 협력적으로 상호작용하는 거대한 생태계라는 사실이 강력하고 새로운 빅 데이터와 DNA

균사체

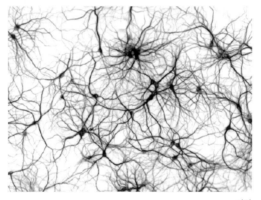

신경

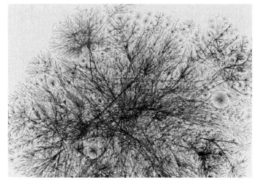

사회

시퀀싱 기술로 무장한 과학자들에게 분명해진다. 인간 미생물로 알려진 이 미세한 생물체의 집단은 우리의 네트워크화된 사회 유기체와 생물학적으로 동일하며, 무수히 많은 노드에서 끊임없이 신호를 주고받는다. 미생물 내 의사소통의 균형은 우리가 건강한지 아닌지를 결정한다. 이는 공생과 병원성 마이크로유기체의 특정 혼합에 의해 영향을 주고받을 것이다. 마이클의 딸 조Zoe가 지적한 것처럼(그녀는 아직 10대 청소년이다), 작은 유기체로 구성된 이 거대하고 리더가 없는 공동체는 '자신의 환경을 돌보는 일에서 인간인 우리보다 더 낫다.'

특히 의사소통 시스템이 개방되어 상호 연결되는 경우, 사회는 이와 동일한 '자기 치유self-healing'와 긍정적 성장 메커니즘을 채택할 수 있다. 파리와 브뤼셀의 테러 공격 이후 널리 전파된 #JeSuisParis와 #JeSuisBruxelles 해시태그에 암시된 '우리는 극복할 것이다'라는 메시지를 생각해보라.

나는 최근에 아이슬란드로 이주했다. 그곳에서 나는 아이슬란드 사회가 얼마나 평화롭고 생산적이며 혁신적인 공동체 정신을 가지는지를 깨달았다. 나는 그 공동체 정신이 아이슬란드의 네트워킹 본능에 관해 말해준다고 생각한다. '아이슬란드 종species'의 생존은 혹독한 환경, 어두운 겨울과 고립과 싸우기 위해 집단적 행동에 의존했다. 그 정신이 가장 풍요로운 중세 문학 중 하나인 아이슬란드 사가saga(영웅전설 또는 무용담)를 탄생시켰다. 이러한 꾸밈없고 현실적인 이야기는 한편으로는 자연의 도전을 극복한 강인한 개인에 대한 존중을, 다른 한편으로는 더 넓은 사회적 기반에 대한 아이슬란드인들의 절대적 의존과 연결을 강조했다. 그것은 독립성과 자치권을 갖지만 동시에 더 넓은 전체에 대한 피할 수 없는 의존성도 갖는 홀론의 이상향이다. 이 이야기는 사회화의 본능과 각 개인의 독특한 자질에 대한 존중, 두 가지 모두가 자라나는 갈등 구조를 만들어낸다. 아마도 이를 통해 아이슬란드인의 60퍼센트가 스냅챗을 사용하고, 93퍼센트가 페이스북을 사용하며, 사회적 상호작용으로 가득 찬 지열로 가열된 천연 온천 수영장을 좋아하는 이유를 설명할 수 있을 것이다. 인본주의, 평등주의, 책임성, 지속 가능성, 자연과의 깊은 유대감이라는 가치를 공유하면서 결속된 사회는 나에게 매일 깨달음을 주는 독특한 문화적 페트리접시를 만들어냈다. 나는 사회 유기체에도 이와 같은 내재적 신뢰가 깃들기를 바란다.

의사소통 형식에서 자연의 소통 방식을 따르는 사회가 가장 좋은 것으로 보인다. 따라서 모든 곳에서 우리가 조류birds와 같은 습관(짧은 지저귐 또는 트윗)을 발전시키는 건 아마도 좋은 징후일 것이다. 컨설팅 회사 BCIBiomimicry for Creative Innovation(창조적 혁신을 위한 생체 모방)의 공동 창업자인 자일스 허친스Giles Hutchins는[13] 트위터의 트윗과 같은 더 작은 패키지를 공유하려는 새로운 경향이 자연이 선호하는 통신 형식인 '짧은 인스턴트 메시지'에 부합한다고 본다. 전통적으로 인간의 의사소통은 '긴 형식으로 발표되거나 만들어졌으며 매우 문서적'이었지만, 이제 우리 자신의 '꿀벌 춤Waggle

Dance'이나 페로몬과 같은 짧은 메시지 본능이 다시 일깨워지는 걸 목격한다고 허친스는 말한다. 그는 SMS Short Message Service(단문 메시지 서비스) 메시지와 마찬가지로 트위터도 '생물학적 조류 호출 은유'를 모방한다고 강조했다. 아마도 이것이 사회 유기체가 하나의 커다란 짹짹거리는 새들의 둥지로서 기능하는 것처럼 느껴지는 이유일 것이다.

이러한 인간과 자연의 체계의 융합은 양면성을 가진다. 우리는 새로운 통신 아키텍처가 질병 확산과 같은 자연 현상을 이해하는 데 도움이 되는 방식을 발견한다. 중남미 국가 아이티가 2010년 엄청난 지진으로 타격을 입은 후[14] 전염병 학자들은 소셜미디어 패턴을 사용해 콜레라 발생의 전개 상황을 연구하고 예측했다. 그들의 작업은 의료 팀이 전염병보다 앞서 나가는 것을 도왔고, 나쁜 상황이 파국적 상황으로 변하지 않도록 기여했다. 이 기술은 또한 자살 전염 suicide contagion이라는 매우 현실적인 문제를 모니터링하는 데에도 유용할 수 있다. 자살 전염이란 1962년 약물중독에 의한 마릴린 먼로의 죽음이 미국 자살률의 12퍼센트 증가로 이어졌을 때 처음으로 주목받은 현상이다. 가이아나의 놀랍도록 높은 자살률에 관한 기사를 읽으면서,[15] 나는 사람들이 자살했을 때 후속 자살의 작은 '발발 outbreak'이 처음 일어난 곳에 집중된다는 연구자들의 발견에 충격을 받았다. 이 기사는 정신병과 관련된 '전염 신념 contagion belief'의 유행을 언급하면서, 한 사람의 행동이 정신 질환자 집단 전체에 도미노 효과를 유발할 수 있는 심각한 네트워크 효과를 지적했다. 이는 일단 확인되면 분명히 소셜미디어 데이터에 나타날 수 있는 패턴의 유형이며, 조기 경보 도구로 사용할 수 있다.

서로 다른 유형의 컴퓨팅 기술이 두 가지 뚜렷한 목적을 달성하기 위해 병행해서 작동한다. 한쪽 방향에서는 소셜미디어 플랫폼과 그와 관련된 소셜 네트워킹 기술이 우리가 정보를 배포하고 소비하는 방식을 극적으로 바꾼다. 다른 방향에서는 고성능 현미경, 유전자 시퀀싱, 빅 데이터와 정교한 수학적 모델링 도구를 통해 생물학, 사회학, 물리학적인 모든 종류의 복잡한 시스템을 더 깊이 이해해 나간다. 이 쌍둥이 경향은 생물학과 사회학이 하나가 되는 일종의 재귀적 이중성을 보여준다.

우리는 생태물리학자 프리초프 카프라Fritjof Capra가 주장한 것,[16] 즉 인간의 사회시스템은 살아 있는 시스템과 비슷한 것이 아니라 살아 있는 시스템 자체라는 것을 줄곧 알아야 했다.

이제 이 성찰은 더욱 깊어진다. 우리는 경험적 정보를 뛰어난 두뇌를 가진 인간만이 유일하게 해석할 수 있는 데이터 포인트로 보도록 가르쳐졌다. 그러나 경험적 정보는 우리 신체의 외부에서 독립적인 변수로 유지되는 것만이 아니다. 그것은 실제로 우리의 핵심을 변화시킬 수 있다. 특정 냄새를 두려워하도록 조건화된 실험용 쥐의 새끼 역시[17] 똑같은 두려움을 가진 채 태어난다는 연구를 통해서, 우리는 이제 트라우마가 우리의 DNA에 각인될 수 있다는 걸 알았다. 아마도 그것은 학습된 긍정적 반응 역시 똑같이 통합되고 세대를 거쳐 이어질 수 있음을 의미할 것이다. 이는 우리가 우리의 집단의식을 존중할 것을 더욱 요구한다. 이는 우리에게 과거를 상기시켜주지만, 또한 우리를 앞으로 나아가고 성장하도록 도와준다.

우리의 의사소통 시스템과 소셜미디어가 주입된 문화 모두가 이 책에서 자세히 설명한 가속화된 진화를 거치면서, 인류의 생물학적 구성 자체가 더 빠른 변화를 겪는 것처럼 보인다. 위스콘신대학교 인류학자인 존 호크스John Hawks의 연구에 따르면,[18] 인간의 진화가 문명 시대를 통해 가속화되면서 5000년 전 조상과 현대인과의 유전적 차이가 그 조상과 3만 5000년 전에 사라진 네안데르탈인의 차이보다 훨씬 커졌다. 호크스의 주장은 인류가 환경과 음식을 바꾸고 너무 많이 이동하면서 더 빈번하게 적응하도록 압력을 받았다는 것이다. 이런 주장은 사회 유기체가 새롭고 감성적인 정보 원천에 더 많이 노출되는 것이 반드시 우리의 신체(혹은 적어도 우리의 두뇌)의 변화를 유발한다는 결론으로 이어지는 것일까?

그것이 전부는 아니다. 생명공학은 이제 컴퓨팅의 힘을 통해 우리 신체의 재설계를 구현한다. 등산 사고로 다리를 잃은 미디어랩의 휴 허Hugh Herr는 정교한 인공 팔다리를 만들었다. 많은 사람이 그것을 실제 인간의 신체보다 더 낫다고 생각한다. 확실히 인공 팔다리는 오래 유지될 것이며 더 쉽게 업그레이드될 것이다. 그다음으로, 분자 수준에서 다소 분화된 합성 생물학 분야가 있다. 유전학의 개척자인 크레이그 벤터Craig Venter가 이끄는 과학자들은 최근에[19] 자연계에서 발견된 어떤 유기체보다 단순한 437개의 유전자로 구성된 간단한 DNA 구조를 가진 미생물을 만들었다고 발표했다. 이 과학자들은 그것이 무엇인지 아직 확신하지 못하지만, 대담하고 새로운 치료법을 개발하는 분야에 유용한 플랫폼(예를 들면 코드 기반)을 제공할 수 있다고 말한다. 어떤 사람들은 실제 프랑켄슈타인이 나타날 위험이 있다고 당연히 걱정할 것이다. 크레이그 벤터의 연구 팀은 살아 있는 생물을 복제하지 않았다. 그들은 무에서 유를 창조했다.

내 친구이자 미래학자인 앤드루 헤셀은 이 급진적이고 새로운 분야가 우리의 생물학을 완전히 새로 쓰는 원동력이 될 수 있다고 생각한다. 생물체의 세포가 특별한 프로그래밍 언어인 DNA를 사용하는 정보 처리기로서 작동한다는 것을 인식하면서, 앤드루를 비롯한 '생물학적 해커'들은 3D 프린터 등의 도구를 사용해 Phi-X174 박테리오파지bacteriophage(대장균 박테리아를 감염시키지만 사람에게는 양성인 바이러스) 같은 생물학적 물질을 합성한다. 이 기술로 언젠가는 생물학 전쟁 무기가 만들어질지도 모른다고 걱정하는 사람들도 있지만, 앤드루의 접근 방식은 인도주의적 목표에 투명성과 오픈소스 코딩의 햇빛을 비추는 것이다. 그의 핑크군 협동조합Pink Army Cooperative은 유방암 세포를 표적으로 삼는 종양 파괴 인공 바이러스를 만들기 위해 협력하면서 코딩과 지식을 기부하는, 같은 마음을 가진 생물공학자들의 오픈소스 커뮤니티다. 지식인으로 구성된 오픈소스 커뮤니티는 특허에 집착하는 제약 회사보다 훨씬 더 뛰어난 집단적 처리 능력을 제공할 수 있다. 그는 자신의 공동체가 비용과 속도 측면에서 그런 바이러스를 만들기 위한 경쟁에서 제약 회사들을 이길 거라고 생각한다. 그들은 엄격한 테스트를 거치고 특허에서 자유로우며 누구나 복사하고 응용할 수 있는 암 치료의 리눅스를 만든다. 거대 제약 회사들은 긴장해야 할 것이다.

학제 간 연구를 개척하는 이러한 작업이 보여주는 것은 생물학, 컴퓨터네트워크, 가장 중요한 인류의 지식과 문화의 결과물이 전 세계적으로 공유되는 원천이라는 세 가지 급변하는 동력의 집중이다. 이는 세계가 레이 커즈와일의 (당신의 선택에 따라 멋지거나 또는 끔찍한) 특이점의 순간에 접근하면, 세계의 구조가 할리우드 영화에서 묘사되는 것보다 훨씬 미묘하고 복잡해질 수 있음을 시사한다. 인류의 마음을 통제하는 안드로이드 기계를 다룬 2015년 〈엑스 마키나Ex Machina〉 같은 영화는 우리가 인간의 본질을 잃을 위험에 처해 있음을 암시한다. 그러나 나는 이 영화가 이야기의 핵심 부분을 놓친다고 생각한다. 그 기계 너머에서는 인간 두뇌의 협력적 진화가 동시에 강력하게 진행된다. 나는 우리의 개인적인 두뇌 변화에 대해 이야기하는 것이 아니다. (우리의 손끝에서 항상 사용할 수 있는 정보 검색 기능을 갖는 것은 적어도 우리 두뇌의 일부를 멍청하게 만들 거라는 그럴듯한 주장은 존재한다.) 나는 소셜 네트워킹 기술에 의해 작동하도록 설정되고 접속되어 상호 연결된 마음의 무정형 '두뇌'의 진화에 대해 이야기하고 있다. 생명 자체는 이미 하나의 시스템으로 생각할 수 없을 만큼 (모든 컴퓨터에 기대하는 것보다 훨씬 더) 복잡하다. 현재 우리의 고도로 진화된 살아 있는 두뇌가 밈과 아이디어를 창출하는 거대한 풀에 기여함으로써 캄브리아기와 같은 창의력 폭발이 진행된다.

따라서 우리가 의심할 여지없이 집단적 사고방식이라는 새롭고 분권화된 개념으로 향하지만, 그 개념이 특이점 또는 다른 용어로 불리든 간에, 이런 미래를 컴퓨터로만 운영되는 세계로 묘사하는 건 너무 단순하다고 생각한다. 이 새로운 패러다임은 매우 다양하고 놀라울 만큼 예측할 수 없는 상호 연결된 인간 계층도 포함한다. 물론 이는 사회 유기체를 설명하는 또 다른 방법이다. 그것이 존재하는 복잡한 자연 생태계의 생물학적/물리적 계층과 함께 사회 유기체의 두뇌 공동체는 컴퓨터 계층에 참여해 우리를 단순히 예측하기 어려운 무작위적인 변화의 경로로 이끌 것이다.

나는 이것을 인적 자본을 개발하는 궁극적인 행위로 본다. 인적 자본이란 경제학에서 일반적으로 사용되는 용어지만, 뉴욕대학교의 경제학자 폴 로머Paul Romer가 생각하는 것처럼 사회 유기체에 더 관련된 용어다. 그는 인적 자본이 '두뇌에 신경 연결로 저장된다'고 말한다.[20] 우리는 이제 전례 없이 풍부하게 저장된 모든 자본의 자물쇠를 열 수 있었다. 트위터 설립자 비즈 스톤의 새로운 스타트업인 젤리Jelly 같은 회사는 사람들에게 소셜미디어로 상호 연결된 잠재적인 수백만 명의 마음에 대한 질문을 할 수 있게 해주며, 정보 공유에서 이러한 종류의 기하급수적인 확장을 의도적으로 가속화하려고 한다. 스톤은 이렇게 지적했다. "모두가 인공지능을 연구했습니다.[21] 진짜 지능을 연구하는 건 어떨까요?" 이 아이디어의 위대한 개방은 5~10년 후의 삶이 매우 다를 것이라고 거의 확정한다. 그러나 그것이 어떤 모습일지 예측할 방법은 없다. 나에게 명확한 사실은, 인류가 정보 공유에서 힘을 만들어낸다는 것을 인식하면 우리가 함께 세상을 더욱 지속 가능한 방향으로 이끌 수 있다는 점이다.

이 모든 것을 같은 맥락에서 설명하기 위해, 바이오 해커인 앤드루 헤셀에게 돌아가보자. 인간 같은 AI 컴퓨터를 만드는 대신, 그는 오랫동안 인간 내면에 존재해온 믿을 수 없을 정도로 놀라운 첨단 컴퓨터를 연구한다. 앤드루는 이렇게 말한다. "우리는 새로운 세포 생물체의 형성을 목격했습니다.[22] 그건 수십억의 지성적인 마인드로 구성되어 있습니다. 그것들을 최초로 서로 상호작용하는 분자라고 생각해보세요. 우리는 과거에 이런 상호작용을 해본 적이 없어요. 그 과정에서 우리가 무엇을 만들지 누가 알겠습니까?" 이러한 집합적이고 지침 없는 아이디어 형성의 사명을 수행하기 위해 수십억의 지적 마인드가 (앤드루가 '우리가 창안한 최초의 진정한 글로벌 통신 표준'이라고 표현한) 인터넷 프로토콜의 지침을 따른다. 그는 이렇게 덧붙인다. "제가 아는 유일한 또 다른 글로벌 표준은 유전암호입니다. 우리가 이야기하는 것이 식물이든 인간이든 상관없이 유전암호의 구조만이 사용된 유일한 것입니다."

앨런 튜링Alan Turing이 1930년대에 인간 두뇌의 제한된 계산 능력을 향상시킬 수 있는 인공 컴퓨터 시대를 상상하기 훨씬 전부터, 우리의 첫 번째 공통 프로그래밍 언어인 핵심 유전 코드는 35억 년 동안 존재해왔다. 그 시간 동안 이 표준 DNA 코드는 정보처리 '기계'의 무한히 복잡한 네트워크 활동을 조정했다. 그것들은 서로 함께 지구상에서 풍부하고 다양하게 끊임없이 진화하는 삶의 현실을 점진적으로 구축했다.

그것은 겸손한 생각이다. 정치인들과 사회적 리더가 되려는 사람들의 교만함이 우리의 미디어 스트림을 통해 매일 펼쳐지는 것을 보면, 그러한 겸손은 이 믿을 수 없는 세계의 경이로움을 반영하는 귀중한 피난처가 될 수 있다. 현재 건설되는 가장 중요한 도구, 가장 중요한 건물, 차량과 소프트웨어 응용프로그램들은 사회를 형성하는 매우 복잡하고 적응력이 뛰어난 시스템을 인식하고 그 안에서 작동하는 것들이다.

그러한 노력은 스스로에게 거대한 자아를 허락하지 않는다. 또한 명의 천재적인 미디어랩 소프트웨어 설계자인 케빈 슬라빈Kevin Slavin은[23] 현재 설계의 최첨단에 있는 사람들이 전임자들보다 더 겸손한 경향이 있다고 주장했다. 슬라빈은 최근 기사에서 이렇게 말했다. "복잡한 적응형 시스템에서 의도적으로 작업하는 사람들은 그 시스템에 의해서 겸손해질 수밖에 없습니다. 아마도 시스템과 상호작용하는 시스템을 실제로 설계하는 사람들은 정의나 통제의 오만함보다는 영향력의 중대한 복잡성으로 그 시스템과의 관계에 접근할 겁니다."

세상은 우리가 이해할 수 있는 것보다 훨씬 더 복잡하다. 어떤 개인도 그것을 통제하려는 희망을 가질 수 없다. 우리는 세상과 더불어 작업하는 방법과 세상의 특정 부분이 특정 자극에 특정 방식으로 반응하도록 가르치는 방법을 공동으로 이해할 수 있다. 그러나 상호작용하는 수십억 개의 분자가 피드백 루프, 반작용과 자기 충족 영속성을 만드는 포용적이고 체계적인 과정을 세상의 의지에 반하도록 관리하는 것은 불가능하다. 그것은 몇 년 전 모하비 사막에서 나 자신을 발견하면서 소셜미디어의 풍경을 묘사하는 올바른 은유에 도달했을 때 나를 붙잡은 딜레마다. 나는 그것이 전통적인 흐름도로 묘사하기에는 너무 복잡하다는 것을 알았다. 그 뒤엉킨 복잡성을 충분히 포착할 수 있었던 유일한 방법은 생명 그 자체였다.

아이디어, 희망, 꿈, 두려움을 서로 전달하기 위해 예측할 수 없는 새로운 모델을 관리하는 방법을 파악할 때 중요한 교훈이 여기에 있다. 복잡성을 마주한 겸손은 우리가 집단으로서 그 시스템에서 총체적으로 최대한 이익을 얻을 수 있도록 도와주는 특성이다. 겸손이란 다른 사람들을 존중하는 것을 의미한다. 그것은 공감, 연민, 그리고 무엇보다 차이에 대한 관용을 의미한다. 비록 특정한 개인이 이 복잡한 시스템에 대한 독재적인 권위를 차지할 수 있는 유일한 힘을 가지지는 않지만, 역설적으로 시스템 자체가 10억 노드 구성의 다양성인 개인주의로부터 자신의 힘을 이끌어낸다는 것이다.

여기서 다양성과 공동체는 동전의 양면이다. 이 양면성은 함께 사회 유기체의 홀론적인 본질을 포착하며, 그곳에서 개체는 공통적이고 넓은 전체에 영원히 속하지만 또한 본질적으로 자율적이다. 사람들이 자신을 표현할 자유와 다른 사람의 요구에 순응할 필요 없이 자신의 존재를 확인할 자유를 허락받지 못한다면, 우리는 사회 유기체에 스트레스를 가한다. 그러나 우리가 수십억 노드에서 공유된 다양한 인간성을 이끌어내면, 사회 유기체는 강해진다. 강함이라는 아이디어가 적합성 또는 예측 가능성으로 정의될 때, 힘은 통일로부터 나오는 것이 아니라는 것이 밝혀졌다. 힘은 다양성, 변화, 역동성 그리고 놀라움을 위한 능력에서 나온다. 풍부하고 이질적인 유전자 풀이 있으면, 분산variance이 더 큰 돌연변이의 기회를 만들어서 개체군이 더 튼튼하게 진화하도록 해준다. 마찬가지로 다양한 아이디어를 통해 우리는 직면한 문제에 최선의 답을 찾을 수 있는 기회를 얻는다.

우리가 이런 시스템을 훼손시키지 않을 거라고 장담할 수는 없다. 다양성과 표현의 자유를 보호하는 데 실패한 잘못 설계된 법적, 정치적 틀은 우리를 천년 동안 지속된 문화 코드에 새겨진 더욱 파괴적인 몇몇 요소(최근 몇 년 동안 그 추악한 머리를 내민 탐욕, 이기심, 증오와 불관용의 병폐)에 압도당하도록 만들었다. 면역 시스템이 극도로 유해한 병원체의 위협에 견딜 수 있을 만큼 강하지 않을 때 종species 전체가 멸종될 수 있는 것처럼, 문화 또한 파괴될 수 있다. 나치 독일 또는 최근 북한에서 벌어진 일에 대해 생각해보라.

우리의 생물학적, 기술적, 사회적 세계 간의 이해와 상호작용의 체계적 수렴은 가장 시급한 순간에 일어난다. 인터넷이 급부상한 지금까지도 지속되는 의사소통의 하향식, 중앙 집중식 모델 때문에 지구 자체가 생태계 파괴에 직면했다. 사회 유기체의 기능에 대한 단편적이고 천박한 이해는 끔찍할 만큼 파괴적인 결정(기후 변화, 테러리즘의 조건을 조성한 석유 확보 전쟁, 인간적인 이동성의 제한, 언론 자유의 제한, 분노와 반사회적 반발을 낳은 라이프 스타일 선택에 대한 속박)을 조장하는 사회 지배 구조로 이어졌다. 실제로 지난 500년 동안 지배적인 권력 구조가 된 민족국가라는 바로 그 생각이 멍청이들의 머릿속에서 지속되었다는 주장은 타당하다고 볼 수 있다. (여전히 영국인들은 '브렉시트'를 강요당한다.) 지리적으로 정의된 정치 단위의 단순성과 경직성은 불과 10년 만에 인류의 의사소통을 위한 지배적이고 다국적인 시스템이 된 소셜미디어의 국경 없이 상호 연결된 최고의 복잡성과 대조를 이룬다. 사회 유기체가 어떻게 기능할 것인지에 관해 협의하는 것이 중요하다. 우리 삶의 터전이 생존의 위험에 처해 있다.

사회 유기체는 언제나 유동적일 것이고, 항상 긴장감이 존재할 것이다. 따라서 그것을 분명하게 예측할 방법은 없다. 대신에 우리가 가지는 것은 지침서다. 이 지침은 생명체가 어떻게 기능하는지를 보여주는 일곱 가지 규칙이다. 핵심적으로 이 규칙은 우리에게 아이디어를 확장시키고, 사람들의 감성적 수용체에 도달해 영향을 미치고, 다른 사람들이 우리의 밈적 콘텐츠를 공유하고 복제하도록 권장해야 한다고 말한다.

이 책 전체에 걸쳐 설명된 생물학적 특성을 갖춘 이 지침은 일상생활이나 비즈니스에서 소셜미디어에 가장 효과적으로 참여하는 방법에 대한 이해를 향상시키는 것뿐만 아니라 의도적으로 더 나은 사회를 건설할 수 있는 방법에 대한 기본 틀을 제공한다. 우리는 더 이상 소셜미디어를 사소한 것으로 무시해서는 안 되며, 무질서한 혼돈의 매개체로 두려워하지 말아야 한다. 대신 그것을 사회 유기체로 이해하고 받아들임으로써 우리는 새롭고 건강한 사회에 영양분을 공급하면서 더욱 포용적이고 지속 가능하며 번영하는 세계를 건설할 수 있는 특별한 기회를 갖게 될 것이다.

감사의 말 ──────

이 책을 제작한 파트너십은 캐리비안 낙원의 우연한 만남에서 이루어졌습니다. 이 책의 공동 저자인 우리는 리처드 브랜슨의 목가적인 네커 아일랜드에서 개최된 기업가와 디지털 화폐 전문가 모임인 블록체인 서밋Blockchain Summit에서 만났습니다. 모임의 후원자 분들께 가장 먼저 감사의 말씀을 전합니다. 이분들이 없었다면 우리는 만나지 못했을 겁니다. 비트퓨리BitFury의 발레리 바빌로프Valery Vavilov와 조지 키크바드제George Kikvadze, 마이타이MaiTai의 빌 타이Bill Tai와 스시 마이Susi Mai, 물론 존경하는 리처드.

그 모임 얼마 전 조슈아트리 사막에서의 깨달음의 순간에 이어진 올리버의 초기 '소셜 오가니즘' 프리젠테이션을 본 팀 샌더스Tim Sanders가 올리버에게 파트너십 아이디어의 핵심을 제안했습니다. 21세기 디지털 미디어를 중심으로 전문직으로 일해온 올리버와 긴

형식 커뮤니케이션의 600년 역사를 가진 인쇄 매체에서 언론인으로 일했던 마이클의 협력이 《소셜 오가니즘》의 아이디어를 더욱 발전시킬 수 있을 거라고 설득해주신 팀에게 감사드립니다.

에이전트인 질리언 매켄지Gillian MacKenzie에게 깊은 고마움을 전합니다. 그녀는 지금까지 마이클과 다섯 권의 책 작업을 함께했고, 처음부터 이 책의 의미를 잘 이해해주었습니다. 그녀는 이 제안서를 훌륭한 결과물로 만들어냈고, 다른 무엇보다 독특한 스타일의 서술자 시점을 만들어냈습니다.

편집자인 폴 위틀래치Paul Whitlatch는 우리의 생각이 소셜미디어에 대한 논쟁을 자유주의적 힘 또는 사회적 골칫거리로 단순하게 묘사한 기존의 이분법으로부터 벗어나게 할 수 있음을 즉각적으로 파악했습니다. 이 이분법은 널리 퍼져 있었지만 큰 도움이 되지 않는 것이었습니다. 독자 여러분들이 새로운 커뮤니케이션 아키텍처를 파악하도록 돕겠다는 이 책의 약속을 지키기 위해 그는 문장을 세련되게 다듬고 논점을 더욱 예리하게 정리했습니다. 미셸 아이엘리Michelle Aielli와 아셰트Hachette 홍보 팀, 벳시 헐스보쉬Betsy Hulsebosch 마케팅 이사는 그분들의 노고와 《소셜 오가니즘》의 아이디어를 실천에 옮길 수 있는 여지를 우리에게 주신 것만으로도 충분히 감사받을 자격이 있습니다. 또한 우리는 폴의 조수인 로렌 험멜 Lauren Hummel, 제작 편집자인 멜라니 골드Melanie Gold, 아셰트 북스Hachette Books의 발행인인 마우로 디프레타Mauro DiPreta를 언급하고 싶습니다.

많은 분들이 의견을 나누고 조언을 해주셨으며, 다양한 방식으로 주제에 대한 이해를 높이고 본문을 날카롭게 하는 지혜를 전해주셨습니다. 거명해야 할 이름이 너무 많지만, 앤드루 헤셀, 이선 쥬커맨 Ethan Zuckerman, 세자르 히달고, 폴 스타메츠, 조엘 다이어츠Joel Dietz, 패트릭 디건Patrick Deegan, 레이 커즈와일, 제이슨 실바Jason Silva와 노먼 리어를 손꼽고 싶습니다.

특별한 감사는 딘 프릴런Deen Freelon과 공동 저자인 찰턴 맥일와인Charlton D. McIlwain, 메러디스 클락Meredith D. Clark에게 돌아가야 합니다. 이분들은 #BlackLivesMatter에 대한 획기적인 보고서인 'Beyond the Hashtags'에 포함된 도표를 편찬하기 위해 사용했던 데이터를 공유해주셨습니다. 마찬가지로 우리는 MIT 사회 기기 연구소의 소뤼시 보소기와 뎁 로이에게 트위터 데이터의 다른 풀에 대한 자료를 제공해주신 것에 감사드립니다.

또한 다음과 같은 개인적인 감사의 말을 추가하고 싶습니다.

올리버

앨리스 프란체세티Alice Franceschetti 선생님, 제게서 뭔가를 보시고 학창 시절에 리사 제닝스Lisa K. Jennings, 멜라니 화이트Melanie White와 함께 연구실에서 일할 기회를 주신 데 감사드립니다. 저를 잘 이해해준 샘 저거스Sam B. Girgus에게 감사드립니다. 어머니 케이 터너Kay Turner, 당신은 제게 유머 감각과 감수성을 주셨습니다. 아버지 빌 러켓, 당신은 제게 놀라운 직업윤리 의식을 갖고 스스로를 믿도록 가르쳐주셨습니다. 휘트니 러켓Whitney Luckett, 당신의 헌신을 존경합니다. 파크 다지Park Dodge, 당신의 천재성과 자상함을 사랑합니다. 우리를 너무나 오랫동안 너무나 열렬히 지지해주셨던 로스앤젤레스의 가족들, 피터 글라슬Peter Grassl, 네닛 브로커트Nenette Brockert, 트로이 애덤스Troy Adams, 미셸 반 듀젠Michelle Van Duzen, 테레사 로페즈Teresa Lopez, 팀 소바이Tim Sovay, 리사 디미트로프Lisa Dimitroff. 뉴욕의 가족들, 스테파니 룰Stephanie Rhule, 스텝 코지Steph Cozzi, 브랜디 노턴Brandi Norton, 마이크 슈너베르트Mike Schnerbert와 안드레아 슈너베르트Andrea Schnerbert.

낯설고 새로운 땅에서 열린 마음으로 우리를 반겨준 아이슬란드의 가족들, 헤이다 크리스틴Heida Kristin, #BusinessWomanoftheYear, 요가 요한슨즈도티어Joga Johannsdottir, 프로스티 그나Frosti Gnarr, 호그니 오스카손Hogni Oskarsson, 잉군 베네딕트스도티어Ingunn Benediktsdottir, 비지르 브레이드표요르드Birgir Breidfjord, 굼미 욘손Gummi Jonsson, 에이나 오른Einar Orn, 페투르 마테인손Petur Marteinsson. 여기에는 레이캬비크에서 입양한 아들인 구드욘Gudjon, 안톤Anton, 로버트Robert와 크리스토퍼Christopher도 빠질 수 없습니다.

리사 보너Lisa Bonner… 힘내요! 당신은 최고의 변호사예요.

인생의 새로운 계기가 되어준 필립 앤슈츠Philip Anschutz, 밥 아이거Bob Iger, 케빈 메이어Kevin Mayer, 다나 세틀Dana Settle, 케이트 맥린Kate McLean. 위대한 파트너십을 보여준 롭 마이크렛 Rob Maigret. 감사함을 가르쳐준 비요크 구드문스도티어Bjork Guðmundsdottir. 휴머니즘을 가르쳐준 욘 그나르Jon Gnarr. 평등을 가르쳐준 노르만 리아Norman Lear. 마지막으로, 진정한 사랑을 가르쳐준 연인, 스콧 그윈Scott Guinn.

마이클

먼저 이 책의 프로젝트가 시작된 직후 함께해주신 MIT 미디어랩 디지털 화폐 프로젝트Digital Currency Initiative의 동료들께 머리 숙여 감사드립니다. 브라이언 포드Brian Forde, 사이먼 존슨Simon Johnson, 네아 나룰라Neha Narula, 첼시 바라바스Chelsea Barabas, 비나 바그라스Gina Vargas, 미디어랩의 소장 조이 이토에게. 제가 디지털 화폐 연구에 모든 에너지를 투자하면서 저널리즘에도 관심을 갖게 해주신 데 감사드립니다. 커다란 감사는 젠 로어Jen Rohr, 다프네 진Dafne Ginn, 제인 로빈슨즈Jane Robbins를 비롯한 펠럼Pelham에 계신 많은 분들의 몫입니다. 이분들이 없었다면, 제 아내의 어깨에 맡겨둔 가족 관리의 부담이 훨씬 커졌을 겁니다.

스포츠에 대한 열정과 끊임없이 탐구하는 마음과 가족에 대한 깊은 사랑으로 가득 찬 리아Lia에게. 제 인생을 빛으로 채워주신데 감사드립니다. 39세의 마음이 패턴인식 한계에서 벗어나 자아 정체성에 대한 우리의 탐구가 유동적이고 역동적일 수 있다는 걸 이해하도록 일깨워준 조Zoe에게 감사드립니다.

우리 가족과 가정을 함께 지키는 앨리시아Alicia에게. 내 생각이 종종 다른 장소에 가 있을 때, 당신이 지적 통찰력과 현명한 조언과 뚜렷한 도덕관으로 나를 깨우치려 애쓴다는 걸 잘 압니다. 당신이 없었다면 나는 아무것도 아닐 겁니다.

참고문헌 ———

머리말

1   트위터의 공동 창업자인 비즈 스톤은 회고록에서 In his memoir, Twitter cofounder: Stone, B., *Things a Little Bird Told Me: Confessions of the Creative Mind* (Hachette, 2014), 124.

2   《LA 타임스》는 내가 "초월 예술을 마스터했다"고 표현했다 The *Los Angeles Times* once wrote: Vankin, D., "Tech Mogul Oliver Luckett Connects with Emerging Artists in a Big Way", *Los Angeles Times*, May 2, 2014, http://www.latimes.com/entertainment/arts/la-et-cm-ca-oliver-luckett-20140504-story.html.

서장

1   《디테일즈》는 당시 나를 포함한 몇몇 기업가에게 *Details* had recently bestowed a few entrepreneurs: The project was for the April 2013 edition of the

magazine and was also written up in *The Huffington Post*. Brooks, K., "Draw the Future of Social Media: Details Magazine Challenges You to Be a Digital Maverick," *The Huffington Post*, March 27, 2013, http://www. huffingtonpost.com/entry/draw-the-future-of-social-media_n_2951114.

2 밈과 유전자 사이의 이 연결은 This connection between memes and genes: Dawkins, R., *The Selfish Gene: 30th Anniversary Edition* (Oxford University Press, 2006), 189-202.

3 네트워크상의 각 인간 단위는 Each human unit on the network constitutes: Koestler, A., *The Ghost in the Machine* (Macmillan, 1976), 48.

1장 생명의 알고리즘

1 다윈의 '위험한 아이디어'가 '기본적 알고리즘'을 구성한다 Darwin's "dangerous idea" constitutes a "basic algorithm": Dennett, D., *Darwin's Dangerous Idea: Evolution and the Meanings of Life* (Simon &Schuster, 1995), 50.

2 다니엘 데닛이 말했듯이 It is, as Dennett says: Ibid.

3 스티븐 제이 굴드가 말했듯이 As Stephen Jay Gould has said: Gould, S. J., *Wonderful Life: The Burgess Shale and the Nature of History* (Norton, 1989), 30-36.

4 히달고는 나무를 '햇빛으로 가동되는 컴퓨터'라고 표현한다 Hidalgo describes a tree as a "computer powered by sunlight": Hidalgo, C., *Why Information Grows: The Evolution of Order, from Atoms to Economies* (Basic Books, 2015), 35.

5 2013년 에이단 킹은 In 2013, Aidan King: Andrews, N., "Young Grape Picker Gives Sanders a Cash Boost", *The Wall Street Journal*, October 1,2015, http://www.wsj.com/articles/young-grape-picker-gives-sanders-a-cash-boost-1443742401.

2장 교회 첨탑에서 스냅챗까지

1 윌슨의 주장은, 사회를 유기체로 생각한다면 If we conceive of societies as organisms, Wilson argues: Sloan Wilson, D., *Darwin's Cathedral: Evolution, Religion, and the Nature of Society* (University of Chicago Press, 2002).

2 그들은 이른바 '오버튼 창'을 정의했다 They defined the so-called "Overton window": The Overton window is discussed at the website of the Mackinac Center for Public Policy, where Joseph. P. Overton served as senior vice president until his death in a 2003 airplane crash. "The Overton Window: A Model of Policy Change", Mackinac Center for Public Policy, http://www.mackinac.org/OvertonWindow.

3 블로그 수는 2011년에는 1억 8250만 개로 급증했다 [T]he number of blogs soared to 182.5 million by 2011: "Buzz in the Blogosphere: Millions More Bloggers and Blog Readers", Nielsen, March 8, 2012, http://www.nielsen.com/us/en/insights/news/2012/buzz-in-the-blogosphere-millions-more-bloggers-and-blog-readers.html.

4 현재 텀블러에서만 2억 7990만 개의 블로그가 운영되며 Now, with Tumblr alone claiming 277.9 million blogs: Tumblr's "about" page. http://www.tumblr.com/about.

5 반면에 신문 매출은 10년 전의 절반에도 미치지 못했으며 Meanwhile, newspaper revenues are less than half: Mitchell, A., and Page, D., "State of the News Media 2016", Pew Research Center, April 29, 2015. Posted in: http://www.journalism.org/2016/06/15/state-of-the-news-media-2016/.

6 이 회사는 약 300만 명의 사용자에게 서비스를 제공하고 100명의 직원을 고용하는 규모로 성장했고 The company swelled to one hundred employees servicing around 3 million users: Cleary, S., and Hanrahan, T., "College Site Publisher YouthStream to Buy Sixdegrees for $120 Million", *The Wall Street Journal*, December 15, 1999, http://www.wsj.com/articles/SB945269426653408644.

7 유스스트림은 다음 해에 겨우 700만 달러에 팔렸다 YouthStream itself was

forced to sell the following year for a measly $7 million: "Alloy Buys Youthstream Media Networks for $7 Million", *Chief Marketer*, August 6, 2002, http://www.chiefmarketer.com/alloy-buys-youthstream-media-networks-for-7-million/.

8 마이스페이스는 어땠을까? So what about Myspace?: Gillette, F., "The Rise and Inglorious Fall of Myspace", *BloombergBusinessweek*, June 22, 2011, http://www.bloomberg.com/bw/magazine/content/11_27/b42350539 17570.htm.

9 초창기 트위터 엔지니어인 에반 헨쇼 플라스에 따르면 According to early Twitter engineer Evan Henshaw-Plath: Henshaw-Plath, E. (presentation, MIT Media Lab, Cambridge, Mass., September 24, 2015).

10 회사 측은 자신의 정책이 애플 스토어가 17세 미만의 The company claims its policy stems from rules set by the Apple Store: Sims, A., "Instagram Admits Nipple Ban Is Because of Apple, CEO Kevin Systrom says", *The Independent*, October 1, 2015, http://www.independent.co.uk/life-style/ gadgets-and-tech/news/instagram-ceo-kevin-systrom-says-apple-are-reason-app-bans-nipples-a6674706.html.

11 《보그》의 크리에이티브 디렉터인 그레이스 코딩턴이 자신의 상반신 누드의 when *Vogue* creative director Grace Coddington was temporarily banned: Alexander, E., "Grace Coddington Banned from Instagram for Posting Topless Line Cartoon", *The Independent*, May 20, 2014, http://www. independent.co.uk/news/people/grace-coddington-banned-from-instagram -former-model-causes-upset-with-her-nude-cartoon-9401684.html.

12 2014년 워싱턴대학교가 스냅챗 사용자 127명을 대상으로 실시한 설문조사에 서 A 2014 poll of 127 users by the University of Washington: Roesner, F., Gill, B. T., and Kohno, T., "Sex, Lies, or Kittens? Investigating the Use of Snapchat's Self-Destructing Messages", 2014, http://homes.cs.washington. edu/~yoshi/papers/snapchat-FC2014.pdf.

13 이는 스냅챗 설립자인 에반 스피겔이 As Snapchat founder Evan Spiegel:

Spiegel, E., "Let's Chat", Snapchat-blog.com, May 9, 2012, http://snapchat-blog.com/post/22756675666/lets-chat.

14 스파크스앤허니가 2014년 실시한 여론조사에 따르면 A 2014 poll by Sparks & Honey showed a clear preference: Sparks & Honey's SlideShare page, "Meet Generation Z: Forget Everything You Learned about Millennials", June 17, 2014, http://www.slideshare.net/sparksandhoney/generation-z-final-june-17.

15 2014년 디파이 미디어가 실시한 또 다른 설문조사에서는 In another 2014 poll, Defy Media found: "Millennials Smile for Snapchat", eMarketer, April 8, 2015,http://www.emarketer.com/Article/Millennials-Smile-Snapchat/1012324.

16 2015년 11월 현재 바인은 무려 2억 명의 사용자를 보유하고 있다 As of November 2015, Vine itself boasted 200 million users: Smith, C., "By the Numbers: 27 Amazing Vine Statistics", DMR blog, July 14, 2016, http://expande-dramblings.com/index.php/vine-statistics/.

17 2016년 지메일은 매월 10억 명이 넘는 활성 사용자를 보유하면서 in 2016, Google surpassed more than 1 billion monthly active users: Lardinois, F., "Gmail Now Has More Than 1B Monthly Active Users", TechCrunch, February 1, 2016, http://techcrunch.com/2016/02/01/gmail-now-has-more-than-1b-monthly-active-users/.

18 안드로이드는 스마트폰 운영체제 시장의 80퍼센트 이상을 장악한다 Android claims more than 80 percent of the market: "Smartphone OS Market Share, 2015 Q2", IDC Research, Inc.,http://www.idc.com/prodserv/smartphone-os-market-share.jsp.

19 번뜩이지만 약간 괴짜인 음악 홍보 담당자에서 진화 이론가로 변신한 하워드 블룸에게 To Howard Bloom, the brilliant but slightly mad music publicis-turned-evolutionary theorist: Bloom, H., *The Global Brain: The Evolution of Mass Mind from the Big Bang to the 2st Century* (Wiley, 2001).

20 저명한 미래학자이자 구글의 기술이사인 레이 커즈와일은 Ray Kurzweil, the

famous futurist and Google engineering director: Kurzweil, R., *The Singularity Is Near: When Humans Transcend Biology* (Penguin Books, 2006).

3장 홀라키의 시대

1 코카콜라, 휴렛팩커드, 프록터앤갬블 Coca-Cola, Hewlett-Packard, Procter & Gamble: Wright, D., Murphey, C., and Effron, L., "Meet the Vine Stars Who Turn 6 Seconds of Fame into Big Bucks", ABC News, Sept. 15, 2014, http://abcnews.go.com/Business /meet-vine-stars-turn-seconds-fame-big-bucks/story?id=25522189.

2 리츠 크래커는 10대 바인 스타 렐레 폰스를 활용해 Ritz Crackers got teen Vine star Lele Pons: Original Vine and follow-up responses here: http://www.vineactivity.com/stealing-lele-pons-ritz-bacon-flavored-crackers-show-us-your-best-baconbomb-tag-it-w-the-hashtag-you-could-hear-from-ur-fav-viner/.

3 제안을 거절했지만 수익성 있는 TV 드라마와 영화에 출연해 명성을 얻었다 but has nonetheless monetized his fame by landing lucrative TV and film roles: Spangler, T., "King Bach: Vine's No. 1 Creator Brings Comedic Chops to Movies and TV", *Variety*, June 21, 2016, http://variety.com/2016/digital/news/king-bach-vine-the-babysitter-1201797370/.

4 1년 후 그들은 리퍼블릭 레코드사와 계약했다 A year later, they signed with Republic Records: Hampp, A., "Folk-Pop Duo Us Becomes Vine's First Major Label Signing", *Billboard*, March 24, 2014, http://www.billboard.com/articles/news/5944884/folk-pop-duo-us-becomes-vines-first-major-label-signing-exclusive.

5 비슷한 시기에 캐나다의 싱어송라이터 숀 멘데스는 Around the same time, Canadian singer-songwriter Shawn Mendes: Trust, G., "Shawn Mendes'

'Stitches' Hits No. 1 on Adult Pop Songs Chart", *Billboard*, January 25, 2016, http://www.billboard.com/articles/columns/chart-beat/6851764/shawn-mendes-stitches-hits-no-1-adult-pop-songs-chart.

6 유튜브로 백만장자가 된 사람들도 있다 Then there are the YouTube millionaires: Disclosed in slideshow at TV Guide's online site, entitled "These 23 YouTube Stars Make More Than Most People on TV", TV Guide.com, http://www.tvguide.com/galleries/youtube-stars-make-more-1089689/.

7 2013년 오라일리 출판사가 실시한 설문조사에 따르면 A survey by O'Reilly Media in 2013: Bruner, J., "Tweets Loud and Quiet", O'Reilly Radar, December 18, 2013, http://www.oreilly.com/ideas/tweets-loud-and-quiet.

8 다방면의 퓨전 작가인 개비 던은 As Fusion writer Gaby Dunn noted: Dunn, G., "Get Rich or Die Vlogging: The Sad Economics of Internet Fame", Fusion, December 14, 2015, http://fusion.net/story/244545/famous-and-broke-on-youtube-instagram-social-media/.

9 '샤우트!' 프로젝트를 포함해, 사용자가 상호 공유 계약을 작성하려는 노력은 Efforts to create mutual sharing agreements...such as the Shout! project: "Shout!-Promo Video," Vimeo video, 1:35, posted by "Lupa Productora", http://vimeo.com/157641350

10 슈퍼 스프레더는 일반적으로 개체군의 약 20퍼센트에 불과하지만 Super spreaders typically account for about 20 percent: The so-called 20/80 rule, and the nuances and other factors that influence contagion effects, is discussed in: Stein, R. A., "Super-spreaders in infectious diseases", *International Journal of Infectious Diseases* 15, no. 8 (August 2011): e510 -e513.

11 빠른 콘텐츠 전파 속도 때문에 카터 레이놀즈가 배급 시스템을 통제하지 못한 사례는 The speed with which Carter Reynolds lost control: Willett, M., "The Rise and Fall of Carter Reynolds", *Tech Insider*, July 31, 2015, http://

www.techinsider.io/the-rise-and-fall-of-carter-reynolds-2015-7.

12 스위프트가 해시태그 #ShakeItUpJalene를 통해 그 사실을 알았을 때 When the hashtag #ShakeitupJalene alerted Swift: Bell, R., "Taylor Swift Makes 4-Year-Old's Dying Wish Come True", *Taste of Country*, March 3, 2015, http://tasteofcountry.com/taylor-swift-fan-jalene-dying-wish/.

13 또 다른 선행을 통해 그녀는… 5만 달러를 기부했다 Another time, she donated $50,000 to eleven-year-old Naomi Oakes: Vokes-Dudgeon, S., "Taylor Swift Donates $50,000 to a Young Fan Battling Cancer, See the Little Girl's Reaction!" *US Weekly*, July 8, 2015, http://www.usmagazine.com/celebrity-news/news/taylor-swift-donates-50000-to-young-fan-battling-cancer-201587.

14 스위프트는 눈물 어린 위로의 목소리를 전하기도 했다 A tearful Swift also gave a shout-out: Norwin, A., "Taylor Swift Chokes Up In Concert Talking about Her Mother's Battle with Cancer", Hollywood Life, August 18, 2015, http://hollywoodlife.com/2015/08/18/taylor-swift-mom-cancer-cries-ronan-arizona-concert/.

15 모든 것을 포괄하는 아이디어의 일종이다 It's the kind of all-encompassing idea: Koestler's life described in: Scammell, M., *Koestler: The Indispensable Intellectual* (Faber & Faber, 2010).

16 홀론 이론에서 비롯된 개념인 홀로닉스는 Holonics, the concept that arose from the holon theory: Koestler, *Ghost in the Machine*, 57.

17 다음의 두 그림은 플레밍 펀치가 그린 것이다 As per the two diagrams below by Flemming Funch: Funch, F., "Holarchies", at Flemming Funch's website, World Transformation, February 4, 1995, http://www.worldtrans.org/essay/holarchies.html.

18 베스트셀러에서 그들이 주장한 바에 따르면 As they argued in a bestselling book: Ismail, S. et al., *Exponential Organizations: Why New Organizations Are Ten Times Better, Faster, and Cheaper Than Yours (and What to Do about It)* (Diversion Publishing, 2014).

19 이에 대한 사례로는 중국의 스마트폰 제조사 샤오미를 들 수 있다 One example is Chinese smartphone-maker Xiaomi: Ismail, S. et al, ibid.

20 그는 이러한 이상적인 조직 설계를 '홀라크러시'라고 부르며 He calls the ideal organizational design a "holacracy": See details of the project at http://www.holacracy.org.

21 CEO 겸 창업자인 토니 셰이는 거의 10억 달러의 가치가 있지만 CEO and founder Tony Hsieh, who is worth almost a $1 billion: Sawyer, N., and Jarvis, R., "Why Zappos' CEO Lives in a Trailer, and 13 Other Things You Don't Know about Him", ABC News, August 12, 2015. On its website, Zappos describes holacracy this way: http://www.zapposinsights.com/about/holacracy.

22 홀라크러시를 구현하는 것은 쉽지 않다 Implementing a holacracy is not easy: Wasserman. T., "Holacracy: The Hot Management Trend for 2014?" *Mashable*, January 3, 2014, http://mashable.com/2014/01/03/holacracy-zappos/#eFDs82AstEqi.

23 지능형 시스템 설계 연구원인 미핼라 율리에루가 Mihaela Ulieru, a researcher in intelligent systems: Ulieru, M., "Organic Governance Through the Logic of Holonic Systems" in *From Bitcoin to Burning Man and Beyond*, ed. Clippinger, J., and Bollier, D., (Off the Commons Books, 2014).

4장 밈 코드의 해독

1 위키피디아 항목을 검색하면 128가지 스캔들이 나열된다 A Wikipedia entry on the topic lists 128 different scandals: http://en.wikipedia.org/wiki/List_of_scandals_with_"-gate"_suffix

2 1976년 진화론의 고전인 of his 1976 classic of evolutionary theory: Dawkins, *Selfish Gene*, 189-202.

3 당신을 둘러싼 세상은 밈에서 만들어졌다 "The world around you is built

from memes": Zarrella, D., "An Introduction To: Memes and Memetics For Marketers", *Dan Zarrella* (blog) http://danzarrella.com/an-introduction-to -memes-and-memetics-for-marketers/.

4 과거 닉슨 대통령의 연설문 작성자였던 윌리엄 사파이어는 Safire, who was formerly a Nixon speechwriter: Alterman, E., *Sound and Fury: the Making of the Punditocracy* (Cornell University Press, 1999), 79.

5 2015년 인디애나대학과 스위스 로잔대학 연구 팀은 In 2015, a team of re- searchers: Indiana University, "Network Model for Tracking Twitter Memes Sheds Light on Information Spreading in the Brain", Newswise.com, June 17, 2015, http://www.newswise.com/articles/network-model-for-tracking -twitter-memes-sheds-light-on-information-spreading-in-the-brain.

6 심층 조사를 통해 《뉴욕 타임스》에 In a well-researched *New York Times Magazine* article: Johnson, S., "The Creative Apocalypse That Wasn't", *The New York Times Magazine*, August 19, 2015, http://www.nytimes. com/2015/08/23/magazine/the-creative-apocalypse-that-wasnt.html.

7 2007년에 '미쿠'를 만든 일본 회사 크립톤이 Crypton, the Japanese company that created "Miku" in 2007: Statistics on Hatsune Miku creative works provided at http://www.crypton.co.jp/miku_eng.

8 첫 번째 밈적 등가물은 벨기에 인공 두뇌학자인 프란시스 헤이라이언이 The first is what Belgian cyberneticist Francis Heylighen: Heylighen, F., "What Makes a Meme Successful? Selection Criteria for Cultural Evolution", in *Proc. 15th Int. Congress on Cybernetics* (Association Internat. de Cybernétique, Namur, 1999), 418-423.

9 밈의 생존 가능성은 다시 시험에 들 것이다 The meme's survivability will be tested again: Ibid, 418-420.

10 7000건의 성향에 대한 와튼 스쿨의 연구 결과에 따르면 A Wharton Business School study of seven thousand: Berger, J., and Milkman, K. L., "What Makes Online Content Viral", *Journal of American Marketing Research* (American Marketing Assoc., 2011). http://marketing.wharton.upenn.edu/

files/?whdmsaction=public:main. file&fileID=3461.

11 일본의 연구에 따르면 이러한 이미지에 등장한 동물은 Japanese research found that subjects who were shown such images: Kliff, S., "Want to Increase Your Productivity? Study Says: Look at This Adorable Kitten", *The Washington Post*, October 1, 2012, http://www.washingtonpost. com/news/wonk/wp/2012/10/01/want-to-increase-your-productivity -study-says-look-at-this-adorable-kitten/.

12 #BlackLivesMatter 운동을 비롯한 소셜미디어 활동의 빈번한 표출 현상을 심층적으로 탐구했다 dove into the frequent resurgences in social media activity around in the Black Lives Matter movement: Freelon, D., McIlwain, C. D., and Clark, M. D., *Beyond the Hashtags: #Ferguson, #BlackLIvesMatter, and the Online Struggle for Offline Justice,* (Center for Media & Social Impact, 2014).

5장 균형 잡힌 식단

1 《뉴요커》의 만화가 피터 슈타이너가 묘사했듯이 where, as *New Yorke*r cartoonist Peter Steiner put it: Steiner, P., Image Caption: "On the Internet, nobody knows you're a dog", *The New Yorker*, July 5, 1993.

2 유발 하라리가 《사피엔스》에서 지적했듯이 As Yuval Harari points out in Sapiens: Harari, Y. N., *Sapiens: A Brief History of Humankind* (Harper, 2015).

3 인기 있는 NPR 프로그램에서 In a popular NPR Radiolab episode: "23 Weeks, 6 Days", Radiolab, *Radiolab.com*, Season 11, Episode 6, http:// www.radiolab.org/story/288733-23-weeks-6-days/. Also see the parents' book on their experiences: French, K., and T., *Juniper: The Girl Who Was Born Too Soon* (Little Brown, 2016).

4 캐서린 던은 자신의 소설 《어느 유랑극단 이야기》에서 이를 멋지게 풍자한

Katherine Dunn so wonderfully allegorized: Dunn, K., *Geek Love* (Knopf, 1989).

5 사회학자 어빙 고프먼의 저서로 the writings of the sociologist Erving Goffman: Goffman, E., *The Presentation of Self in Everyday Life* (Anchor, 1959).

6 패리스 힐튼의 명언처럼 in the immortal words of Paris Hilton: Spoken in a cameo role in *The O.C.*, referenced in: Wolff, J., "The Peculiar Endurance of the Physical Signature", *Slate*, June 28, 2016, http://www. slate.com/articles/technology/future_tense/2016/06/the_peculiar_ endurance_of_the_physical_signature.html.

7 이 사진은 계속 도용되었어요 "This picture has been stolen over and over": Laney Griner's journey from anger to happiness about the viral spread of her photo can be followed in the comments stream attached to the original post on her Flickr page: http://www.flickr.com/photos/ sammyjammy/1285612321/.

8 그러나 일주일 후, 미첼의 인스타그램 게시물이 But a week later, an Instagram post from Mitchell: Instagram post found here: http://www.instagram. com/p/BAMH-mpObuf/.

9 2013년 10월 뉴욕에서 한 달간 '거주'하면서 In a one-month New York "residency" in October 2013: Portrayed in the documentary *Banksy Does New York* (2014), directed by Chris Moukarbel.

10 저희는 다이어트 콜라가 실험 재료보다는 사람들이 즐겨 마시는 청량음료이기를 바랍니다 "We would hope people want to drink [Diet Coke]": Vranica, S., and Terhune, C., "Mixing Diet Coke and Mentos Makes a Gusher of Publicity", *The Wall Street Journal*, June 12, 2006, http://www.wsj. com/articles/SB115007602216777497.

11 J. P. 모건 체이스의 소셜미디어 전략가들이 J. P. Morgan Chase's social media strategists: Greenhouse, E., "JPMorgan's Twitter Mistake", *The New Yorker*, November 16, 2013, www.newyorker.com/business/currency

/jpmorgans-twitter-mistake.

6장 면역 시스템

1 생후 21개월 만에 실종된 벤 니드햄의 엄마 케리 니드햄의 사례를 보자 Take Kerry Needham, the working-class mother of Ben Needham: Thornton, L., "Ben Needham's Mum Hits Back at Madeleine McCann's Parents as They Shut Twitter Account Due to 'Trolls'", *Mirror*, October 6, 2015.

2 일주일 후, 이 63세의 여성은 자살했다 A week later, the sixty-three-year-old mother committed: Barnett, E., "Madeleine McCann 'Twitter Troll' Death: Trolling Is Never a Victimless Crime", *The Telegraph*, October 6, 2014, http://www.telegraph.co.uk/women/womens-life/11144435/Madeleine-McCann-Twitter-troll-Brenda-Leyland-death-Trolling-is-never-a-victimless-crime.html.

3 최근 《월스트리트 저널》의 온라인 기사를 확인해보라 Check out a recent *Wall Street Journal online* graphic: "Blue Feed, Red Feed", at http://graphics.wsj.com/blue-feed-red-feed/.

4 유튜브 활동가 그레이는 '이 동영상은 당신을 화나게 할 거야'라는 제목으로 YouTuber C. G. P. Grey offered an explanation: CGP Grey, "This Video Will Make You Angry", http://www.youtube.com/watch?v=rE3j_RHkqJc.

5 팔머의 휴양지 별장에는 '사자 도살꾼'이라는 단어가 스프레이로 뿌려졌다 Palmer's vacation home was sprayed with the words "lion killer": Collman, A., and Nye, J., "Cecil the Lion Killer's $1million Florida Vacation Home Vandalized with Graffiti and Pigs Feet as He Remains in Hiding", *Daily Mail*, August 4, 2015, http://www.dailymail.co.uk/news/article-3185082/Cecil-lion-killer-s-1million-Florida-vacation-home-vandalized-graffiti-pigs-feet.html#ixzz4FLJDZFrm.

6 팔머의 치과 진료 평가용 옐프 페이지에는 지속적으로 The Yelp page for his

dental practice was inundated: Displayed in review section at http://www.yelp.com/biz/river-bluff-dental-bloomington.

7 미국과 다른 나라의 여러 항공사는 Most tellingly, dozens of airlines: "More than 42 Airlines Adopt Wildlife Trophy Bans after Cecil the Lion's Death", *Humane Society International*, August 27, 2015, http://www.hsi. org/news/press_releases/2015/08/42-airlines-adopt-wildlife-trophy-bans-082715.html?referrer=http://www.google.com/.

8 언론인 존 론슨은 《그렇게 당신은 공공연히 비난당했다》라는 제목의 책에서 journalist Jon Ronson details many cases: Ronson, J., *So You've Been Publicly Shamed* (Riverhead, 2015).

9 이 사건에 대한 전직 영국 국회의원 루이스 멘쉬의 포괄적인 분석 결과에 따르면 A comprehensive analysis of the events: Mensch, L., "The Tim Hunt Debacle: Why Feminists Cleared a Nobel Prizewinner", in Louise Mensch's personal blog, December 15, 2015, http://medium.com/ @LouiseMensch/the-tim-hunt-debacle-c914395d5e01#.swupk5p1b.

10 에단 주커만이 '디지털 세계시민주의'라고 부르는 It is an example of what Ethan Zuckerman: Zuckerman, E., *Rewire: Digital Cosmopolitans in the Age of Connection* (Norton, 2013).

11 뉴저지 식당의 웨이트리스인 리즈 우드워드의 사례도 있다 There's also the case of Liz Woodward: Liz Woodward's Facebook page, https://www. facebook.com/LizWoodwardFirefighters/.

12 2015년 파리에서 테러가 일어난 다음 날 In the days following the 2015 terrorist attacks in Paris: At "Blindfolded Muslim man with sign 'Do you trust me?' hugs hundreds in Paris", November 16, 2015, http://www. youtube.com/watch?v=lRbbEQkraYg.

13 캐롤라인 크리아도 페레즈가 트위터에서 당했던 일종의 성희롱을 보았을 때 When we see the kind of sexual harassment that Caroline Criado-Perez: Topping A., "Caroline Criado-Perez Deletes Twitter Account After New Rape Threats", *The Guardian*, September 6, 2013, http://

www.theguardian.com/technology/2013/sep/06/caroline-craido-perez-deletes-twitter-account.

7장 병원체에 맞서다

1 가자 지구와 인도에서는 거대한 모래성이 아이런의 시신 모습과 피부색으로 건설되어 In both Gaza and India, giant sand castles were built: McGee, B., "Graffiti Artwork of Drowned Aylan Highlights Refugees' Plight", *Reuters*, March 11, 2016, http://uk.reuters.com/article/uk-europe-migrants-aylan-idUKKCN0WD15L.

2 스코틀랜드의 한 타블로이드 신문은 #WeHaveRoom이라는 해시태그로 이어지는 캠페인을 시작했다 A Scottish tabloid began a campaign that spawned the #wehaveroom: Stories from the *Daily Record's* "We Have Room" campaign posted at http://www.dailyrecord.co.uk/all-about/wehaveroom#fVl2bp73XlZSFzVG.97.

3 바이에른 뮌헨 구단은 난민들에게 보내는 100만 유로의 기부금을 신속히 발표했으며 The soccer club Bayern Munich quickly announced a 1-million-euro donation: Grohmann, K., "Bayern to Donate Funds, Set Up Migrants' Training Camp", *Reuters*, September 3, 2015, http://uk.reuters.com/article/uk-soccer-bayern-migrants-idUKKCN0R31G220150903.

4 '베를린 환자'로 유명한 티모시 레이 브라운이다 Timothy Ray Brown, the famous "Berlin patient": Details of Brown's experience at Engel, M., "Timothy Ray Brown: The Accidental AIDS Icon", Fred Hutch News Service, February 20, 2015, http://www.fredhutch.org/en/news/center-news/2015/02/aids-icon-timothy-ray-brown.html.

5 에이즈 환자의 혈액을 검사한 결과 blood tests of some AIDS patients: Zimmer, K., "The Lurker: How a Virus Hid in Our Genome for Six Million Years", *National Geographic*, May 10, 2013, http://phenomena.

nationalgeographic.com/2013/05/10/the-lurker-how-a-virus-hid-in-our-genome-for-six-million-years/.

6 가장 놀랍게도, 미국의 데이터에 따르면 Most strikingly, data in the United States show: Bureau of Justice Statistics' Victimization Analysis Tools, found at http://www.bjs.gov/index.cfm?ty=nvat.

7 퓨 리서치 센터의 동성 결혼에 관한 중립적 연구에 따르면 The non-partisan Pew Research Center's: "Changing Attitudes on Gay Marriage", Pew Research Center, May 12, 2016, http://www.pewforum.org/2016/05/12/changing-attitudes-on-gay-marriage/.

8 마찬가지로 타 인종 간 결혼에 대한 찬성도 급속히 확대되었다 Similarly, acceptance of interracial marriage has expanded rapidly: Wang, W. "The Rise of Intermarriage," Pew Research Center, February 16, 2012, http://www.pewsocialtrends.org/2012/02/16/the-rise-of-intermarriage/.

9 2015년 블룸버그 그래픽은 다섯 가지 중요한 A 2015 Bloomberg graphic showed: Tribou, A., and Collins, K., "This Is How Fast America Changes Its Mind", Bloomberg.com, June 26, 2015, http://www.bloomberg.com/graphics/2015-pace-of-social-change/.

10 다트머스대학의 브렌든 니한 교수가 19개의 '트윗폭풍'에서 지적했듯이 But as Dartmouth professor Brendan Nyhan noted in a nineteen-part "tweetstorm": Nyhan posted his tweets as a collection on his blog: "How We Got Here on Trump: A Tweetstorm", Brendan-nyhan.com, March 14, 2016, http://www.brendan-nyhan.com/blog/2016/03/how-we-got-here-on-trump-a-tweetstorm.html.

11 스티븐 핑커는 자신의 저서 《우리 본성의 선한 천사: 인간은 폭력성과 어떻게 싸워왔는가》에서 In his book *The Better Angels of Our Nature*: Pinker, S., *The Better Angels of Our Nature: Why Violence Has Declined* (Viking, 2011).

12 패스트컴퍼니는 2016년 50대 혁신 기업 목록에서 #BlackLivesMatter를 9위에 선정했다 Fast Company ranked #BlackLivesMatter number nine: "The

Most Innovative Companies of 2016", posted at http://www.fastcompany. com/most-innovative-companies.

13 #BLM의 주요 활동가 중 일부를 식별한 《CNN 인터랙티브》의 기사 제목은 An article on CNN Interactive that identified some of #BLM's: Griggs, B. et al., "The Disruptors", August 2015, CNN, http://www.cnn.com/interactive/ 2015/08/us/disruptors/.

14 2003년 기업가이자 벤처 캐피털리스트이자 빅 데이터, 인공지능, 웹 의미론의 최고 사상가인 노바 스피백은 In 2003, Nova Spivack, an entrepreneur, venture capitalist: Spivack, N., "The Human Menome Project", Nova Spivack's blog, August 5, 2003, http://novaspivack.typepad.com/nova_ spivacks_weblog/2003/08/the_human_menom.html.

15 돈 에드워드 벡이 이끄는 휴먼 이머전스 센터에서 Center for Human Emergence, a group led by Don Edward Beck: Details at "The Human Memome Project", Center for Human Emergence, http://www.humanemergence. org/humanMemome.html.

8장 토머스와 테디

1 또한 전 세계 정부의 요청에 대한 데이터를 게시함으로써 Also, by publishing data on the requests it gets for data by governments: Facebook updates its disclosures periodically at http://govtrequests.facebook.com/

2 해병대원 대니얼 레이 울프의 심각한 사례는 The case of troubled Marine Daniel Rey Wolfe: Nye, J., "Family's Distress After Marine Documented His Suicide in Series of Grisly Pictures on Facebook...and the Social Networking Site Refused to Take Them Down", *Daily Mail*, May 8, 2014, http://www.dailymail.co.uk/news/article-2623950/Familys-outrage-Marine-documented-suicide-series-grisly-pictures-Facebook-social-networking-site-refused-down.html#ixzz4FLSmC7nA.

3 보도된 많은 사례 중 하나를 살펴보자 In one of many documented cases: Flock, E., "Coldplay Angers Fans by Telling Them to Check Out 'Freedom for Palestine' Video", *The Washington Post*, June 3, 2011, http://www. washingtonpost. com/blogs/ blogpost/ post/ coldplay-angers-fans-by-telling-them-to-check-out-freedom-for-palestine-video/2011/06/03/AG50OvHH_blog.html.

4 논란의 여지가 있는 페이스북 검열 결정의 더 많은 사례는 Many more controversial Facebook censorship decisions: Details taken from the March 23, 2016 update at Onlinecensorship.org, http://onlinecensorship.org/news-and-analysis/march-23-2016-politics-and-patriarchy.

5 위험 발언 프로젝트는 체계적으로 식별하려고 노력하며 [T]he Dangerous Speech Project is trying to systemically identify: Details at http://dangerousspeech.org/.

6 보안 전문가 브루스 슈나이어의 유명한 말처럼 As the saying popularized by security expert Bruce Schneier: Scheier's first comment was reported by Gelman B., "Facebook: You're Not the Customer, You're the Product", *Time*, October 15, 2010, http://techland.time.com/2010/10/15/facebook-youre-not-the-customer-youre-the-product/.

7 2016년 2월에 트위터 신뢰와 안전 협의회를 설립했다 In February 2016, it established the Twitter Trust and Safety Council: Cartes, P., "Announcing the Twitter Trust & Safety Council", Twitter's blog, February 9, 2016, http://blog.twitter.com/2016/announcing-the-twitter-trust-safety-council.

8 글로벌웹인덱스의 2016년 1월 조사에 따르면, 사용자 중 38퍼센트가 A January 2016 survey by GlobalWebIndex found that 38 percent: Mander, J. "Ad-Blocking Jumps by 10%", January 22, 2016, http://www.globalwebindex.net/blog/ad-blocking-jumps-by-10.

9 페이스북은 소셜미디어 플랫폼의 분위기를 파악했다 Facebook itself captured the mood of the social media platforms: Facebook's SEC filing available at http://investor.fb.com/secfiling.cfm?filingID=1326801-15-32.

10 위태로운 것은 1704년으로 거슬러 올라가는 비즈니스 모델이다 At stake is a business model that dates back to 1704: Cheetham, N., "In 1704, the First Newspaper Advertisement, an Announcement", Prezi, June 30, 2014, http://prezi.com/mkgutf9_cyvg/in-1704-the-first-newspaper-advertisement-an-announcement/.

11 또한 그녀는 자신이 균사체라고 부른 프로젝트를 시작했다 She has also launched an initiative…called Mycelia: Howard, G., "Imogen Heap Gets Specific about Mycelia: A Fair Trade Music Business Inspired by Blockchain", Forbes, June 28, 2015, http://www.forbes.com/sites/georgehoward/2015/07/28/imogen-heap-gets-specific-about-mycelia-a-fair-trade-music-business-inspired-by-blockchain/#4124e05a62ff.

12 더 큰 목표를 위해 보스턴의 버클리 음대는 And with an even larger mission, the Berklee School of Music: Details at http://open-music.org/#open-music-initiative-1.M.

13 예를 들면 동영상 업로드 서비스 업체 리빌은 Video upload service Reveal, for example: Casey, M.J., "BitBeat: Social Network to Launch Own Coin; Gift Cards on the Blockchain", The Wall Street Journal, January 16, 2015, http://blogs.wsj.com/moneybeat/2015/06/16/bitbeat-social-network-to-launch-own-coin-gift-cards-on-the-blockchain/.

14 한편 아르헨티나의 소셜미디어 제공업체인 타링가!는 Meanwhile, Taringa!, an Argentine-based social media provider: Casey, M.J., "BitBeat: Latin America Facebook Rival to Use Bitcoin to Pay for Content", The Wall Street Journal, April 21, 2015, http://blogs.wsj.com/moneybeat/2015/04/21/bitbeat-latin-america-facebook-rival-to-use-bitcoin-to-pay-for-content/.

15 방글라데시의 저임금 '좋아요 알바 노동자' 집단인지 여부를 or clusters of low-wage "paid likers" in places like Bangladesh: Listen to a podcast about Bangladesh's "liking" industry by Garrett Bradley, described by

M. Scollinger, "Where Do Facebook 'Likes' Come From? Often, It's Bangladesh", PRI.org, podcast audio, May 20, 2016, http://www.pri.org/stories/2016-05-20/where-do-facebook-likes-come-often-its-bangladesh.

16 하버드 법대 로렌스 레시그 교수의 말을 인용해서 표현하면 To quote Harvard law professor Lawrence Lessig: Lessig, L., *Code: Version 2.0* (Perseus, 2016),1.

17 레시그의 하버드 법대 동료 교수인 프리마베라 드 필리피는 Primavera De Filippi, a colleague of Lessig's: Commons Transition's interview with De Filippi, "Commons Governance and Law with Primavera De Filippi", Commons Transition, July 31, 2015, http://commonstransition.org/commons-centric-law-and-governance-with-primavera-de-filippi/.

18 잠재력은 숫자에 의해 뒷받침된다 The potential is borne out by the numbers: Spil Games, "State of Online Gaming Report 2013", http://auth-83051f68-ec6c-44e0-afe5-bd8902acff57.cdn.spilcloud.com/v1/archives/1384952861.25_State_of_Gaming_2013_US_FINAL.pdf.

19 약 950만 명의 스마트폰으로 무장한 사용자는 The estimated 9.5 million smartphone-toting users: Wagner, K., "How Many People Are Actually Playing Pokémon Go? Here's Our Best Guess So Far", *Recode*, July 13, 2016, http://www.recode.net/2016/7/13/12181614/pokemon-go-number-active-users.

20 뉴욕을 기반으로 한 '변화를 위한 게임' 페스티벌은 The New York-based Games for Change festival: Details at http://gamesforchange.org/festival/.

21 게임 제작자인 제프리 린의 2015년 7월 기고문에 따르면 According to a July 2015 Op-ed by lead game designer Jeffrey Lin: Lin, J., "Doing Something about the 'Impossible Problem' of Abuse in Online Games", *Recode*, July 7, 2015, http://www.recode.net/2015/7/7/11564110/doing-something-about-the-impossible-problem-of-abuse-in-online-games.

22 도킨스의 《이기적 유전자》에서 사용되었다 One relevant application was

used: Dawkins, *The Selfish Gene*, 202-234.

9장 디지털 문화

1 더글러스 애덤스의 《은하수를 여행하는 히치하이커를 위한 안내서》에 Douglas
   Adams's *Hitchhiker's Guide to the Galaxy*: Adams, D., *The Hitchhiker's
   Guide to the Galaxy* (Del Rey, 1995), 39.

2 예일대의 컴퓨터 과학자 데이비드 겔런터의 경고를 따르면 If we follow the
   warnings of Yale computer scientist David Gelernter: Gelernter, D.,
   "Machines That Will Think and Feel", *The Wall Street Journal*, March
   18, 2016, http://www.wsj.com/articles/when-machines-think-and-feel-
   1458311760.

3 마이크로소프트는 24시간 만에 테이를 '정신병원'에 입원시켰고 Within twenty-
   four hours, Microsoft was forced to lobotomize Tay: "Tay, Microsoft's
   AI Chatbot, Gets a Crash Course in Racism from Twitter", *The Guardian*,
   May 24, 2016, http://www.theguardian.com/technology/2016/mar/26/
   microsoft-deeply-sorry-for-offensive-tweets-by-ai-chatbot.

4 경제학자이자 사회이론가인 제러미 리프킨은 To the economist and social
   theorist Jeremy Rifkin: Interview with Michael J. Casey, Rotterdam, June
   23, 2016.

5 맥크리스털은 개편해야 한다는 것을 깨달았다 McChrystal realized that to
   fight an enemy: See McChrystal, Gen. S. et al., *Team of Teams: New
   Rules of Engagement for a Complex World* (Portfolio, 2015).

6 미디어랩의 조이 이토 이사가 말했듯이 As Media Lab executive director Joichi
   Ito puts it: Ito, J., "Design and Science", *Journal of Design and Science*,
   January 30, 2016, http://jods.mitpress.mit.edu/pub/designandscience.

7 이 정신에서 미디어랩의 뛰어난 디자이너/건축가/생물학자인 네리 옥스먼은 In
   this spirit, the Media Lab's designer/architect/biologist extraordinaire:

Oxman, N., "The Age of Entanglement", *Journal of Design and Science*, February 22, 2016, http://pubpub.media.mit.edu/pub/AgeOfEntanglement.

8 1950년대에 시스템 역학 연구를 개척했던 컴퓨터 과학자 제이 포레스터의 computer scientist Jay Forrester, who in the fifties pioneered the study of system dynamics: Useful background discussion: Forrester, J., "The Beginning of System Dynamics: Banquet Talk at the International Meeting of the System Dynamics Society Stuttgart, Germany", July 13, 1989, http://web.mit.edu/sysdyn/sd-intro/D-4165-1.pdf.

9 예를 들면 물리학자 제프리 웨스트는 Physicist Geoffrey West, for example: Lehrer, J., "A Physicist Solves the City", *The New York Times*, December 19, 2010, http://www.nytimes.com/2010/12/19/magazine/19Urban_West-t.html?_r=0.

10 프랑스의 물리학자/경제학자인 디디에 소네트는 French physicist-economist Didier Sornette: Casey, M. J., "Move Over Economists, Time to Give Physicists a Turn", *The Wall Street Journal*, June 10, 2013, http://blogs.wsj.com/moneybeat/2013/07/10/fx-horizons-move-over-economists-time-to-give-physicists-a-turn/.

11 소유자에게 인센티브를 부여하는 최적의 균형을 찾기 위해 To find the right, optimizing balance for incentivizing owners to share: Irvine interviewed by Michael J. Casey, New York, April 7, 2014.

12 균사체는 자연의 신경 네트워크라고 생각합니다 "I believe that mycelium is the neurological network of nature",: Stamets, P., *Mycelium Running: How Mushrooms Can Help Save the World* (Ten Speed Press, 2005), 2.

13 컨설팅 회사 BCI의 공동 창업자인 자일스 허친스는 To Giles Hutchins, co-founder of the consultancy Biomimicry: Hutchins, G., "'Superorganisations' -Learning from Nature's Networks", August 15, 2012, at Hutchins's personal blog, http://thenatureofbusiness.org/2012/08/15/superorganisations-learning-from-natures-networks/.

14 아이티가 2010년의 엄청난 지진으로 타격을 입은 후 After Haiti was hit with a devastating earthquake in 2010: Chunara, R., Andrews, J. R., Brownstein, J. S., "Social and News Media Enable Estimation of Epidemiological Patterns Early in the 2010 Haitian Cholera Outbreak", *The American Journal of Tropical Medicine and Hygiene*, 86(1), 2012, 39-45, http://www.healthmap.org/documents/Chunara_AJTMH_2012.pdf.

15 가이아나의 놀랍도록 높은 자살률에 관한 기사를 읽으면서 Reading anarticle about Guyana's shockingly high suicide rate: Scutti, S., "Suicide Rates Highest in Guyana, May Be Explained by Clustering Effect", *Medical Daily*, October 14, 2014, http://www.medicaldaily.com/suicide-rates-highest-guyana-may-be-explained-clustering-effect-306982.

16 생태물리학자 프리초프 카프라가 주장한 것 what the eco-physicist Fritjof Capra has argued: Capra, F., *The Hidden Connections: Integrating the Biological, Cognitive, and Social Dimensions of Life Into a Science of Sustainability* (Doubleday, 2002), 102.

17 조건화된 실험용 쥐의 새끼 역시 Thanks to studies of mice that have been conditioned: Das, B. G., and Ressler, K. J., "Parental Olfactory Experience Influences Behavior and Neural Structure in Subsequent Generations", *Nature*, 17, No. 1: (2014), http://www.nature.com/neuro/journal/v17/n1/full/nn.3594.html.

18 위스콘신대학교 인류학자인 존 호크스의 연구에 따르면 Research by University of Wisconsin anthropologist John Hawks: Dunham, W.,"Rapid Acceleration in Human Evolution Described", *Reuters*, December 10, 2007, http://www.reuters.com/article/2007/12/10/us-evolution-human-idUSN1043228620071210.

19 유전학의 개척자인 크레이그 벤터가 이끄는 과학자들은 최근에 Recently, scientists led by genetics pioneer Craig Venter: Nield, D.,"Biologists Have Just Created a New Species of Bacteria with Just 437 Genes", *Science Alert*, March 26, 2016, http://www.sciencealert.com/scientists-have-created-a-living-

organism-with-the-smallest-genome-yet.

20 그는 인적 자본이 '두뇌에 신경 연결로 저장된다'고 말한다 He says human capital is capital "stored as neural connections: Romer, P., "Human Capital and Knowledge", Paul Romer's blog, October 7, 2015, http://paulromer. net/human-capital-and-knowledge/.

21 스톤은 이렇게 지적했다. "모두가 인공지능을 연구했습니다" As Stone puts it, "Everyone is working on Artificial Intelligence": Stone, B., "Introducing Jelly, a New Search Engine", *The Biz Stone Collection*(blog), April 28, 2016, http://medium.com/the-biz-stone-collection/introducing-jelly-a -new-search-engine-47e2594ad3ff#.a3wnivhgf.

22 우리는 새로운 세포 생물체의 형성을 목격했습니다 "We are seeing the formation of a new cellular organism": Andrew Hessel interview with Michael J. Casey, December 30, 2015.

23 또 한 명의 천재적 미디어랩 소프트웨어 설계자인 케빈 슬라빈은 Kevin Slavin, another genius Media Lab software designer: Slavin, K., "Design as Participation", *Journal of Design and Science*, March 13, 2016, http://jods. mitpress.mit.edu/pub/design-as-participation.

소셜 오가니즘

초판 1쇄 발행   2021년 3월 31일

지은이   올리버 러켓·마이클 J. 케이시
옮긴이   한정훈

펴낸이   김현태
펴낸곳   책세상
등록   1975년 5월 21일 제1-517호
주소   서울시 마포구 잔다리로 62-1, 3층(04031)
전화   02-704-1250(영업), 02-3273-1334(편집)
팩스   02-719-1258
이메일   editor@chaeksesang.com
광고·제휴 문의   creator@chaeksesang.com
홈페이지   chaeksesang.com
페이스북   /chaeksesang   트위터 @chaeksesang
인스타그램   @chaeksesang   네이버포스트 bkworldpub

ISBN 979-11-5931-590-9 03300